세상의 모든 협상이 쉬워지는
협상의 공식

■ 고려원북스는 우리들의 가슴속에 영원히 남을 지혜가 넘치는 좋은 책을 만들겠습니다.

협상의 공식

초판 1쇄 | 2016년 4월 5일
　 2쇄 | 2018년 5월 9일

지 은 이 | 남학현
펴 낸 이 | 설응도
펴 낸 곳 | 고려원북스

출판등록 | 2004년 5월 6일(제16-3336호)
주소 | 서울시 서초구 서초중앙로29길 26(반포동) 낙강빌딩 2층
전화번호 | 02-466-1207
팩스번호 | 02-466-1301
전자우편 | 편집 editor@eyeofra.co.kr 마케팅 marketing@eyeofra.co.kr
　　　　　　경영지원 management@eyeofra.co.kr

이 책의 저작권은 저자와 출판사에 있습니다.
서면에 의한 저자와 출판사의 허락 없이 책의 전부 또는 일부 내용을 사용할 수 없습니다.

ISBN 978-89-94543-77-2 13320

* 잘못 만들어진 책은 구입처나 본사에서 교환해 드립니다.
* 책값은 뒤표지에 있습니다.
* 고려원북스에서는 독자 여러분의 소중한 아이디어와 원고 투고를 기다리고 있습니다.

―― 세상의 모든 협상이 쉬워지는 ――

협상의 공식

남학현 지음

고려원북스

| 개정판 서문 |
세상의 모든 협상, 협상의 공식으로 풀다!

첫 협상책이 나온 지 어언 5년이다. 그동안 3판을 낼 정도로 많이 읽어주고 호응해주신 독자 분들께 진심으로 감사의 인사를 드린다.

협상책의 독자들은 비즈니스와 일상생활에서 더욱 뛰어난 협상력을 발휘하고 싶은 분들이다. 그동안 강의를 해오면서 어떻게 하면 그분들이 보다 쉽고 체계적으로 협상 방법을 습득할 수 있을까 고민을 해왔다. 시중에는 많은 협상이론과 전술들이 있지만 그것들이 오히려 혼란을 가져와 막상 실전에 들어가면 적재적소에 활용하지 못하는 경우가 비일비재하기 때문이다.

그 오랜 고민의 결과물이 『뛰어난 협상가는 협상하지 않는다』의 전면 개정판인 이번 책 『협상의 공식』이다. 이 책은 '사례 중심'이라는 전작의 장점은 그대로 살리면서, 쉽고 명료한 체계와 실용성은 더욱 높여 누구라도 한 번 읽으면 협상의 기초를 터득하고 당장 실생활에 응용할 수 있도록 했다.

간단한 협상공식인 'IBC' 안에 협상에 필요한 필수 협상이론이 다 들어가 있기 때문이다. 이 공식만 따라가면 실제 협상 상황에서도 당황하지 않고 자신을 보호하면서, 최대한의 이익과 우호적 관계까지 얻어낼 수 있다.

이 책은 총3부로 구성되어 있다. 1부는 IBC의 기본 이론, 2부는 협상의 공식 활용을 도와주는 스킬, 3부는 협상의 공식을 실전 응용할 수 있는 기법으로, 책 전체가 협상의 공식을 중심으로 재편되었다. 각 장의 내용과 사례는 대폭 보강되었으며, 협상에서 가장 애로사항을 느끼는 '강자와의 협상'과 '협상의 교착상태 탈출법', 그리고 마치 협상장을 들여다보는 듯 생생한 현장감을 느낄 수 있는 '실전 모의협상 사례'를 추가하였다.

협상의 초보자는 협상의 이론과 스킬을 체계적·종합적으로 습득할 수 있고, 실전 경험이 많은 협상가들은 알고 있던 것들이 전체적 공식 안에서 새롭게 정리되는 경험을 할 수 있을 것이다.

독자 여러분들의 건투를 빈다.

| 서문 |
오늘 당장 활용할 수 있는 유일한 협상책

어느덧 20년이 넘었다. 종합상사에 근무하면서 나는 '협상'에 대해 어떤 구체적 자료도 없던 시절부터 협상테이블에 앉아야 했다. 때로는 무모했고, 때로는 어이없는 실수를 하기도 했다. 처음부터 끝까지 현장에서 부딪쳐 깨닫는 것만이 유일한 공부였다. 후배들에게도 현장경험만이 협상능력을 높일 수 있다고 목소리를 높였었다.

그 말이 참 무식하기 짝이 없는 발언임을 깨달은 것은, 그로부터 한참 뒤인 컬럼비아대학 MBA 과정을 밟으면서였다. 수업 내용은 '놀라움 그 자체'였다. 낡은 노트 속의 이론만 배워왔던 내게, 미국 교수의 생생한 이론 전개와 말로만 듣던 세계 유명기업들의 실제 사례를 경험하고 토의하는 것은 충격 그 자체였다. 현장 중심, 사례 중심 교육, 우리나라에도 이런 교육이 진작 있었더라면……, 아쉽고 또 아쉽기만 했다.

협상에 매료된 나는, 박사과정을 하면서 본격적으로 협상론을 배웠다. 20년간의 직장에서 크고 작은 협상을 수없이 해왔지만 합리적이고 체계적인, 심리학과 논리학이 반영된 서양의 협상이론은 그야말로 신세계였다. 공부를 할수록 이전의 무모했던 경험들이 떠올라 부끄러웠다. 조금만 더 일찍 알았더라면 나의 일과 삶도 많이 바뀌지 않았을까.

이런 아쉬움을 그대로 둘 수는 없었다. 한국은 아직 협상으로 박사학위를 받은 전문가를 손에 꼽을 정도로 협상의 불모지라 할 수 있다. 더구나 대기업과 중견기업의 현장 실무경력까지 갖춘 전문가는 더욱 귀하다. 이런 상황에서 20년의 실무경험에 MBA, 박사학위까지 받은 내가 할 일은 무엇일까 고민했고, 오랜 고민의 결과가 바로 이 책이 되었다.

시중에 출간되어 있는 협상 관련 서적은 대부분 '협상학자'나 '협상컨설턴트'가 저술한 것이다. 협상학자들의 책은 연구와 이론 부문에 치중하여 실생활에 어떻게 적용할지를 실용적으로 알려주지 못하는 한계가 있고, 협상컨설턴트들의 책은 이론적인 깊이가 결여된 긴 리스트의 전술tactic과 대응전술counter tactic들에 집중되어 있다. 나중에 기억하기조차 힘들 뿐 아니라 자신의 협상스타일과 맞지 않을 경우 혼란을 가중하기도 한다.

이 책은 '현장에서 바로 응용할 수 있는 협상 노하우'를 제시하는 데 중점을 두었다. 다시 협상테이블에 앉은 기분으로, 그동안 배웠던 수많은 협상 이론들을 재검토했다. 그리고 현장에서 가장 유효한 이론을 뽑아 다시 분류하고, 각각의 핵심개념에 이해하기 쉬운 사례를 덧붙여, 한 챕터만 읽어도 바로 활용할 수 있도록 했다.

나의 자산은 자타가 공인하는 20여 년간의 현장 경험이다. 이론을 위한 설명이 아니라, 실무에서 활용할 수 있는 개념과 심리, 그리고 전략 위주로 한 번만 읽으면 머릿속에 콕콕 들어가 박히도록 최선을 다했다. 특히 서양에서 개발된 최신 심리기법을 한국화하려고 노력하였다. 그런 노력 덕분에 기존의 외국 이론들이 이질감을 주고 가슴에 와 닿지 않던 한계를 어느 정도 극복했다고 자부한다.

사실 이 책의 전개 방식이나 설명은 이미 검증을 받은 것들이다. 국내 대학과 기업에서 수년간 강의를 해오고 있는데, 협상의 근본원리에 기초한 사례중심의 협상 강의가 '신선한 충격'이라는 수강생들의 반응이 많았던 것이다. 현장 중심의 수업은 진행되는 내내 활기에 넘쳤고, 수업이 끝날 때쯤 수강생들의 얼굴엔 자신감이 넘쳤다. 예전의 이론 중심 강의는 열심히 들어도 막상 현장에서 어떻게 응용해야 할지 몰랐는데, 이번 강의는 다르다는 고백은 나를 즐겁게 했다.

이 책은 각 장마다 하나의 핵심원리를 내세워 자세히 설명함으로써, 각 원리를 명확히 이해하고 체득할 수 있도록 했다. 책의 특징은 3가지 정도로 요약된다.

1. 예화와 사례를 통해 협상을 쉽게 설명함으로써, 실감나게 배울 수 있고 실제 상황에서 곧바로 활용할 수 있다.
2. 이 책의 1부와 2부는 협상의 핵심이론과 개념을 설명하고, 3부에서는 협상의 기획과 준비를 통해 실제로 활용하는 과정을 탐구함으로써 책 전체가 '이론에서 실천으로' 유기적으로 연결되도록 했다.
3. 부록의 협상준비 양식들을 작성 또는 변형하여 이 책에서 배운 것을 현장에서 더욱 심화할 수 있도록 했다.

아무리 열심히 공부하고 정보를 습득해도, 실생활에서 실천하지 않는다면 그 책의 실용적 가치는 없다. 이 책이 모쪼록 여러분들의 협상능력을 향상시키는 데 일조하기를 바란다. 그리고 이 책의 출간을 결정해주고, 책이 나오기까지 조언을 아끼지 않았던 출판사 관계자 분들께 심심한 감사를 드린다.

협상의 공식 CONTENTS

개정판 서문 | 세상의 모든 협상, 협상의 공식으로 풀리다! 005
서문 | 오늘 당장 활용할 수 있는 유일한 협상책 007

Ⅰ 모든 협상은 IBC로 통한다!

PART 1 Interest

CHAPTER 01 숨어 있는 이해관계를 찾아라 017
CHAPTER 02 상대의 뿌리 원인을 찾아라 037

PART 2 BATNA

CHAPTER 03 바트나로 합의의 기준점을 만들어라 049
CHAPTER 04 자신의 바트나는 강화, 상대방의 바트나는 약화 065

PART 3 Concession

CHAPTER 05 앵커링으로 첫 제안을 하라 079
CHAPTER 06 프레이밍으로 상대를 유혹하라 095
CHAPTER 07 영리하게 양보하라 109
CHAPTER 08 마무리 법칙으로 깔끔하게 마무리하라 131

II 이것만 알면 협상이 쉬워진다

CHAPTER 09 협상봉투기법을 활용하라 — 147
CHAPTER 10 협상의 공식을 활용한 모의협상 엿보기 — 159
CHAPTER 11 성공적인 협상을 위한 6가지 법칙 — 175
CHAPTER 12 협상의 심리 법칙 5가지 — 195

III 실전에서 더 강한 협상의 공식

CHAPTER 13 나보다 강한 상대와의 협상 — 215
CHAPTER 14 교착상태에서 탈출하는 방법 — 243
CHAPTER 15 글로벌 협상에 대비하라 — 255
CHAPTER 16 전략적 협상의 4단계 프레임 — 267

부록 | 협상 준비에 필요한 양식 — 297
인용 및 참고문헌 — 316

I×B×C

I

모든 **협상**은
IBC로 통한다!

➜ 1부에 들어가기 전에

협상의 공식 IBC는 무엇을 협상하고, 어떤 기준으로 판단하며, 어떻게 첫 제안과 양보로 합의하느냐에 대한 핵심 원리다.
이 책의 1부에서는 그 과정을 설명하고 있다. 일단 공식을 분해해 하나씩 설명해보자.

● I는 Interest, 이해관계다

여기엔 '무엇'을 협상할 것인가에 대한 답이 담겨 있다. 상대방의 요구나 제안을 분석해 그 안에 담긴 동기와 욕구를 찾아내서 협상 안건으로 삼는 스킬이 필요하다.

● B는 BATNA다

바트나는 자신을 보호하고 상대방의 제안을 판단할 가이드라인이다. 협상에서 성공과 실패를 가르는 것도 바로 이 바트나이므로 이를 찾고 활용하는 것은 너무나 중요하다.

● C는 Concession, 제안과 양보이다

협상의 기준점을 세팅하는 첫 제안, 나의 이익도 챙기고 관계도 좋아지게 하는 앵커링과 프레이밍 전술, 그리고 양보의 법칙을 통해 성공적으로 합의에 도달할 수 있다.

$$협상 = I \times B \times C$$

Interest
이해관계로 협상 안건을 찾는다.

BATNA
합의의 기준점을 만든다.

Concession
첫 제안과 양보의 법칙으로 합의에 도달한다.

1장 숨어 있는 이해관계 찾기

2장 요구의 뿌리 원인 찾기

3장 나와 상대의 바트나 찾기

4장 나의 바트나 강화, 상대의 바트나 약화

5장 앵커링 기법

6장 프레이밍 심리전술

7장 양보의 법칙

8장 마무리 법칙

PART 1
INTEREST

CHAPTER 01 _ 숨어 있는 이해관계를 찾아라

CHAPTER 02 _ 상대의 뿌리 원인을 찾아라

CHAPTER • 01

숨어 있는 이해관계를 찾아라
창의적 안건 도출을 위한 이해관계 파악

CASE

> 큰딸과 작은딸이 오렌지 하나를 놓고 서로 갖겠다고 다투고 있다. 아버지는 하나의 오렌지를 둘로 나눠 딸들에게 공평하게 반쪽씩 주며 흐뭇해했다. 그런데 곧이어 놀라운 광경이 벌어졌다. 오렌지 반쪽을 받아 든 큰딸은 알맹이는 버리고 껍질만 챙겼고, 작은딸은 알맹이를 먹고 껍질은 버렸다.
> 도대체 어떻게 된 일일까? 알고 보니 제빵학원에 다니는 큰딸은 오렌지 케이크를 장식할 껍질이 필요했고, 작은딸은 그저 오렌지가 먹고 싶었던 것이다.

여기서 무엇이 잘못된 것일까? 앞의 사례에서 큰딸에게 오렌지 하나의 껍질을 다 주고 작은딸에게 알맹이를 다 주었더라면 하나의 오렌지로 200%의 효과를 거둘 수 있었을 것이다. 아버지는 딸들에게 오렌지가 왜 필요한지 물어보지 않았다. 표면적인

충돌만 생각하고 성급히 해결책을 찾음으로써, 만족도를 높일 기회를 놓쳐 버린 것이다.

사실 진짜 욕구는 숨겨져 있다!

이렇게 협상을 할 때는 표면적인 요구사항보다는 그 요구를 하는 이유, 원인, 동기, 욕구, 다시 말해 이해관계Interest를 찾는 것이 너무나도 중요하다. 미국의 자동차 왕, 헨리 포드Henry Ford는 이렇게 말했다. "성공에 비밀이 있다면, 그것은 자신의 시각으로 사물을 바라보는 것뿐 아니라 다른 사람의 시각에서 사물을 바라보는 능력을 가지는 것이다."

상대방의 욕구, 숨겨진 이해관계란 측면에서 한 가지 예를 더 들어보겠다.

당신은 동네 슈퍼의 주인인데, 한 청년이 들어와 콜라 한 병을 달라고 한다. 그런데 그 지역 도매상으로부터 배달이 지연되어 콜라가 품절된 상태다. 당신은 미안한 마음에 이렇게 말한다. "죄송합니다. 지금 콜라가 없네요. 다음에 들러주시면 감사하겠습니다."

그 청년은 길 건너 가게로 들어갔다. 당신은 '거기에도 콜라는 없을 텐데'라고 생각하며 가게 안을 주시한다. 그런데 청년이 무언가를 사서 벌컥벌컥 마시고 있다. 분명 콜라는 아닐 텐데. 가게 주인이 청년에게 했던 응대는 무엇이었을까?

"더운 날씨에 목이 많이 마르시죠? 지금 콜라는 없는데 사이다로 드시는 건 어떨까요? 마침 사이다가 아주 시원한데."

자, 정리를 해 보자. 당신은 청년이 요구한 '콜라'라는 물건 하나만 생각했고, 다른 가게 주인은 청년의 욕구인 '목 마름'을 생각했다. 이 사례에서는 단지 콜라 한 병이지만 이것이 큰 규모의 프로젝트 수주 건이라고 생각해보라. 당신은 고객의 이해관계를 파악하지 못해 매출에 엄청난 손해를 본 것이다.

맞벌이 부부의 애환이 담긴 사례를 하나 더 살펴보자.

남편은 퇴근하자마자 저녁 식사를 재촉한다. 아내는 자신도 힘드니까 좀 쉬었다가 저녁을 주겠다고 한다. 자칫 언성이 높아지고 부부싸움으로 번지기 딱 좋은 상황이다. 이때 현명한 아내라면 남편의 '밥 달라는 요구'가 아니라 '욕구인 허기'에 집중해 해결책을 내놓는다. "오늘따라 많이 배고픈 모양이네요. 당장은 저녁 하기 힘드니까, 우선 이걸로 허기를 채울래요?"라면서 과일과 시리얼을 내놓으면 되는 것이다.

비단 협상뿐만 아니라, 우리가 매일 부딪치는 현실에서도 상대방의 이해관계를 파악하는 것은 매우 중요하다.

CHAPTER 01 ● 숨어 있는 이해관계를 찾아라___019

유능한 협상가는 '그 너머'를 바라본다

협상에 성공하기 위해서는 당신의 협상 목표가 상대방의 관점에서 어떤 이익이 되는지 알려 주는 것이 중요하다. 그런 후에는 상대방이 'No'라고 말하는 진짜 이유를 알아내야 한다. 상대방이 정말로 원하는 것이 무엇인지 알아내는 것, 표면적인 주장뿐 아니라 그 주장 뒤에 숨어 있는 이해관계에 대한 파악이야말로 협상의 요체다.

미국의 퍼스트 유니온 뱅크First Union Bank가 코어 스테이츠 파이낸셜Core States Financial을 160억 달러에 인수합병하기로 결정하면서, 미국 역사상 최고의 매머드 급 거래가 시작되었다. 그런데 원하는 재무적 요구를 다 들어주었는데도 상대방은 최종 사인을 주저하고 있었다. 온갖 제안을 다 해봐도 상대는 움직이지 않았다. 진짜 문제는 무엇인가?

알고 보니 회사를 매각하면 이전에 지역사회에 약속한 자선활동을 포기해야 하며, 지역사회를 팔아넘긴다는 비난에 처할 것을 우려했던 것이다. 결국 1억 달러 규모의 지역사회 재단을 별도로 설립하기로 하면서 거래가 성사되었다. 1억 달러는 160억 달러의 0.5%에 지나지 않지만 상대방의 이해관계란 측면에서는, 협상 타결의 중요한 열쇠가 되었던 것이다.

또한 국가 간의 분쟁도 이해관계에 주목해야 해결할 수 있다.

1967년 이스라엘이 이집트의 시나이 반도를 기습 점령하면서, 이후 6년간 이 영토를 놓고 두 나라는 소모전을 벌여 왔다. 미국의 카터Jimmy Carter 대통령은 이집트의 사다트M. Sādāt 대통령과 이스라엘의 베긴M. W. Begin 수상을 초청해 중재에 들어갔다. 그 유명한 '캠프데이비드 협상'이 시작된 것이다. 그러나 결론은 쉽게 나지 않았다. 땅을 점령한 이스라엘이나 그 땅을 찾아야 하는 이집트의 입장은 강경하기만 했다.

여기서 그 땅을 갖겠다는 쌍방의 요구 안에 숨겨진 이해관계에 주목해보자. 이집트는 당연히 자신들의 땅을 되찾아야 했다. 이스라엘은 시나이 반도에 적대적인 중동 국가가 무기를 배치하는 것을 막기 위해, 즉 국가안보를 위해 그 땅이 필요했다. 카터는 그들의 요구에 창의적인 중재안을 제시했다. 이스라엘은 그 땅을 이집트에 돌려주고, 이집트는 그 땅을 비무장지대로 만들어 국제평화군의 감독을 받도록 하자는 제안이었다. 결국 이집트는 땅을 되돌려받았고, 이스라엘은 국가의 안전을 보장받을 수 있었다.

상황	욕구(숨겨진 이해관계)	창의적 해결안
하나의 오렌지를 놓고, 두 사람이 동시에 원한다.	한 사람은 케이크를 만들 껍질이, 다른 사람은 알맹이가 필요하다.	한 사람에겐 껍질만 통째로, 다른 사람에겐 알맹이만 통째로 준다.
콜라가 없는 상황에서 고객이 콜라를 요구한다.	목이 마르다.	콜라 대신 시원한 사이다를 권한다.
맞벌이 부부의 저녁. 아내는 힘든데 남편이 식사를 재촉한다.	배가 많이 고프다.	일단 과일과 시리얼을 주어 허기를 달래게 한다.
인수합병 협상에 최종 사인을 하지 않는다.	인수합병에 합의하면 지역사회에 약속한 자선활동을 포기해야 한다.	인수가격의 증액 대신 자선기금을 제공한다.
분쟁지역의 영토를 서로 차지하려고 한다.	한 나라는 영토 주권이, 다른 한 나라는 국가 안전보장이 필요하다.	영토는 넘겨주되 비무장지대로 지정한다.

이해관계를 보면 해결책이 보인다

상대방의 입장에서 이해관계를 파악하는 것이 말처럼 쉽지는 않다. 왜 그럴까? 첫째, 사람들은 대부분 자신에게 이익이 되는 관점에서 세상을 바라본다. 이것이 우리 모두가 극복해야 할 한계인 셈이다.

둘째, 사람들은 협상을 고정된 파이를 나누는 게임으로 생각한다. 상대가 더 가지면 자신은 손해를 보고 자신이 더 가지면 상대가 손해를 보는 것으로 간주하므로, 공동으로 새로운 가치를 창출한다는 인식이 낮다. 또한 일단 협상이 시작되면 협상 자체의 갈등 양상과 역동성 때문에 공동의 가치 증대나 공통된 이해관계를 찾기가 어려워진다.

셋째, 상호 신뢰가 형성되지 않은 상황에서는 자신의 마음을 명확하게 표현하지 않기 때문이다. 상대방이 무슨 생각을 하는지, 무엇을 원하는지 모르기 때문에 혼란이 더 가중되는 것이다.

숨어 있던 이해관계를 찾아 협상을 타결한 사례를 하나 더 살펴보겠다.

한 부품회사의 영업사원은 냉장고의 핵심 부품을 가전회사에 판매하는 일을 하고 있다. 그런데 환율과 원자재 가격이 동시에 올라 현재까지는 개당 30만 원에 팔았지만, 지금부터는 33만 원에 팔라는 회사의 엄격한 지침이 전달되었다. 영업사원은 가격 인상에 대한 말을 꺼내기가 난감하다. 게다가 이번 달에 1만 개라는 판매량을 달성해야 했기에 더욱 부담스러웠다. 납품을 받을 가전회사 담당자 역시 완강하게 나왔다.

"무슨 소립니까, 그쪽 회사만 어렵습니까? 우리도 완제품 가격을 못 올리고 있다고요. 아무튼 납품가를 올리는 것은 절대 안 됩니다. 자꾸 고집하면 우리도 중국산을 수입하거나 다른 회사 부품을 알아볼 테니 그렇게 아십시오."

"그러면 제가 회사에 가서 좀 더 알아본 후, 내일 다시 찾아뵙겠습니다."

영업사원은 적잖이 당황하며 이렇게 미팅을 끝낼 수밖에 없었다.

이 사태를 어떻게 풀어야 할까? 납품가를 조금 깎아준다고 그 가격에 살 것 같지도 않고……. 영업사원은 갑갑한 마음에 근처 술집에서 혼자 술잔을 기울이며 생각에 잠겼다. 혹시 가격 이외의 다른 조건에서 서로 주고받을 수 있는 것을 찾아 합의를 시도해 볼 여지는 없을까?

다음 날 가전회사를 다시 방문해 서로의 속사정을 말하다 보니 가전회사는 부품의 A/S 문제로 고민이 많았고, 신제품 개발을 위해 장기적으로 같이 갈 파트너를 찾고 있다는 정보를 알게 되었다. 그런데 마침 부품회사는 투자 유치를 하기 위해 장기 거래선이 필요했다. 영업사원은 기막히게 창의적인 제안을 함으로써 합의를 이끌어낼 수 있었다.

"납품가를 저희가 원하는 대로 33만 원에 해주시면, A/S 기간을 1년에서 3년으로 늘리고 저희 회사의 신제품 설계 기술자를 파견해 드리겠습니다."

가전회사는 영업사원의 제안을 흔쾌히 받아들였다. 가격도 합의 보고 관계도 좋아지고, 협상 당사자들은 상호간의 이해관계를 활용해 공동의 가치 창출은 물론, 상대방의 이해관계를 창의적으로 해결해주는 합의를 할 수 있었다.

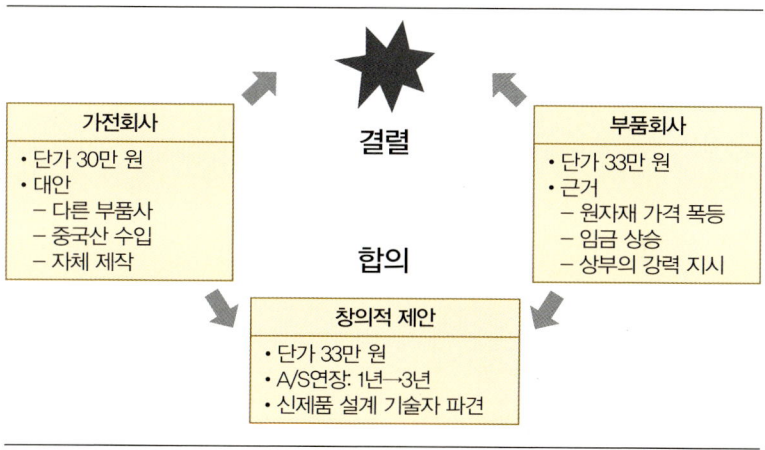

숨겨진 이해관계를 어떻게 찾을 것인가

상대방의 숨겨진 이해관계를 알아내기 위해서는 여러 가지 방법이 동원되어야 한다.

우선, 상대방이나 상대방 회사에 대한 인터넷 자료와 뉴스를 검색하고, 상대방을 잘 알고 있거나 거래 경험이 있는 인맥을 최대한 활용한다. 미팅 전에 간접적으로 파악할 수 있는 모든 자료를 살펴보아야 하는 것이다.

다음으로는 직접 만나서 상대방과 정보 교환의 채널을 구축하면서, 상호신뢰 속에 대화 분위기를 형성한다. 대화를 하면서 상대방이나 당신이 선호하는 것이나 관심사에 관한 정보를 알아내는 것이 좋다. 또한 여러 가지 다양한 조건의 제안을 한꺼번에 제시함으로써, 어떤 조건에 더 관심을 가지는지 파악해 보는 것도 좋다. 예를 들어 가격, 수량, 결제조건, 물품인도일, A/S, 제품교육, 공동마케팅, 기술제공 등이 포함된 다양한 제안으로 상대방의 반응을 캐치하는 것이다.

그리고 협상 당사자의 무형적 요소에 대해서도 살펴본다. 상대방이 금전적인 조건보다 원칙이나 배려 등 인간적 가치를 중시하는 경우가 여기에 해당된다. 마지막으로 협상 상대방뿐 아니라 협상에 영향을 주는 내부의 이해당사자가 누구인지 파악한다. 즉 주변의 이해관계자, 상부의 의사결정자가 무엇을 원하는지도 사전에 파악하는 것이 좋다.

상호 이해관계를 충족시키는 창의적 해결안을 찾기 위해서는 다음의 체크리스트를 통해 상황을 점검하는 것이 필요하다.

- 상대의 진정한 문제점 또는 욕구는 무엇인가?
- 당신의 진정한 문제점이나 의도는 무엇인가?
- 해결하기 어려운 큰 이슈를 분리해 생각할 수 없는가?
- 상대의 다른 쟁점이나 필요사항은 무엇인가?
- 상대가 받을 수 있는 비판은 무엇인가?
- 관련부서나 최종 결정권자의 입장은 무엇인가?
- 당신의 제안이 상대방에게 어떤 위험과 비용을 부담시키는가?

숙련된 협상가 vs. 덜 숙련된 협상가

닐 라컴(Neil Rackham)과 존 칼라일(John Carlyle)은 9년간 56건의 실제 협상을 분석했다. 협상전문가 51명의 협상 준비 과정을 녹취, 분석함으로써 '숙련된 협상가 그룹'과 '덜 숙련된 평균 수준의 협상가 그룹'의 차이점을 조사한 것이다.

'숙련된 협상가 그룹'은 협상 준비 시간의 40%를 공통의 이해관심사나 서로 보완적인 이해관심사, 또는 최소한 협상 상대와 충돌하지 않는 쟁점에 할애했다. '덜 숙련된 협상가 그룹'은 약 10%의 시간만 공통의 이해관심사에 집중했고, 나머지 90%는 가격, 힘, 통제 등의 이슈에 대비해 논리를 짜는 데 할애했다. 공통 또는 보완적 관심사에 투자하는 시간에 있어 무려 네 배의 차이를 보인 것이다.

이해관계의 해결책 I : 선호도를 교환하라

쌍방의 이해관계를 파악하여 안건들을 협상 테이블에 올렸다.
 자, 그렇다면 가장 먼저 해야 할 일은 무엇일까? 우선, 이슈에 대한 서로의 선호도 차이를 파악하는 것이 합의에 이르는 지름길이다. 예를 들어보자.

 여름 휴가지로 남편은 산속의 오두막을 고집한다.
 바쁜 업무로 사람에 시달리다 보니 조용한 산속에서 휴가를 보내고 싶은 것이다. 또 어릴 적 시골에서 살았던 추억을 되살릴 수 있는 오두막이 좋다. 하지만 아내는 해변의 고급 호텔을 원한다. 집에서 홀로 지내다 보니 사람들이 북적대는 해변이 좋고, 또한 최소한 휴가 기간에는 밥을 하기 싫었던 것이다. 아마 거의 모든 협상 상황이 이와 같은 정면충돌 양상일 것이다. 나의 제안을 다 고집할 수도 없고, 그렇다고 상대방의 제안을 다 들어 줄 수도 없고.
 이럴 때는 협상의 이슈를 분해하는 것이 우선이다.
 산과 해변이라는 '장소'의 이슈와 오두막과 호텔이라는 '숙박 시설'의 이슈로 나눠 보자. 그런 후에 남편에게 물어보자. "산이 중요한가, 오두막이 중요한가?" 조용한 분위기를 원하는 남편에겐 산이 더 중요하다. 이번엔 아내에게 물어본다. "해변이 중요한가, 호텔이 중요한가?" 휴가 때만큼은 식사 준비하기 싫은 아내는 호텔이 더 중요하다. 이제 답은 나왔다. 남편에게 더 중요한 산과 아내에게 더 중요한 호텔을 합쳐, 산속의 호텔로 가면 된다.

남편은 더 중요한 산을 얻고 덜 중요한 오두막을 양보했다. 아내는 더 중요한 호텔을 얻고, 덜 중요한 해변을 양보했다. 협상에서 내가 원하는 것을 다 얻을 수는 없다. 협상에서의 합의는 대부분 이렇게 서로의 양보와 교환에서 비롯된다. 바로 '선호도'의 교환이다. 선호도의 교환은 서로에게 가치를 창조한다. 덜 중요한 것을 양보함으로써 더 중요한 것을 얻기 때문이다.

서로의 상황이 다르니 이슈의 중요도가 다르다는 것은 협상을 할 수 있는 여지가 된다. 대기업과 벤처기업의 물품 구매 협상을 가정해 보자. 대기업의 우선순위는 가격, 그 다음이 수량이다. 그리고 A/S나 반품도 확실해야 한다. 하지만 결제기간은 양보 가능하다. 예산이 있으니 필요하다면 대금 지급을 당겨줄 수 있다. 그리고 모든 조건이 맞으면 거래선을 자주 바꾸기 귀찮으니 계약기간을 길게 해 줄 수도 있다. 따라서 대기업에 있어서는 1순위가 가격, 2순위가 수량, 3순위가 A/S, 4순위가 결제조건, 5순위가 계약기간이다.

한편 벤처기업의 상황은 조금 다르다. 거래에서 1순위는 계약기간이다. 안정적인 거래선 확보가 투자 유치에 가장 중요하기 때문이다. 그리고 2순위는 결제조건이다. 빨리 물품대금을 회수하여 회전시켜야 한다. 3순위는 가격이다. 계약기간을 길게 보장해주고 결제를 빨리 해주면 가격은 양보할 용의가 있다. 4순위는 수량이다. 장기 거래가 되니 수량을 융통성 있게 조절해서 납품해도 좋다. 5순위는 A/S다. 품질에 자신이 있으니 A/S나 반품은 원하는 조건을 다 맞춰주며 양보 가능하다.

이렇게 쌍방의 선호도를 비교해 보면, 중요도의 차이와 우선순위에 따라 서로 주고받으며 교환할 것이 도출된다. 가격은 대기업에겐 1순위인데 벤처는 3순위이므로 대기업이 양보를 받는다. 계약기간은 벤처에겐 1순위이지만 대기업은 5순위이니 벤처가 양보 받는다. 결제조건은 대기업에겐 4위인데 벤처기업은

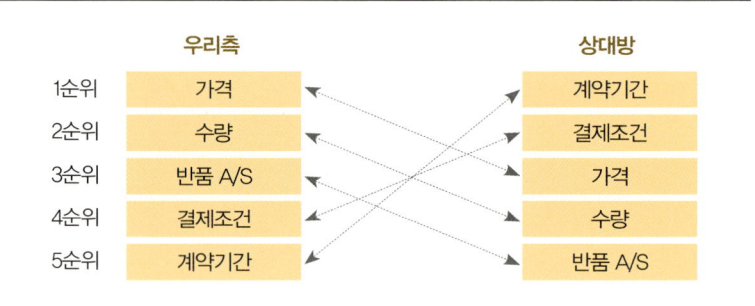

2위이니 벤처가 양보 받고, 수량은 대기업이 2위인데 벤처는 4위이니 대기업이 양보 받는다.

원하는 것을 100% 얻으려 해서는 협상이 이루어지지 않는다. 양보를 통해 교환을 해야 합의에 이를 수 있다. 이때 가장 먼저 파악해야 하는 것이 이슈에 대한 쌍방의 선호도이다.

다양한 거래조건에서 상호 선호도, 우선순위를 교환하며 합의에 접근하라. 그러려면 사전에 다음과 같은 질문을 해 보는 것이 필요하다.

"나에겐 중요하지만, 상대방에겐 덜 중요한 이슈는 없는가?"

"상대방에겐 중요하지만, 나에겐 덜 중요한 이슈는 없는가?"

"나에게 큰 비용이 안 들면서, 상대에게 큰 도움이 될 것은 없는가?"

"상대에게 큰 비용이 안 들면서 나에게 큰 도움이 될 것은 없는가?"

이해관계의 해결책 Ⅱ : 나만의 자원을 활용하라

협상 테이블에서 합의를 도출하기 위해서는 자신만의 자원을 활용해 상대방을 도와주고, 그 대가로 자신이 원하는 양보를 얻어내는 것이 중요하다. 예를 들어 보자.

 한 글로벌 화학회사는 국내 재벌 그룹 산하의 화장품 회사에 원료를 공급하고 있다. 관계로 봐서는 분명 '을'인데, 화학회사는 오히려 떵떵거리며 원료를 팔고 있었다. 그 이유는 무엇일까? 화학회사는 원료 인도 시, 화장품 회사가 해야 할 실험들을 자신의 수준 높은 글로벌 화학연구소에서 대신 시행해 그 자료를 제공했다. 또한 자신의 글로벌 마케팅연구소에서 전 세계 화장품 회사들의 신제품 동향, 가격 흐름, 소비자 동향 등을 조사해 구매자에게 제공했다. 이 소중한 자료를 계속 얻기 위해 구매자가 오히려 눈치를 보는 상황이 된 것이다. 글로벌 화학회사는 자체 화학연구소와 마케팅연구소라는 자원을 최대한 활용한 셈이다.

 한 가지 예를 더 들어 보자. 한 자동차회사는 이태리의 차량용 명품 오디오 회사와 전략적 제휴를 원했다. 이태리까지 날아가 미팅을 했지만, 그 업체는 콧대가 이만저만 높은 것이 아니었다. 벤츠나 BMW 등 최고급 브랜드 외에는 절대 거래를 않겠다는 입장이었다. 이 난제를 어떻게 풀어야 할까? 미팅이 끝난 후, 사석에서 대화를 해보니 오디오 회사도 애로사항이 있었다. 그 회사는 인도에 진출하기를 원하는데, 인도 투자청에서 딴지를 건다는 얘기였다. 자동차 회사의 협상 담당자는 속으로 쾌재를 부르며 이렇게 말했다.

"우리가 최근에 인도에 자동차 공장을 지었습니다. 인도 투자청과는 사이가 매우 좋지요. 우리 회사에서 인도 투자청 수뇌부와 만나 해결이 되도록 도와드릴 수 있습니다."

결국 전략적 제휴는 성사되었다.

상대방의 자원과 나의 자원은 다를 수밖에 없다. 그리고 상대방이 못 가진 나만의 자원이 존재한다. 그것은 전문성, 다양한 채널, 규모나 범위의 확대, 상호보완성, 거래선 네트워크, 해외 파트너 등이 될 수 있다. 나만의 자원은 상대방의 양보를 얻어낼 수 있는 훌륭한 도구다.

T·A·K·E·A·W·A·Y·S

1. 협상을 위해서는 상대의 이해관계를 해결해 줄 안목을 길러야 한다. 오렌지를 공평하게 반쪽씩 나눠주는 오류를 기억하라. 표면적인 요구사항보다는 그 요구나 주장을 하는 이유, 동기가 되는 이해관계를 우선 파악해야 한다.
2. 요구나 제안의 밑바탕에 있는 욕구를 찾아서 창의적인 해결을 하라.
3. 이해관계 안건들을 해결할 때 서로의 선호도를 교환하며 가치를 창조하라.
4. 나만의 자원을 활용하여 상대방을 도와주고 원하는 양보를 얻으라.
5. 상호 이해관계의 창의적 해결을 위한 체크리스트를 활용하라.

CHAPTER 01 ● 숨어 있는 이해관계를 찾아라____ 035

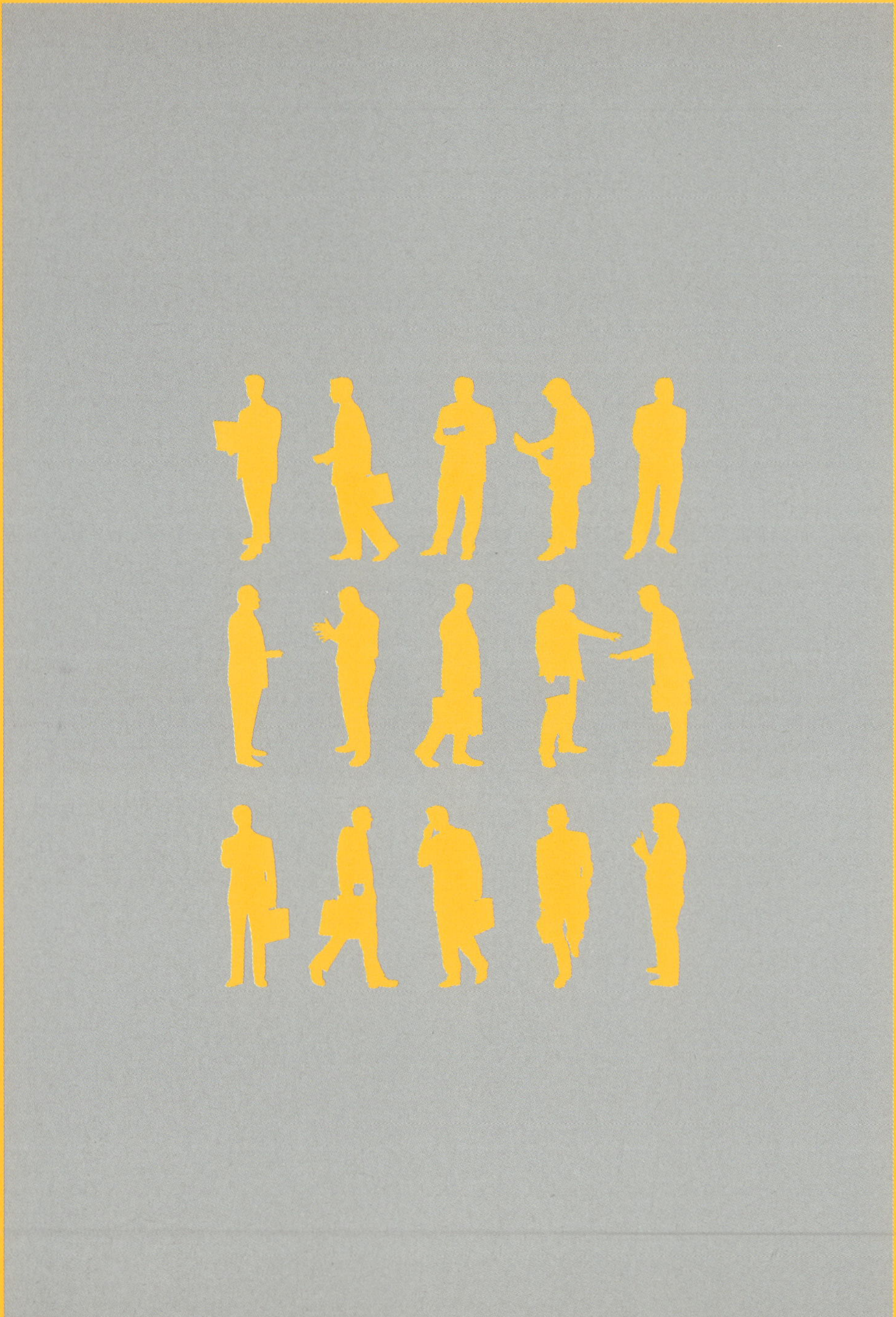

CHAPTER • 02

상대의 뿌리 원인을 찾아라
체인 코즈 Chain Cause 기법의 활용

> **CASE**
>
> 신제품 판로 개척을 위해 영업사원이 고객사를 방문했다.
> 고객사는 관심을 보였지만 가격을 20% 할인해 달라고 한다. 왜 가격을 깎아 달라고 할까? 경쟁사 제품이 그 정도 가격이기 때문이다. 그렇다면 왜 경쟁사와 같은 가격이어야 할까? 고객사는 양사 제품의 품질이 동일한 수준이라고 판단했기 때문이다. 그렇다면 왜 양사 제품이 동일한 품질이라고 판단했을까? 사실은 우리 회사 제품이 훨씬 우수한데……

어떤 요구를 하는 원인의 원인을 '뿌리 원인'이라고 한다.

위 사례에서 합의가 이루어지지 않았던 뿌리 원인은 고객사와의 커뮤니케이션에 있다. 신제품의 품질을 제대로 알지 못해 경쟁사 제품과 비슷하다고 인지했던 것이 모든 문제의 발단이

었다. 따라서 가격을 낮추기보다는 뿌리 원인인 품질의 오해를 없애기 위해 회사의 홍보를 강화하는 것이 좋다. 연구개발 결과를 적극적으로 알리고, 고객사에서 신제품의 품질을 테스트하고 적용할 방법을 찾도록 도와주는 근본 해결책을 실행하는 것이다.

그 결과 고객사는 가격 인하 요구를 중단했을 뿐 아니라 예상보다 많은 물량을 주문하게 되었다. 영업사원은 요구의 원인, 그 원인의 원인, 그 원인의 원인의 원인, 즉 뿌리 원인을 파악해 근본적 해결책을 찾아냈다. 가격 경쟁에 뛰어드는 위험한 상황을 피한 것이다.

체인 코즈Chain Cause 기법이란 무엇인가

컬럼비아 경영대학원의 원로교수 말을 빌자면, 졸업생들이 가장 많이 활용하는 의사결정 노하우가 '체인 코즈Chain Cause' 기법이라고 한다. 문제를 해결하고자 할 때 겉으로 드러난 현상만이 아니라, 그 현상의 원인과 그 원인의 원인을 계속 찾아 들어가 해법을 도출하는 방법을 말한다.

표면적인 현상을 해결해도 그 현상을 일으키는 근본 원인을 해결하지 않으면 또 다시 문제가 일어나게 마련이다. 감기 환자가 약을 먹고 치료가 되어도, 기본적인 면역력이 강화되지 않으면 또 다시 감기에 걸리는 것과 마찬가지다. 협상을 할 때도 상대방의 표면적인 요구에만 집중해서는 안 된다. 그 요구가 만들어진 원인, 그 원인의 원인들을 추적해 나가면 해결의 실마리가 보이게 된다.

어느 대기업 연구소가 서울에서 대전으로 이전하기로 결정했다. 그런데 연구원들의 반발이 이만저만이 아니다. 전 연구원의 연봉을 1.5배로 올려주고, 사택을 제공하고, 주말에는 서울행 KTX 교통비까지 달라는 터무니없는 주장도 나오고 있다. 이 주장을 모두 받아들이면 회사 전체의 급여체계가 흔들리고, 무시하자니 핵심 연구원들의 동요가 심상치 않다. 과연 어떻게 해결해야 할 것인가? 일단 상대방의 이해관계를 "뿌리 원인"이란 관점에서 심도 있게 파악해야 한다.

연구원들이 대전 이전에 반감을 가지는 것은 가족들이 서울에 잔류하길 원하기 때문이다. 양쪽 살림을 하자니 생활비가 이중으로 들고, 그것이 연봉 인상이라는 요구로 표출된 것이다. 왜 서울 잔류를 고집하는가 뿌리 원인을 분석해 보니, 결국 자녀 교

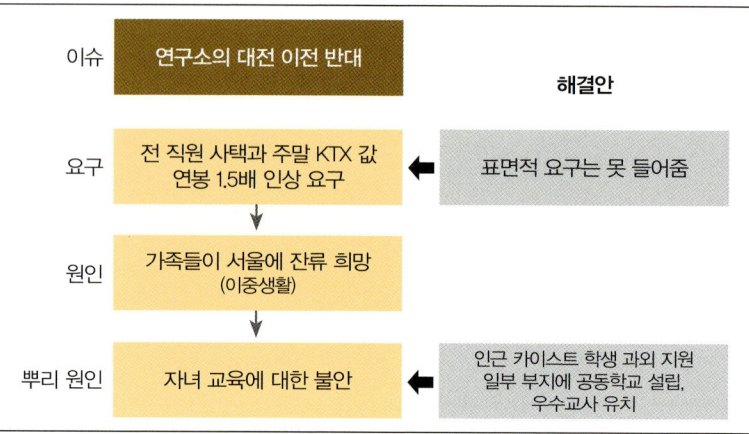

육 문제가 핵심이었다. 표면적인 요구를 들어주는 것보다 요구의 뿌리 원인을 찾아 해결하는 것이 훨씬 효율적인 법이다.

회사의 급여체계를 흔들지 않고 해결할 방안을 모색해보자. 연구소 주변 부지에 다른 회사와 공동으로 학교를 설립해 우수교사를 유치하고, 회사의 복리후생비로 카이스트 학생을 활용해 과외 지원을 해 주는 방안이 있을 수 있다. 서울 못지않은 교육환경을 지원해줌으로써 연구원들의 뿌리 원인을 해결할 수 있다.

체인 코즈Chain Cause 기법을 활용하면 원인의 원인을 파악해 창의적인 해결책을 만들고, 당신의 협상 능력을 키울 수 있다. 그러나 이 기법이 원한다고 마음대로 활용할 수 있는 것은 아니다. 사물이나 문제 간의 연계를 확인해 근본 원인을 찾아가는 훈련이 선행되어야 하기 때문이다. 또는 큰 문제를 작게 쪼개거나 작은 문제들을 하나의 큰 문제로 환원하는 등, 유연하고 창의적인 사고를 하는 습관을 들여야 한다.

'왜 그럴까'에 대한 근본적인 해결방법을 찾는다

원인의 원인을 찾아가는 체인 코즈Chain Cause 기법은 협상뿐 아니라, 거의 모든 갈등이나 문제에 적용할 수 있는 매우 효과적인 수단이다.

중학교에 진학한 아이가 게임만 한다. 공부하라고 혼을 내봐도 달라질 기미가 없다. 이제 당근을 줘보기로 한다. "이 문제집 한 권 다 풀면 최신 스마트폰으로 바꿔줄게." 아이가 문제집을 풀기 시작한다. 그런데 겨우 한 권을 다 풀고 나니, 또 다시 원점이다. 당근을 다시 주어야 할까? 아니면 다른 방법이 있을까?

일단 아이가 공부를 하지 않는 원인을 찾는 것이 우선이다. 공부를 해도 성적이 오르지 않으니 흥미를 잃은 것이 원인이었다. 그렇다면 왜 성적이 오르지 않을까? 영어와 수학의 기초가 없어서 학교 공부를 따라가지 못하는 것이 원인의 원인이었다. 그렇다면 왜 기초 공부가 되지 못했을까? 이제까지 해 왔던 암기 위주의 공부 방법에 문제가 있었던 것이다.

이 경우, 또 다른 당근을 주기보다는 그 돈으로 아이의 학습 태도를 고쳐줄 과외 선생을 찾아주고 공부에 대한 자신감을 심어주는 것이 근본적인 해결책이다.

다른 사례를 하나 더 보자. 어느 대기업은 부서 간 갈등이 매우 심각했는데, 그 표면적 원인은 실적에 따른 상여금 차등지급이었다. 똑같이 열심히 일했는데, 다른 부서에 비해 상여금을 반밖에 못 받으니 화가 나지 않을 수 없다. 그러나 '실적에 따른 상여금 차등'이란 회사의 원칙을 무너뜨릴 수는 없다. 이 문제를 과연 어떻게 해결해야 할까?

상황을 파헤쳐보자. 왜 어떤 부서는 열심히 일했는데도 실적이 미진했을까? 직원들이 자신의 능력을 제대로 발휘하지 못했기 때문이었다. 왜 능력 발휘를 못했을까? 회사의 프로세스에 문제가 있었다. 1팀이 잘못 생산된 부품을 보내, 조립을 맡은 2팀에서 공정을 다시 수정하는 등 로스가 발생한 것이다. 정리해보자. 뿌리 원인은 회사 전체의 사정을 보지 못하고, 자기 부서의 성과만을 대상으로 상여금을 지급하는 잘못된 평가 시스템에 있었다.

갈등 상황을 해결하려면 뿌리 원인을 해결하는 것이 최선이다. 이 회사는 공정 개선과 교육, 훈련을 통해 조립 부서의 생산에 차질이 없도록 했다. 아울러 업무 평가 시스템에 회사 전체의 효율성을 반영하도록 수정했다. 표면 원인뿐 아니라, 원인의 원인을 계속 파악하면 다시는 비슷한 오류가 생기지 않게 되고, 근원적인 처방을 통해 상호 간의 갈등을 해결할 수 있다.

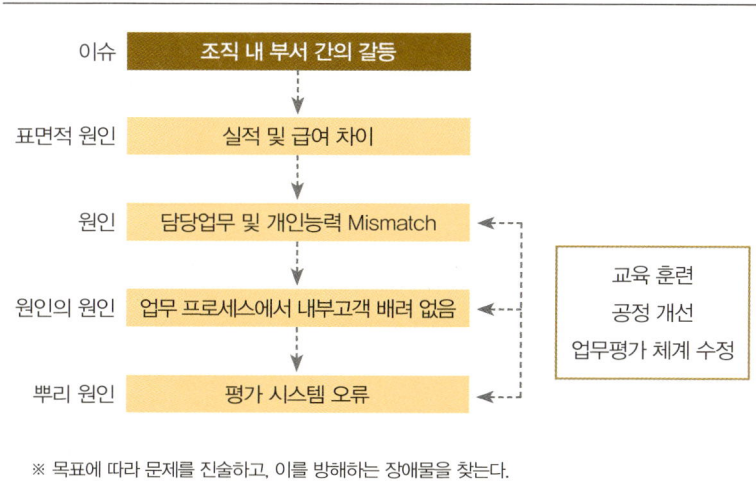

※ 목표에 따라 문제를 진술하고, 이를 방해하는 장애물을 찾는다.

이렇게 뿌리 원인을 찾아가는 체인 코즈 기법과는 반대로, 상대방의 요구가 달성하고자 하는 상위 목적이나 궁극적인 목적을 찾아 문제를 해결하는 방법도 있다. 예를 들어보자.

연말에 연봉협상이 진행 중이다. 연봉 4천만 원을 받던 유능한 직원에게 회사 측은 5천만 원을 제시했다. 그런데도 직원은 연봉이 적다며 그만두겠다고 한다. 그는 왜 무리한 연봉을 고집하는 걸까? 그의 요구사항은 더 높은 연봉이었지만, 그것은 회사생활이 불안해 미래를 위해 많은 돈을 저축하려는 목적이었다. 그에게 연봉을 더 올려주는 것도 방법이겠지만, 장기고용 계약으로 전환하고, 전문성을 키울 수 있는 해외 파견 교육 등을 지원해 주는 것이 더 근본적인 해결책이 될 것이다. 그 직원의 상위 목적, 궁극적 욕구는 미래에 대한 안정성이기 때문이다.

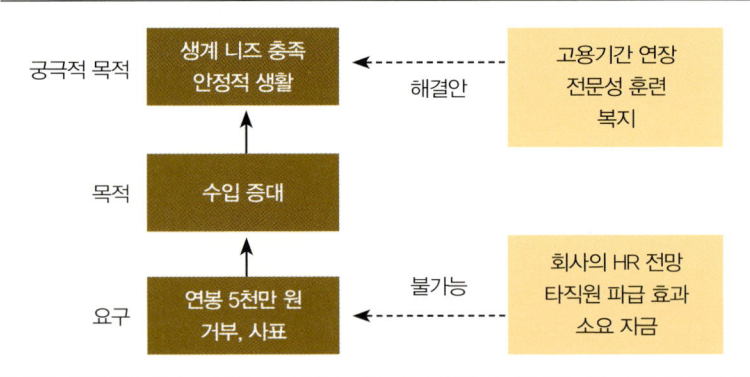

상대방의 요구를 직접 들어줄 수 없을 경우, 숨어 있는 이해관계를 찾아 해결하는 것이 협상의 핵심 기술이다. 체인 코즈Chain

Cause 기법은 요구의 근본 원인을 캐 들어가는 '뿌리 방향' 해결안과, 요구가 지향하는 상위의 목적을 찾아 올라가는 '상위 방향' 해결안을 도출하는 데 큰 도움을 준다.

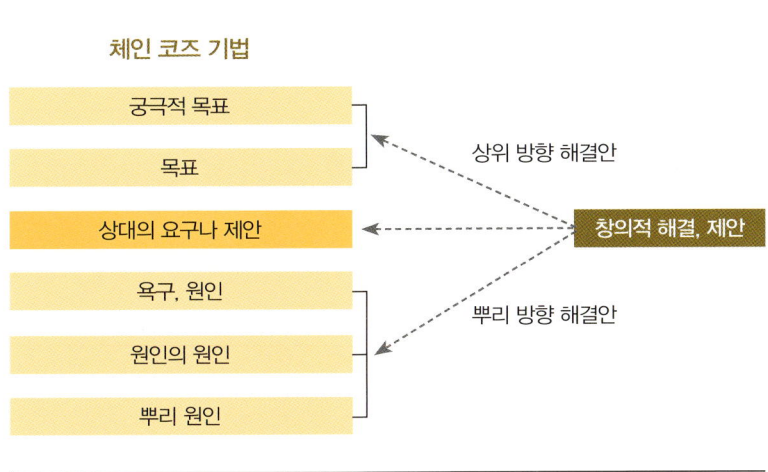

1. 체인 코즈Chain Cause 기법은 겉으로 드러난 현상만이 아니라, 그 현상의 원인을 찾고, 그 원인의 원인을 찾고, 또 그 원인의 뿌리를 찾아 해법을 도출하는 기법이다. 표면적인 현상을 해결해도 그 현상을 일으키는 근본 원인이 해결되지 않는다면 문제는 또 다시 발생하게 된다.
2. 체인 코즈 기법으로 뿌리 원인을 파악하면 창의적 해결책이 만들어지고, 그 결과 협상력이 강화된다. 이러한 기법의 활용을 위해서는 사물이나 문제 간의 연계를 확인하고 근본 원인을 찾아가는 훈련을 하고, 문제를 세분화하거나 하나의 큰 문제로 환원하여 원인을 추출하는 사고를 습관화 해야 한다.
3. 뿌리 원인을 해결하는 방법과 달리, 궁극적인 상위의 목적을 파악해 상대의 요구를 창의적으로 해결하는 경우도 있다.

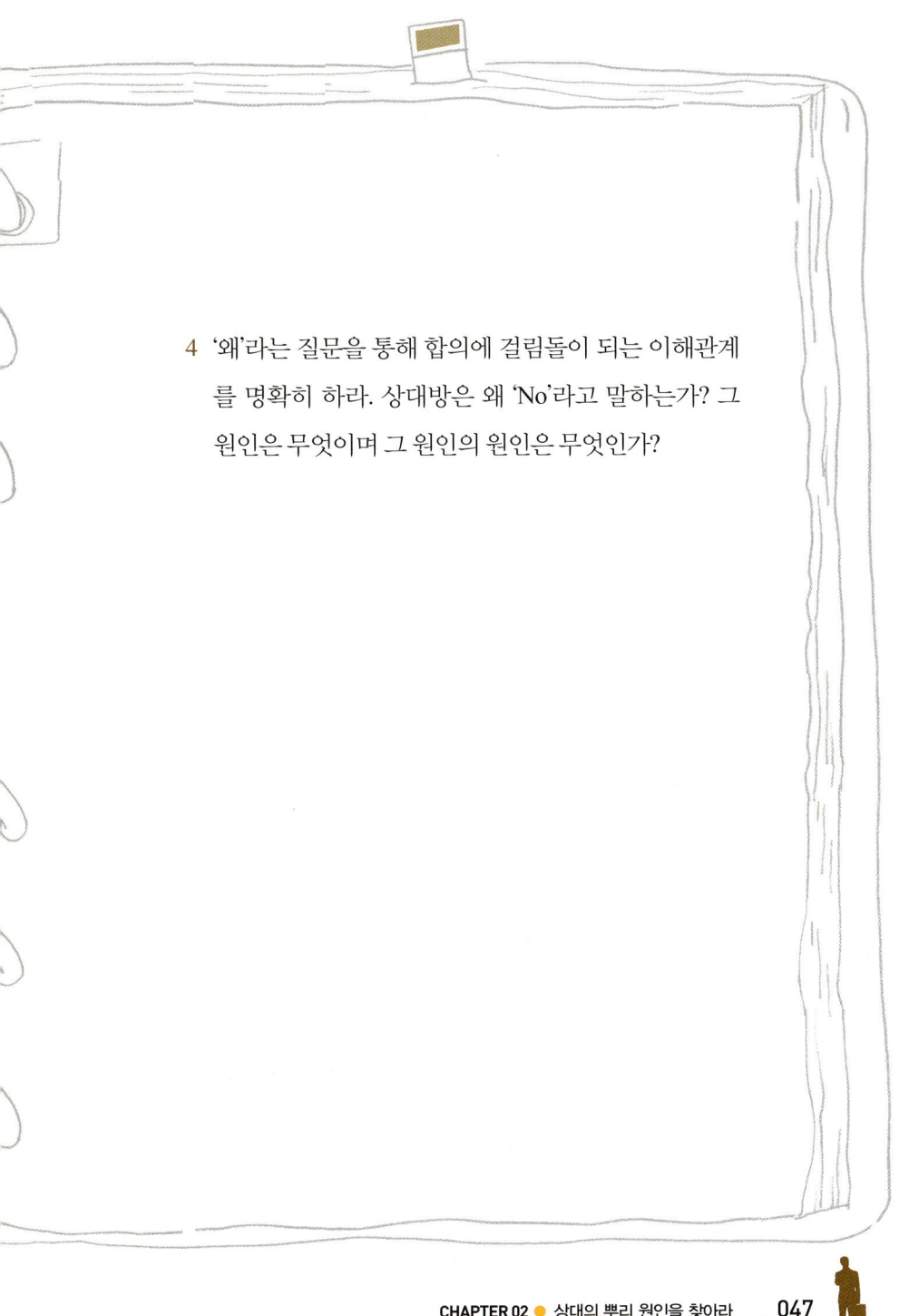

4 '왜'라는 질문을 통해 합의에 걸림돌이 되는 이해관계를 명확히 하라. 상대방은 왜 'No'라고 말하는가? 그 원인은 무엇이며 그 원인의 원인은 무엇인가?

PART 2
BATNA

CHAPTER 03 _ 바트나로 합의의 기준점을 만들어라

CHAPTER 04 _ 자신의 바트나는 강화, 상대방의 바트나는 약화

CHAPTER • 03

바트나로 합의의 기준점을 만들어라

협상 성공의 기준점, 바트나BATNA

CASE

미국과 호주에서 소가죽 원피를 수입해 국내 피혁 제조 공장에 공급하는 종합상사 원자재팀이 있다. 원피 가격은 매일 변동되므로 좋은 시점에 비축하면 큰 이익을 남길 수 있다. 원자재팀은 향후 수급상황을 판단해, 호주산 원피를 20억 원어치 비축하고 있었다.

그런데 갑자기 경기가 나빠져 가죽의류 수요가 급감했고, 설상가상으로 원피는 창고에서 썩어 가고 있었다. 가격을 낮춰 내놓아도 살 사람이 없는 절체절명의 위기에 처한 것이다. 그런데 다행스럽게도 낭보가 날아들었다. 피혁회사 한 곳에서 원피를 살 의사가 있다고 타진해 온 것이다. 그러나 구매조건은 가혹했다. 구입 원가 20억의 절반인 10억에 전량을 매수하겠다는 것이다. 팔자니 10억 원을 손해 봐야 하고, 갖고 있자니 앞으로 어떻게 팔아야 할지 막막하다. 자, 어떤 기준으로 10억이란 조건을 판단해야 할까?

> **CASE**
> 부모님이 살던 시골집을 팔려고 내놓았다. 그런데 최근 10년간 인근에서 부동산 거래가 전혀 없어서, 얼마에 팔아야 할지 기준이 모호하다. 이렇게 막연한 상황에서 1억을 제시하는 구매자가 나타났다. 팔아야 할까, 더 기다려야 할까? 팔려니 너무 싸게 파는 것 같고, 기다리려니 좋은 기회를 놓치는 게 아닐까 걱정이다. 어떤 기준에서 선택을 해야 할까?

선택이나 판단을 하기 위해서는 어떤 기준점이 필요하다. 그리고 그 기준은 팔지 않았을 경우의 대안이다.

두 번째 사례, 부모님의 시골집을 팔지 않았을 경우의 대안을 생각해 보자. 우선 임대를 주며 세를 받을 수 있고, 다른 작은 아파트와 교환할 수도 있다. 혹은 관광객이 제법 오기 시작한 지역이므로 펜션으로 개조할 수도 있다. 이중에서 가장 좋은 아이디어는 펜션으로의 개조라 판단된다. 그렇다면 얼마를 투자해서 얼마의 수익이 나올지 계산해보면 된다. 리모델링 비용을 감안한 이 집의 가치는 1억 2천만 원으로 평가된다. 바로 이 금액이 시골집을 얼마 이상으로 팔아야 할지에 대한 기준점이 된다. 이 기준점에 못 미치는 1억은 당연히 거절해야 하는 것이다.

합의에 실패했을 경우에 선택할 대안들을 충분히 검토하면, 상대방의 제안을 수용해야 할 것인지 거부해야 할 것인지가 명확해진다. 주관적인 판단으로 오류를 범할 위험을 사전에 차단하는 것이다.

당신이 백화점에 가서 가방을 구입한다면 어떻게 행동하는가? 첫 번째 매장에 들러 가방의 가격과 디자인, 재질 등을 살펴본다. 그런데 거기서 사는가? 아니다, 두 번째 매장에 가서 다른 제품의 가격, 디자인, 재질을 살펴본다. 이때 두 번째 매장의 가방을 살지 말지의 판단 기준은 첫 번째 매장의 가방이다. 이렇게 당신은 작은 물건 하나를 살 때도 기준을 정하고 판단한다. 하물며 중요한 협상에서는 두말할 필요가 없다.

선택이나 판단에 중요한 역할을 하는 기준점이 바로 이 장에서 배울 '바트나'이다.

바트나란 무엇인가

협상 테이블에 앉기 전에 반드시 해야 할 일이 있다. 바로 상대방의 제안에 대한 수용 여부를 판단할 기준점을 마련하는 것이다. 협상에서는 그 기준점을 바트나BATNA, Best Alternative To a Negotiated Agreement라고 한다. 로저 피셔Roger Fisher와 윌리엄 유리William Ury가 창안한 이 개념은 협상을 통한 합의안에 대응하는 최선의 대안을 말한다.

즉, 상대방과의 합의에 도달하지 못했을 때 선택할 수 있는 여러 대안들 중 최선이라는 뜻이다. 따라서 바트나보다 나은 제안은 수락하고 그에 미치지 못하는 제안은 단호히 거부해야 한다. 바트나는 합의의 기준점이다.

바트나 없이 협상에 임한다면 어떤 일이 벌어질까? 첫째, 거래에 대한 판단 기준이 없어 상대방의 제안이 당신에게 불리한지

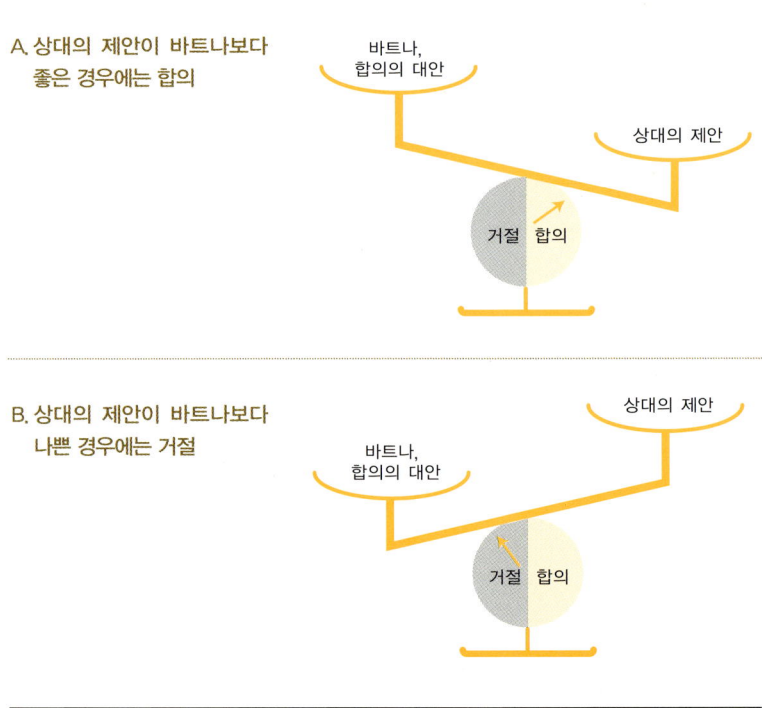

유리한지 판단하기 어렵다. 둘째, 유리한 제안을 거절하거나 불리한 제안에 합의할 우려가 있다. 셋째, 협상을 언제 그만두어야 할지도 알 수 없다. 따라서 협상에 있어 바트나는 가장 중요한 개념이고, 반드시 미리 준비해야 할 기준이다.

바트나는 어떻게 준비해야 할까
당신의 바트나는 상대와의 합의가 이루어지지 않았을 경우 선택할 수 있는 최선의 대안이다. 그렇다면 이 대안을 어떻게 찾을 것인가?

첫째, 브레인스토밍을 통해 상대방과 합의되지 않을 경우에 당신이 취할 수 있는 행동 목록을 작성한다. 둘째, 다양한 아이디어를 실용적인 대안으로 전환한다. 셋째, 그중에서 최고의 대안을 선택하면 그것이 바로 당신의 바트나다.

모든 협상은 자신에게 이익이 되어야 합의가 가능하다. 그런데 무엇보다 이익이 되어야 하는가? 바로 바트나. 바트나는 상대방의 제안을 판단하는 기준점이자, 자신을 보호하기 위해 더 이상 물러날 수 없는 최저 한계선이기도 하다.
한편 상대방의 바트나는 나의 제안의 기준점이 된다. 나는 상대방의 바트나 이상을 제안해야 한다. 바트나는 나와 상대방, 모두에

게 중요한 기준점이다. 따라서 바트나 없이는 협상에 나서지 말라. 자신도 보호하지 못하고, 상대에게 제안도 할 수 없는 처지가 된다.

바트나, 이렇게 활용하라

한 컨설팅 회사의 마케팅 팀장은 요즘 실적 부진에 대한 압박을 받고 있다. 예전에는 가만히 있어도 컨설팅 의뢰가 들어오곤 했는데, 최근 경기 악화로 적극적으로 나서서 오더를 받아야 할 정도가 되었다. 마침 A사가 신제품 샴푸에 대한 마케팅전략 수립 프로젝트에 대한 의뢰를 해왔다. 그런데 컨설팅 비용을 얼마로 책정해야 할까?

 몇 차례 협의 끝에, A사는 컨설턴트 5명 투입에 2개월간 2억 원이라는 최종제안을 했다. 나쁘지 않은 수준이었다. 마케팅 팀장은 조건을 수락하고 만족한 미소를 띠며 회의장을 나섰다. 팀원들에게 자랑스럽게 수주 계약 성사를 알리려는 순간에 청천벽력 같은 소식이 전해졌다. "B사에서 2억 5천만 원짜리 생리대 마케팅 프로젝트를 진행할 예정이랍니다."

 이 사례에서는 무엇이 잘못된 것일까?

 마케팅 팀장은 A사와 협상을 하기 전에 기준점을 만들어야 했고, 그 기준점은 다른 프로젝트 후보들을 모두 분석한 결과 최고의 대안이어야 했다. 만약 바트나를 염두에 두었더라면 A사와의 협상은 결렬시키고, B사의 프로젝트를 수주했을 것이다.

만약 당신의 회사가 미국 진출을 위해 파트너사를 찾고 있다고 해보자.

후보사들을 검토해 보니 A사와 B사, 2개로 압축되었다. 회사의 역량이나 비전으로 보았을 때는 A사가 확실히 더 낫다. 그렇다면 당신은 A사와만 접촉하면 될까? 아니다. 출장 갈 때마다 B사와도 만나야 한다. 이것이 바트나를 만드는 사전작업이다.

이 작업이 필요한 이유는 2가지로 요약된다. 첫째, A사와 협상할 때 합의의 기준점이 필요하기 때문이다. B사의 조건을 알아둠으로써 좋지 않은 거래Poor Deal를 회피하고 합리적 의사결정을 할 수 있다. 둘째, 협상 과정에서 이 바트나를 압박 전술로 활용할 수 있다. A사와의 협상 중에 B사와 오간 이야기를 슬쩍 흘리면서 더 유리한 조건을 끌어낼 수 있다.

흥미로운 연구 사례가 있다. 세계적인 유통업체인 까르푸는 야심차게 한국 시장에 1조 8천억 원이라는 거금을 투자했다. 하지만 업계 4위라는 초라한 영업이익을 기록하며, 한국 진출 10년 만에 철수하게 된다. 그런데 이 과정에서 까르푸는 이상한 행동을 한다. 손을 털고 나갈 것이라는 상식과는 반대로, 점포를 계속 사들이기 시작한 것이다. 27개인 점포가 32개로 늘어나면서, 새로운 지역에 출점하기까지 했다. 왜 철수할 회사가 점포수를 늘릴까? 이것이 바로 바트나 만들기다.

당시 한국까르푸에 관심을 가진 기업은 롯데마트가 고작이었다. 어쩔 수 없이 롯데마트가 원하는 가격으로 매각해야 되는 상황이었다. 한국까르푸는 내심 업계 1위였던 신세계 이마트가 인수 경쟁에 참여하기를 원했지만, 이마트는 전혀 관심이 없었다. 이미 전국에 70여 개의 점포를 갖고 있었고, 한국까르푸의 점포 위치와 상당수 겹치고 있었던 터라 매력이 없었던 것이다.

절실하게 바트나를 찾아야 했던 한국까르푸의 전략은 '점포수 늘리기'였다. 만약 27개에서 32개로 몸집을 키운 한국까르푸가 롯데마트에 인수될 경우, 이마트의 업계 1위 자리가 흔들릴 수 있다고 판단하게 만든 것이었다. 예상은 적중했다. 인수전이 공식화되자 이마트도 뛰어들었다. 일단은 성공이라 판단되었다. 하지만 얼마 후 이마트는 한국까르푸가 아닌 월마트 점포들을 인수하기로 결정했고, 까르푸 인수전에서 철수하게 된다. 순식간에 바트나가 사라져 버렸다.

바트나 없이는 협상할 수 없다. 한국까르푸는 결국 사업 확장을 도모하고 있는 이랜드의 뉴코아를 인수전에 끌어들이는 데 성공했다. 결국 롯데마트와 이랜드의 경쟁 끝에 이랜드 그룹에 성공적으로 매각된 것이다. 이 과정에서 한국까르푸의 바트나는 '롯데마트'였다. 기업들에게 바트나가 얼마나 중요한 영향을 미치는지 극명하게 보여준 사례이다.

이렇게 중요한 바트나를 스스로 없애버리는 우를 범하는 경우도 있다.

바로 하이닉스반도체 매각 협상 때의 일이다. 우리 정부의 고위관리가 매각 외에 독자생존도 대안으로 고려할 수 있다는 취지의 발언을 했다. 협상력을 키우려는 의도에서 바트나가 있음을 은근히 암시한 것이다.

그런데 이튿날 다른 정부 부처에서는 하이닉스의 해법은 매각이 유일한 대안이라는 발표를 했다. 즉, 바트나가 없다고 널리 공표해버린 것이다. 그리고 뒤이어 "불요불급한 재산을 매각하지 않는 기업들을 대상으로 정부가 할 수 있는 모든 규제 수단을 동원하겠다."고 밝혔다. 당시 협상에 참여했던 마이크론사는 상대의 바트나가 없다는 것을 알아차리고 훨씬 강하게 밀어붙였고, 하이닉스는 매우 불리한 조건을 수용해야 했다.

이렇게 바트나의 유무에 따라 협상의 성패가 갈라질 수 있다.

약한 바트나와 강한 바트나

경력사원 A와 B는 새로운 직장을 구하고 있다. A는 2개 회사에서 합격 통보를 받았고, B는 하나의 회사에서만 받았다. 둘의 바트나를 비교해보자.

A가 연봉협상에 실패했을 경우, 대안은 다른 직장이다. B가 연봉협상에서 실패했을 경우, 대안은 백수다. A는 B보다 훨씬 강한 바트나를 가지고 있는 셈이다. 바트나의 강약에 따라 협상력에서 큰 차이가 나게 된다.

상대방의 바트나가 강할수록 협상은 불리하다. 예를 들어 항공기 조종사의 파업은 강력하다. 항공사가 사용할 바트나가 거의 없기 때문이다. 신속히 해결하기 위해 회사와 정부가 함께 나설 것이다.

반면 KTX 여승무원의 파업은 상대적으로 약하다. 여승무원이 없어도 열차 운행에는 지장이 없고, 남자 승무원이나 임시직이 대신할 수도 있기 때문이다. KTX 여승무원 파업 사태가 오랫동안 해결되지 못했던 것은 상대방인 철도공사의 바트나가 강력했기 때문이다.

바트나가 없거나 모호하다면

협상을 해야 하는데 당신의 바트나가 전혀 없다면 어떻게 해야 할까? 솔직하게 말하고 동정을 구해야 할까? 물론 아니다. 이때는 바트나가 있는 것처럼 가장이라도 해야 한다.

외국의 한 전력회사는 석탄 원료를 공급받기 위해 민간철도 운송회사를 이용하고 있다. 전력회사로 오는 철로가 그것 하나밖에 없었던 탓에, 운송회사의 터무니없는 가격 인상과 엉망인 서비스를 모두 참을 수밖에 없었다. 전력회사에는 바트나가 없었기 때문이다.

참다못한 전력회사는 직접 철로를 건설하겠다며, 입찰공고를 발표했다. 수 킬로미터 떨어진 인근의 다른 운송회사 철로와 연결시키겠다는 계획이었다. 급해진 민간철도 운송회사가 갑자기 가격을 낮추며 접근해왔다. 전력회사는 이에 슬그머니 입찰공고를 취소하고 운송회사가 제시하는 인하된 가격을 받아들였다. 그런데 전력회사는 진짜 철로를 건설할 생각이 있었을까?

가끔 바트나가 명확하지 않은 경우도 있다.

지인이 중고차를 5백만 원에 팔겠다고 한다. 나중에 후회하지 않기 위해, 지금 배운 바트나를 활용해보자. 바트나를 쉽게 찾

는 방법은 일단 중고차 시장에서 비슷한 차를 찾아 가격을 알아보는 것이다. 하지만 아시다시피 중고 차량은 제각각 다르다. 연식, 옵션, 주행거리, 사고 경험, 컬러 등등이 그렇다. 그렇다면 지인의 차와 중고시장의 차를 어떻게 비교하여 바트나로 삼을 수 있을까?

방법은 간단하다. 차이 나는 부분을 금액으로 환산하면 된다. 중고시장에서 가장 비슷한 차를 하나 선택한 후, 지인의 차와 비교해 보자. 중고시장의 차가 지인의 차보다 연식이 1년 짧으니 30만 원 더하고, 주행거리가 1만 킬로미터 많으니 20만 원 빼고, 오디오가 더 좋으니 10만 원 더하고, 컬러가 마음에 드니 10만 원 더하고…….

이렇게 차이 나는 부분을 금액으로 환산하면 중고시장의 차가 지인의 차보다 30만 원의 가치가 더 있는 것으로 나타난다. 이때 중고시장의 차 가격이 510만 원이었다면 지인의 차는 480만 원이 적당하고, 이것이 지인과 협상할 때의 바트나가 된다.

이렇게 금액으로 환산된 바트나를 협상 전문용어로 유보가격Reservation Price이라고 한다. 유보가격은 협상 포기의 한계선이며, 협상자가 거래를 수용할 수 있는 최저점이 된다.

협상의 성공 여부를 알려주는 기준점

협상의 성공 여부는 합의 결과가 자신의 바트나보다 더 나은가, 그렇지 않은가로 결정된다. 판단의 기준이 되는 바트나는 협상에서 자신을 보호해주는 힘이다. 바트나 이하로는 양보하지 않아도 되기 때문이다. 만일 협상자가 훌륭한 바트나를 갖고 있다면 협상이 아주 수월해진다.

또한 협상 상대방의 바트나는 당신이 제안하는 기준점이 된다. 상대방 역시 당신의 제안을 자신의 바트나와 비교해 이익과 손실을 따질 것이기 때문이다. 이처럼 협상에서의 바트나는 결과를 평가하는 기준이면서, 동시에 협상자가 가지는 힘의 원천이다.

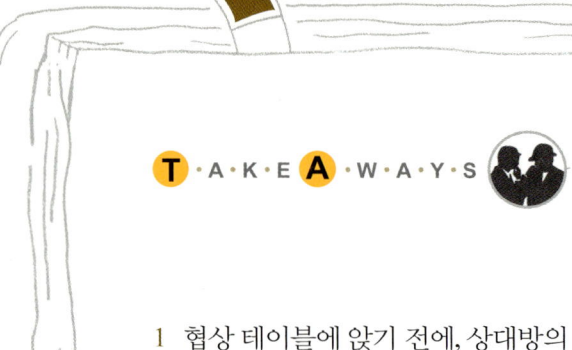

1. 협상 테이블에 앉기 전에, 상대방의 제안에 대해 평가할 수 있는 기준점을 마련해야 한다. 협상에서는 그 기준점을 바트나라고 한다. 바트나는 상대방과의 합의에 도달하지 못했을 때 선택할 수 있는 최선의 대안을 의미한다. 협상의 성공 여부 또한, 합의 결과가 바트나보다 나은가, 그렇지 않은가로 결정된다.

2. 당신의 바트나를 찾기 위한 3단계 방법이 있다. 첫째, 브레인스토밍을 통해 상대방과 합의가 되지 않을 경우 당신이 취할 수 있는 행동 목록을 작성한다. 둘째, 가능성 있는 아이디어를 실용적 대안으로 바꾼다. 셋째, 그중에서 최고의 대안을 선택한다.

3. 협상에서는 바트나가 중요한 힘의 원천이다. 만약 협상자가 훌륭한 바트나를 갖고 있다면 협상은 쉽게 진행될 것이다. 협상 테이블 위에서는 '바트나'와 '거래 조건'이 가위의 양날처럼 움직여야 한다.

CHAPTER 03 ● 바트나로 합의의 기준점을 만들어라 063

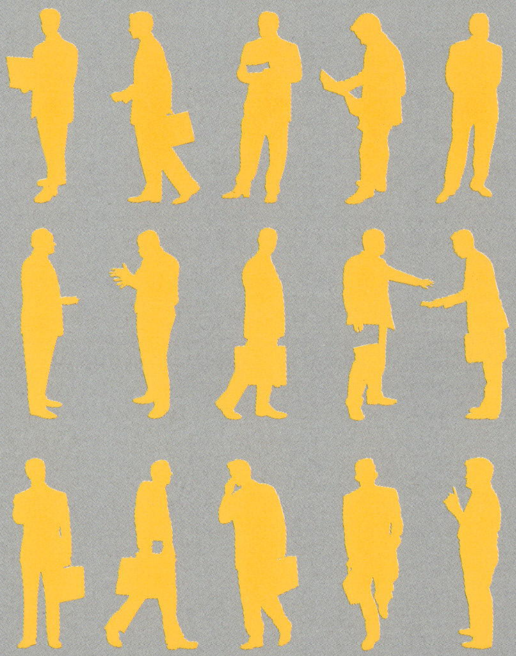

CHAPTER · 04

자신의 바트나는 강화, 상대방의 바트나는 약화

> ■ **뉴욕의 트럼프타워 협상**
>
> 부동산 재벌인 도널드 트럼프는 뉴욕 맨해튼 5번가에 트럼프 타워를 짓기로 결정했다. 그런데 자신이 원하는 건물을 짓기 위해서는 인접한 티파니 사가 보유하고 있는 '공중권(토지, 건물의 상부공간에 대한 권리 양도가 가능한 개발권)'이 필요했다. 트럼프가 공중권 사용을 요청했지만, 티파니 측은 아예 협상 자체를 거부했다.
>
> 이때 트럼프는 2개의 건물 도면을 가지고 티파니 사를 찾았다. 하나는 공중권이 사용되었을 때의 아름다운 건물 모습, 다른 하나는 공중권을 사용하지 못했을 경우의 흉한 모습이었다. 티파니 입장에서는 바로 옆에 이상한 건물이 들어서면, 자신의 빌딩 가치가 떨어지고 지역이 슬럼화 될 수 있다는 판단을 하게 되었다. 티파니 사는 공중권 협상에 응했고, 트럼프는 성공적으로 사용권을 얻을 수 있었다.

> **■ 청계천 협상**
>
> 청계천 복원이 결정되었을 때, 주변 6만여 상점 상인들은 영업 피해에 대한 보상을 해달라며 격렬한 항의를 했다. 서울시는 다양한 대안을 제시하며 설득을 하다가 결정적 카드를 꺼냈다.
>
> "청계천 고가도로는 시민 안전을 위해 어차피 전면 보수가 필요하다. 고가를 보수하려면 3년이 걸리는데, 청계천 복원은 2년 4개월밖에 걸리지 않는다."며 암시적 위협을 가한 것이다. 시민 안전을 들고 나옴으로써 상인들에게 반대할 명분을 없애고, 차라리 청계천 복원에 찬성하게 한 것이다.

앞의 2가지 사례를 살펴보면 협상이 결렬될 경우 상대방이 받을 피해를 극대화해서 합의를 이끌어냈다. 트럼프는 '공중권 사용을 거부했을 경우'의 대안을 최대한 나쁘게 보이도록 했고, 서울시는 상인들에게 '장기간의 고가도로 보수'라는 더 좋지 않은 대안을 제시해 협상에 성공한 것이다.

한마디로 상대방의 바트나를 약화시키는 전략을 쓴 것이다.

바트나의 4단계 활용법

협상에서 바트나의 효과를 극대화하기 위한 4단계는 다음과 같다.

❶ 자신의 바트나를 발견하라.
❷ 자신의 바트나를 강화하라.
❸ 상대방의 바트나를 파악하라.
❹ 상대방의 바트나를 약화시켜라.

앞장에 나왔던 종합상사 원자재팀의 원피 가격 협상을 예로 들어, 바트나의 효과를 극대화하는 4단계 방법을 적용해보자.

1. 1단계 자신의 바트나를 발견하라

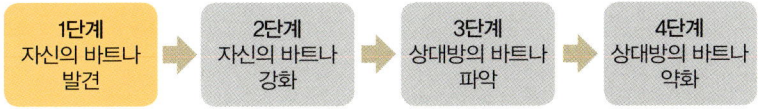

협상 상대인 피혁회사와의 미팅 전에 자신의 바트나를 찾는 작업이 우선되어야 한다. 가능한 대안들을 살펴보니 공급선에 반품Ship-back, 타 오퍼상에 전매, 부실 거래선이라도 소량씩 고가 판매, 자체 피혁 임가공 등이 있다. 그런데 이중 최선의 대안은 자체 피혁 임가공이다.

종합상사 내에는 가죽의류를 수출하는 부서가 있고, 확보된 호주산 원피로는 러시아의 바이어에게 판매할 제품을 만들 수 있다. 가죽공장을 찾아 가공비용을 산정하고, 가죽의류를 만드

는 봉제 공임과 수출 가격을 계산해 보니, 20억 원어치 원피로 약 11억 원을 회수할 수 있다. 이 경우 11억 원이 협상 기준, 즉 바트나이다.

2. 2단계 자신의 바트나를 강화하라

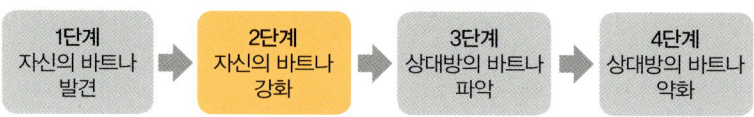

종합상사 의류 수출팀은 이탈리아의 유명 브랜드들과 거래한 경험이 있다. 만약 가죽의류의 디자인을 개선하고 이탈리아 명품 브랜드를 붙일 수 있다면, 수익은 더 늘어날 것이다. 바이어와 접촉해 브랜드 로열티를 감안한 가격을 산정하니, 원피 재고로 약 12억 원을 회수할 수 있다. 그렇다면 피혁회사와 협상할 때, 합의 기준점은 12억 원으로 올라가고 그 근거도 명확하게 제시할 수 있게 될 것이다.

3. 3단계 상대방의 바트나를 파악하라

그 피혁회사가 원피를 전량 구매하려 한 이유는 무엇일까? 업계 동향을 알아보니, 전 세계 맥도날드 매장에서 가죽 모자 사은품을 증정하는 프로모션 행사가 예정되어 있었다. 한국의 피혁회사에도 급한 주문이 들어왔던 것이다. 프로모션 시기가 확정되었으므로, 피혁회사는 원피를 곧바로 구입해야 한다. 지금 그 정도의 원피 물량을 확보한 업체는 어디인가? 만약 우리에게 구입하지 않는다면 X사가 유일하다. 상대방의 바트나는 'X사로부터의 구매'라는 결론이 도출된다.

4. 4단계 상대방의 바트나를 약화시켜라

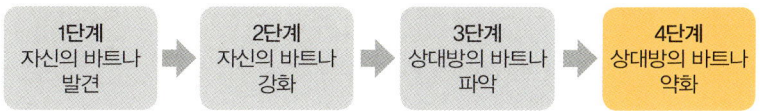

상대방의 바트나를 약화시킬 방법은 무엇일까? 예를 들어 X사에게 우리 회사의 브랜드 가죽의류 수출 계획에 동참 가능하다는 정보를 흘릴 수 있다. X사가 우리 회사가 제시하는 원피 가격 이하로 팔지 않도록 유도함으로써, 상대방의 바트나를 약화시키는 전략이다. 이렇게 철저한 준비를 하고 협상에 임하는 것과 아무 준비 없이 협상 테이블에 앉는 것은, 협상력은 물론 결과에 있어 엄청난 차이를 가져온다.

자신의 바트나를 강화하는 방법

바트나의 가치를 높이기 위해서는 대안의 거래에 다양한 조건들을 추가하거나 변형시켜보는 노력이 필요하다.

- 바트나의 가치를 더할 수 있는 요인엔 어떤 것이 있을까?
- 거래에 추가할 아이템은 없는가?
- 계약기간을 연장하면서 유리한 조건을 만들 수는 없을까?
- 상대방의 역량과 자원을 감안할 때, 서로의 미래 관계에 도움을 줄 것이 없을까?
- 상대방이 원하는 것 중, 내가 줄 수 있는 것은 무엇인가?
- 내가 원하는 것 중, 상대방이 나에게 줄 수 있는 것은 무엇인가?

따라서 검토할 요소들은 다음과 같다.

계약기간 연장, 대용량 구입 할인, 지급기한 연장, 추가구입 할인, 고객 DB 교환, 공동 프로모션, 기술 및 제품 공동개발, 인력 지원 등이다. 정보교류와 관련해서는 상대의 전문성을 높여 줄 전문가 소개, 기술 지원, 시험결과 공유가 있다. 또 독점 권리와 관련해서는 신제품 개발 시 우선공급권 부여, 지적재산권 인정, 지역 독점 판권 등을 들 수 있다.

상대방의 바트나를 알아내는 법

상대방의 바트나를 알면 협상은 아주 쉬워진다. 상대방이 들고 있는 카드를 모두 아는 상태에서 게임을 하는 것과 같기 때문이다. 그런데 뛰어난 협상가조차 자신의 바트나는 면밀히 검토하지만, 상대방의 바트나를 객관적이고 주의 깊게 검토하지 못하는 경우가 많다.

물론 상대방의 바트나를 정확하게 파악하기는 어렵다. 하지만 간단하게 '그들이 우리와 거래하지 않으면 어떻게 할까?'라는 자문은 해 볼 수 있다. 하버드 협상스쿨에서 제시하는 사례를 살펴보자.

1990년대 초, 미국 미시시피 주정부는 유람선 카지노를 허용하도록 법을 개정했다. 그때 농장주들은 강변에 호텔과 식당, 카지노 유람선의 접안시설, 기타 비즈니스 시설을 건설할 최적의 부지들을 갖고 있었다. 카지노 사업가들은 농장주에게 접근해 땅의 매각을 권유했다.

농장주들은 땅의 가치를 알아보기 위해 인근 대학의 농학 교수에게 갔다. 교수는 토양의 질과 그 땅에서 농작물을 재배한 경우를 고려해, 그 땅이 약 300만 달러의 가치가 있다고 평가했다. 그런데 협상이 시작되자 카지노 사업가는 첫 제안으로 700만 달러를 제시했다. 농장주는 애써 흥분을 감추고 950만 달러를 역제안했고, 줄다리기 끝에 850만 달러에 농장 부지를 매각했다. 언뜻 보면 농장주의 성공 스토리지만, 협상의 관점에서 보면 잘못된 점이 너무나 많다.

일단 땅의 가치를 판단하기 위해 농학 교수에게 간 것부터가 잘못이다. 그 땅은 토양과 농작물의 판매 수익으로 판단해서는 안 되었다. 만약 카지노 사업의 전문가에게 자문을 받았다면 그 땅이 카지노 사업의 부지로 얼마나 훌륭하며, 850만 불을 훨씬 넘어서는 가치가 있다는 것을 알려주었을 것이다. 상대방의 바트나는 철저하게 상대방의 입장에서 파악해야 한다.

그렇다면 상대방의 바트나를 알 수 있는 방법은 무엇일까?

협상 전에 간접적으로 알아내는 방법은 인터넷, 뉴스, 도서관 자료를 검색하거나 업계를 잘 아는 정보통에게 자문을 구하는 것이다. 협상 상대 회사의 최근 이슈, 재무정보, 과거 거래선, 협상의 행태 등의 정보를 모으면 된다.

또한 협상 과정에서 확인해야 할 질문을 준비하도록 한다. 질문은 노골적으로 하는 것보다 완곡하게 표현하거나, 세분화하는 것이 좋다. 자신의 비밀스러운 정보도 약간 노출함으로써 상대방과의 신뢰를 쌓는 전략이 필요하다.

다음에 예를 든 질문을 통해, 상대방의 상황을 짐작할 수 있다.

- 새로운 기계나 프로그램으로 바꾸려면 어느 정도의 시간이 필요한가요?
- 시스템을 바꿀 경우, 생산이나 판매에 차질은 생기지 않을까요? 생긴다면 어느 정도일까요?
- 테스트와 사용자 교육이 필요한데, 업무에 지장을 받지는 않을까요?
- (경쟁사와 비교해서) 그러한 장점은 어느 정도의 가치가 있는 걸까요?
- (경쟁사와 비교해서) 그러한 단점은 얼마나 불편한 걸까요?

이밖에도 의도적으로 화를 유발하고, 상대를 강하게 압박하고, 협상장을 박차고 나가면서 상대방의 태도를 살펴보는 공격적인 방법도 있다.

상대방의 바트나를 약화시키는 방법

이슈에 대한 인식을 바꿈으로써 상대의 바트나를 약화시키는 방법은, 유효한 협상 타결 기법 중 하나다. 여기서는 3가지 방법을 소개하겠다.

첫째, 상대방의 바트나를 매력적이지 않게 보이게 하거나, 그 바트나가 실행될 경우 상대가 치러야 할 비용과 위험성을 제시하는 것이다. 예를 들어 상대가 '중국산 저가 기계'를 자신의 바트나로 생각한다면, 중국 회사의 부품이 제때 공급되지 않아 일주일간 공장이 멈췄던 고객의 사례를 강조할 수 있다.

만약 해변으로 휴가 가기 원하는 아내를 설득해 산으로 가려면 이렇게 말하면 된다. '해변의 강한 자외선은 피부에 해롭다. 대신 산에 가면 풍부한 산소와 피톤치드가 스트레스를 줄여 주어 피부에도 좋다.' 해변으로의 휴가가 여성의 본능적 욕구인 아름다움을 해친다고 설득한다면 아주 효과적일 것이다. 이런 방법은 모두 상대방의 바트나가 매력적이지 않은 것으로 인식시켜 바트나를 약화시키는 방법이다.

둘째, 상대방이 간과하고 있는 것을 크게 부각시켜 바트나를 재평가하도록 하는 것이다. 예를 들어 경쟁사 제품이 당장은 저렴한 듯이 보이지만 장기적으로 보았을 때는 유지비와 부품 비용이 더 많이 들어간다는 것을 강조하는 방법 등이다.

셋째, 자신이 얻으려는 것이 상대방에게는 덜 부담스럽고 덜 불리한 것처럼 보이게 하는 방법이다. 전형적인 사례가 홈쇼핑의 '12개월 무이자 할부'다. 홈쇼핑에서 광고하는 60만 원짜리 핸드백이 사고 싶지만 일시불로 사기는 부담스럽다. 그때 "대금은 월 5만원씩 12개월에 걸쳐 내시면 됩니다."란 쇼핑호스트의 달콤한 목소리가 들려온다. 홈쇼핑 회사가 얻으려는 물품 대금이 구매자에게 덜 부담스럽게 인식되도록 한 것이다.

또한 상대방의 수고와 비용을 최소화했다고 설득하는 방법도 있다. "전화 한 통만 주시면, 지금 당장 정수기의 배달과 설치를 무료로 해드립니다." 등의 제안으로 상대방이 덜 불리한 것처럼 느끼게 하는 방법이다.

영화 속의 바트나: 스파이 브릿지(Bridge of Spies)

냉전시절 미국과 소련의 스파이 교환 협상 실화를 다룬 '스파이 브릿지(스티븐 스필버그 감독, 톰 행크스 주연, 2015년)'라는 영화가 있다. 미국 측은 소련의 고정간첩을 체포했고, 소련은 미국의 정찰기를 격추시켜 조종사를 스파이 혐의로 체포했다. 자신들의 극비정보가 누출될까 두려웠던 미소 양측은 긴급히 동독에서 스파이 교환협상을 시작한다. 그런데 양국이 무난히 합의에 이른 순간, 변수가 생겼다.

동독 측이 미국의 대학생을 체포해 간첩 혐의를 씌우고, 자신들의 스파이와 교환하자고 제안한 것이다. 협상 당사자가 되어 소련의 꼭두각시라는 오명을 벗고, 미국으로부터 국가의 지위도 인정받겠다는 의도였다.

그런데 미국 측의 반응은 동독의 예상을 빗나갔다. 미국이 소련 스파이를 석방하는 대가로, 소련이 체포한 미국 조종사와 동독이 구금한 미국 대학생을 맞교환하는 '1대2' 교환을 요구한 것이다. 당연히 동독은 강력하게 반발했다. 이때 미국 측은 동독에게 나쁜 바트나를 제시한다.

"1대2가 아니면 교환은 없다. 내일 아침에 소련 스파이를 석방할 예정이었는데……. 아마 당신들은 소련 측에 왜 석방이 이루어지지 못했는지 길게 설명해야 할 것이다. 또한 내일 아침에 석방될 것을 기대했던 소련 스파이는 자포자기해서 우리에게 온갖 극비정보를 털어놓을 지도 모른다. 그렇게 되면 소련의 반응이 어떨지, 그 책임은 누가 질 것인지 잘 생각해보라."

상대방의 바트나를 나쁘게 만들어 협상에 성공한다는 것이 영화의 결말이다.

1 협상에서 바트나의 효과를 극대화하기 위한 4단계는 다음과 같다.
   ① 자신의 바트나를 발견하라.
   ② 자신의 바트나를 강화하라.
   ③ 상대방의 바트나를 파악하라.
   ④ 상대방의 바트나를 약화시켜라.
2 자신의 바트나를 강화하기 위해서는 다양한 조건들을 추가하거나 변형시켜 보는 노력이 필요하다.
3 상대방의 바트나를 알면 협상은 당연히 쉬워진다. 상대방의 카드를 읽고 게임을 시작하는 것과 같기 때문이다.
4 상대방에게 부정적 바트나를 가지게 하는 것도 자신의 협상력을 키우는 방법이다. 상대방은 손실 기피의 심리를 가지고 있으므로, 협상이 결렬되었을 때 선택할 수 있는 대안이 나쁘다는 것을 알게 되면 합의에 도달하기 쉽다.

PART 3
CONCESSION

CHAPTER 05 _ 앵커링으로 첫 제안을 하라

CHAPTER 06 _ 프레이밍으로 상대를 유혹하라

CHAPTER 07 _ 영리하게 양보하라

CHAPTER 08 _ 마무리 법칙으로 깔끔하게 마무리하라

CHAPTER • 05

앵커링으로 첫 제안을 하라
상대의 생각에 닻을 내리는 심리전술

CASE

결혼 10주년을 맞아 아내와 몰디브 여행을 하기로 오래 전부터 계획되어 있다. 그런데 예기치 않게 회사에 큰 프로젝트가 걸려 휴가를 낼 수 없게 되었다. 안 그래도 회사에 매여 사는 남편에게 불만이 많았던 아내에게 여행을 못 간다고 말하면 불만이 터져 나올 것이 분명하다. 곰곰이 생각해 보니, 억지로 시간을 내면 주말을 끼고 2박 3일 제주도 여행 정도는 가능할 것 같다.
이런 경우 남편은 아내에게 어떻게 말을 꺼내야 할까?

이런 경우엔 첫마디가 중요하다. "여보, 회사 일 때문에 몰디브는 못 가게 됐어. 우리 주말에 제주도나 다녀올까?"라고 말한다고 해보자. 흔쾌히 수긍할 아내가 있을까? 십중팔구 아내의 엄청난 분노와 비난에 직면할 것이다. 그런데 만약 이렇게 말하면

CHAPTER 05 ● 앵커링으로 첫 제안을 하라 ___ 079

어떨까?

"여보, 사실은 회사에 일이 생겨서 여행을 못 갈 것 같아. 정말 미안해." 선상파티와 산호초와 칵테일을 꿈꾸었던 아내는 모든 꿈이 산산이 깨지면서, 결혼 10주년을 아무 이벤트도 없이 집에 틀어박혀 보내야 되겠다는 생각에 상심이 이만저만이 아닐 것이다. 여기서 곧바로 제주도란 대안을 꺼내면 안 된다. 아내의 체념이 확실해질 때까지 시간을 끌다가 이렇게 말하는 것이다.

"좀 힘들긴 하겠지만 주말에 제주도 여행할 시간은 낼 수 있을 것 같은데, 어때?" 체념했던 아내는 남편의 노력을 인정하며 제주도 여행이라도 하게 된 것을 다행스럽게 여길 것이다. 상황은 같은데 첫마디를 어떻게 하느냐에 따라 기대수준이 세팅되어 제안에 대해 정반대의 반응이 나오는 것이다.

앵커링이란 무엇인가?

협상의 심리전술 중에 '앵커링Anchoring'이 있다. 배의 닻을 내려 그 지점에서 더 이상 움직이지 못하게 한다는 의미로 이해하면 쉽다. 앵커링은 협상의 기준점을 설정하려는 시도다. 지루한 밀고 당기기를 하지만, 결국 그 지점 근처에서 합의점이 조정되는 경향이 있다. 사례를 살펴보면, 앵커링에 대해 좀 더 쉽게 이해가 될 것이다.

만약 사람들에게 이런 질문을 했다고 가정해보자.

"UN에 가입한 국가 가운데 국민소득이 1,000불 이하인 국가는 얼마나 될까요? 100개국 정도 될까요?"

이런 내용에 대해 잘 모르고 있는 대부분의 사람들은 고민한다. '가난한 나라도 많겠지만, 그래도 100개라니 좀 많은 것 같아. 낮추자!' 하지만 100이란 숫자를 들었기 때문에 '많은가보다.'란 첫인상을 가지게 되고 많이 낮추지 못하게 된다. 따라서 그보다 조금 낮춘 80개국 정도라도 답한다.

이번엔 질문을 이렇게 바꿔 보자.

"UN에 가입한 국가 가운데 국민소득이 1,000불 이하인 국가는 얼마나 될까요? 30개국 정도 될까요?"

이 질문을 들은 사람들 역시 고민한다. '30개는 더 되지 않을까? 잘 모르긴 하지만, 요즘 저개발 국가들이 많이 발전했으니 그럴 수도 있겠지. 아냐, 그래도 너무 적은 것 같아. 높이자!' 하지만 30이란 숫자를 듣고 '적은가보다.'란 첫 인상을 가지게 되어, 많이 높이지는 못한다. 따라서 그것보다 조금 높인 40개국 정도라고 대답한다.

뭔가 이상하지 않은가? 상대방이 제시한 숫자에 따라 답이 달라진다(100개국에는 80, 30개국에는 40). 하지만 중요한 것은 상대방이 먼저 말한 숫자의 근처에서 많이 벗어나지 못한다는 것이다. 이

CHAPTER 05 ● 앵커링으로 첫 제안을 하라 ___ 081

것이 바로 협상의 심리전술인 '앵커링'이다.

이런 경향은 미술품의 가격, 나일강의 길이, 알래스카의 강설량, 새로운 제품이나 서비스 등 자신이 잘 모르는 상황일수록 두드러진다. 상대가 제시한 숫자에 휘말리는 것이다. 시비를 가릴 기준이나 근거가 자신에게는 없기 때문이다.

새로운 상품이나 서비스의 가격을 결정할 때도 똑같다. 신제품의 가격이 150만 원이라고 하면 상대방은 120만 원으로 깎으려고 한다. 하지만 애초에 신제품이 120만 원이라고 했다면 100만 원으로 깎으려 들 것이다. 처음 앵커링 한 가격에 따라 상대의 대응이 달라지는 것이다.

로버트 차일디니Robert B. Cialdini는 '설득의 심리학'이란 책을 통해 이 앵커링의 위력을 설파하고 있다. 사회심리학자인 애덤 갈린스키와 토마스 머스웨일러가 진행한 연구에 따르면, 협상에서 상대방이 움직이기 전에 첫 번째 제안을 하는 것이 유리하다. 일련의 실험들은 판매자이건 구매자이건 간에 먼저 조건을 제시하는 쪽이 더 나은 결과를 얻을 확률이 높다는 사실을 밝히고 있다.

실제 데이터가 있다. 공장을 매입하려는 쪽이 먼저 가격을 제안할 경우, 매도자는 평균 1,970만 달러에 동의하게 된다. 반대로 매도하려는 쪽에서 먼저 제안할 경우, 매입자는 평균 2,480만 달러에 동의했다고 한다. 연봉 협상에서도 이와 비슷한 연구 결과가 확인된다.

협상자는 상대의 제안에 휘둘리지 않고 협상 대상의 가치를 결정하려 하지만, 현실에서는 어려운 일이다. 상대방의 첫 제안이 생각의 기준과 방향을 설정하는 앵커링 효과를 가지기 때문이다.

중고차 매매의 경우를 생각해 보자. 판매자가 먼저 높은 가격을 제시하면, 구매자는 자연스럽게 높은 가격을 합리화하는 특징들에 주목하게 된다. 고급스러운 인테리어와 안정성, 연비 등을 의식하는 것이다. 하지만 구매자가 먼저 가격을 제시할 경우라면 어떨까? 아마 눈에 띄는 흠집과 주행거리 등, 문제점에 집중하면서 낮은 가격을 제시할 것이다. 이 경우, 판매자는 구매자의 관점에서 가격을 보게 되므로 제품의 부정적인 면을 의식하게 된다. 이처럼 협상의 대상이 무엇이건 간에, 사람들은 상대방의 제안에 영향을 받아 기준점이 바뀌는 경향이 있다. 바로 '앵커링'의 힘이다.

앵커링의 타이밍과 방법

앵커링의 개념을 확장하면, 상대방의 기대수준을 조절하려는 모든 시도나 행위라고 볼 수 있다. 매일 아침 아이를 등교시키는 남편이 어쩌다 해주지 못하면 아내는 불만을 토로한다. 당연히 해주는 것으로 기대수준이 맞춰졌기 때문이다. 반면 어쩌다 한 번 아이 등교를 시켜준 남편에게 아내는 감격스러워 한다. 전혀 기대를 하지 않았기 때문이다.

  협상 전문가인 짐 토마스는 상대의 기대수준을 조절함으로써 난관을 돌파한 극적인 사례를 소개하고 있다.
  미국의 로널드 레이건Ronald W. Reagan 대통령 시절, 과도한 방위비 증강과 기업 세금 감면으로 연방정부의 재정 상태는 매우 어려웠다. 350만 연방 공무원의 연봉은 연속 2년이나 동결되었다. 만약 올해까지 올려주지 않는다면 심각한 반발이 예상된다. 하지만 연봉을 인상하면 연방정부의 재정은 파탄 날지도 모른다. 이 심각한 딜레마를 해결하기 위해 레이건 대통령이 기자회견을 열었다. 대통령은 양복 차림에 엄숙한 모습이었다.
  "연방정부의 재정이 악화되어 공무원의 봉급을 5% 삭감할 예정입니다. 어려운 시기에 여러분의 뼈를 깎는 동참을 바랍니다." 대통령의 말에 기자회견장은 아수라장이 되었고, 여기저기서 탄식이 쏟아졌다. 2년 동안이나 참았는데 오히려 연봉을 삭감하겠다니, 공무원들의 입장에서는 기가 막힐 노릇이었다. 피켓을 든 시위대가 거리를 뒤덮어도 웬일인지 대통령은 동요하지 않았다.

그렇게 2주가 흐른 뒤, 다시 대통령의 기자회견이 열렸다. 그런데 이번에 대통령은 스웨터를 입은 자상한 할아버지의 모습으로 벽난로 옆에 선 채로 나타났다. 모두가 대통령의 입을 주시했다.

"그동안 임금 삭감에 대해 여러분과 함께 아파했습니다. 이 현실이 안타까워 밤잠을 설치며 장관들과 보좌관들, 그리고 아내 낸시와 많은 얘기를 나눈 결과 연방 공무원들의 5% 임금 삭감을 철회하기로 결정했습니다. 대신 우리는 연방예산을 절감할 다른 방법들을 밤낮없이 찾을 것입니다." 수백만의 연방 공무원들은 "정말 다행이다! 이 어려운 시기에 얼마나 훌륭한 대통령인가!"라며 환호했다.

이 얼마나 놀라운 앵커링의 효과인가! 레이건은 연방 공무원의 기대수준을 '5% 삭감'으로 앵커링 함으로써 애초 목표로 했던 임금 동결을 순조롭게 이끌어냈으며, 덤으로 엄청난 인기까지 누리게 되었다.

그렇다면 앵커링은 어떤 수준에서 이루어져야 하는가? 기대수준을 도대체 얼마나 낮춰야 하는 것일까? 체계적인 접근을 위해서는 쌍방의 합의가능영역인 'ZOPA'를 파악하는 것이 우선이다.

합의가능영역, ZOPA

ZOPA_{Zone Of Possible Agreement}는 협상의 핵심용어다.

쌍방이 모두 만족하는 거래가 발생할 수 있는 영역, 또는 범위를 의미한다. 구매자가 가장 비싸게 구입할 수 있는 가격, 판매자가 가장 싸게 판매할 수 있는 가격을 알면 ZOPA, 즉 합의 가능 영역이 만들어진다.

예를 들어 나대지를 매매한다고 가정해 보자. 팔려는 사람이 원하는 최고가격은 10억이고, 최저 8억이 되면 팔겠다고 한다. 사려는 사람이 원하는 최저가격은 7억이고, 9억까지는 살 의사가 있다고 한다. 이 경우 '8~10억'이 팔 사람의 합의가능영역, 7~9억이 살 사람의 합의가능영역이다. 따라서 범위가 겹치는 부분인 '8~9억'이 쌍방의 합의가능영역인 것이다.

A. 쌍방의 합의가능영역이 존재하는 경우

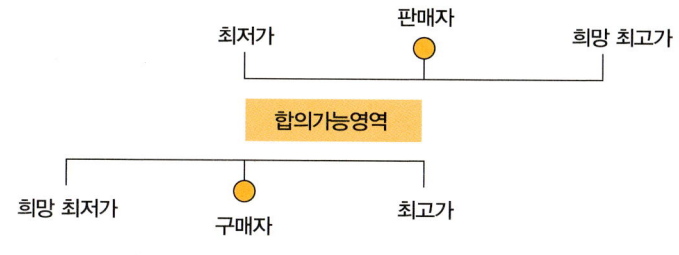

B. 쌍방의 합의가능영역이 존재하지 않는 경우

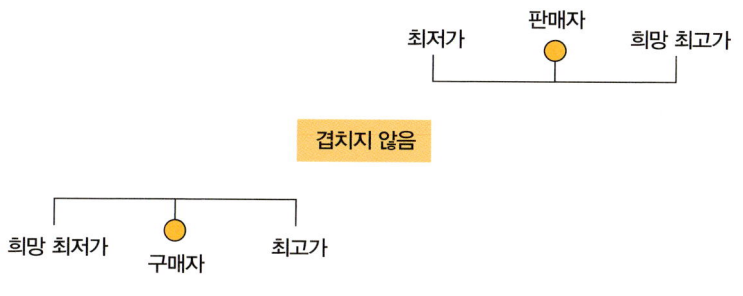

　앵커링은 ZOPA 근처에서 시도해야 한다. 그 제안이 합리적인 이유를 분명히 설명할 수 있는 수준에서 이루어져야 한다는 의미다. 상대의 기대수준을 낮추겠다고 터무니없는 가격을 부른다면, 상대방이 모욕감을 느끼면서 거래 자체가 성사되지 않는다. 만약 판매자가 수용할 수 있는 최저가격에 대해 감을 잡고 있다면, 그보다 약간 아래에서 앵커링을 시도하는 것이 정석이다.

1. 쌍방의 합의가능영역이 존재할 경우

쌍방 합의가능영역 내에서는 어떤 지점이든 구매자와 판매자 모두 만족한다. 하지만 그 영역의 어느 지점에서 합의하느냐가 문제가 된다.

만약 구매자의 최저 희망가격에 가깝게 합의한다면 판매자를 만족시키면서도 구매자가 더 이익을 본다. 반대로 판매자의 최고 희망가격에 가깝게 합의한다면 구매자를 만족시키면서도 판매자가 더 이익을 본다. 정리해 보자. 합의가능영역은 8억에서 9억 원 사이, 합의 금액이 8억 5천만 원 이하이면 구매자의 잉여이익이 더 많고, 8억 5천만 원 이상이면 판매자의 잉여이익이 더 많은 것이다.

만약 구매자가 판매자의 최저 희망가격을 미리 알 수 있다면, 그보다 약간 아래인 7억 8천만 원 정도의 가격을 부르고 점차 양보해 8억에서 합의를 보면 된다. 그럴 경우 쌍방의 잉여이익 1억을 거의 다 차지할 수 있다. 그렇다면 상대방의 최저가격을 어떻게 알아내야 할까? 인근 부동산의 최저 거래가가 얼마인지, 판매자가 시급하게 팔아야 하는 상황인지, 그 지역의 매매가 활발한지 등의 정보를 종합하면 어느 정도 윤곽이 나올 것이다.

2. 쌍방의 합의가능영역이 존재하지 않을 경우

가끔 쌍방의 합의가능영역이 존재하지 않을 경우가 있다. 판매자의 최저가격과 구매자의 최고가격에 있어 겹치는 부분이 없으므로 협상은 결렬된다. 이럴 경우, 창의적인 새로운 옵션을 개발해야 한다. 당신에게 큰 비용이 들지 않으면서 상대를 크게 도와줄 수 있는 것을 제시해 합의를 이끌어내는 것이다.

예를 들면 판매자가 가격을 양보하는 대신, 구매자는 제품 시험결과나 소비자조사 자료 제공, 다른 거래선 소개 등을 통해 도움을 주면 된다. 협상에 임할 때는 ZOPA를 미리 판단하고, 합의가능영역이 존재하지 않을 경우에 적극적으로 대처해야 한다.

때로는 앵커링 대신, 카운터 앵커링(Counter-Anchoring)을 하라

시세가 2억인 아파트를 사려고 한다.

앵커링 기법을 이용해 더 싸게 사기 위해 당신은 집주인에게 이렇게 얘기한다. "오면서 보니까 생각보다 지하철역이 좀 머네요. 아이들 학교도 가기 힘들겠고, 집을 살펴보니 화장실 욕조와 주방 씽크대도 바꿔야 되겠어요. 그런데 요즘 아파트 시세가 더 떨어지는 추세죠? 주변에 매물도 많이 나와 있더라고요."

당신은 온갖 근거를 대면서 가격을 깎는다.

"그래서 말인데 1억 8천에 안 되겠어요?"

당신은 1억 8천만 원에 앵커링을 한 다음, 밀고 당기기를 한 끝에 1억 9천 정도에 살 생각이었다. 그런데 집주인이 선뜻 이렇게 말한다고 해보자. "좀 아쉽긴 하지만, 그렇게 하시죠." 이 말을 들은 당신의 심정은 어떻겠는가? '아, 좀 더 깎아야 했어! 뭔가 잘못된 게 틀림없어!'

협상에서는 이런 상황을 '승자의 저주Winner's Curse'라고 한다. 협상에서 원하는 성과를 얻었는데도, 결과에 불만을 가지는 상황을 일컫는 것이다. '승자의 저주'는 정찰제가 아닌 상점에서 물건을 구입할 때 많이 느끼게 된다. 판매자가 부르는 가격에서 무려 절반을 깎아 사고 의기양양했다가, 3분의 1 가격에 산 친구를 보고 좌절하는 것이다. 관광지에서의 특산품, 외국여행에서의 쇼핑 등도 이런 경우에 해당된다. 이처럼 상대방에 대한 정보가 부족하다면 먼저 제안하는 앵커링은 좋지 않은 결과를 가져올 수 있다.

그러면 상대의 최저가격 수준을 짐작할 수 없을 때는 어떻게 해야 할까? 바로 '카운터 앵커링Counter Anchoring', 혹은 'Never First Open' 기법을 쓰면 된다. "얼마까지 줄 수 있나요? 더 깎아 주실 수 없나요?"라고 질문함으로써 상대가 먼저 제안하고 또 낮추도록 유도하는 것이다. 그런 후에 당신이 상대의 최종 숫자에 근거해 카운터 앵커링을 하면 좋다. 이 경우 상대의 앵커링(첫 제안)

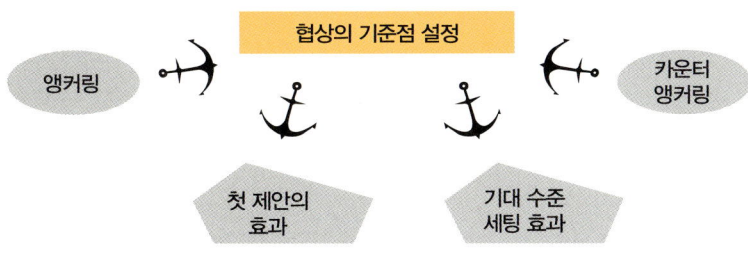

이 당신에게 미치는 심리적 영향력을 인식하고 철저하게 대응해야 한다. 주변의 시세, 가격 동향 등 객관적 정보는 당신의 대응 능력을 강화하는 데 도움이 된다.

'앵커링'과 '카운터 앵커링'은 협상의 중요한 심리 전술 중 하나로, 실생활에서도 많이 사용되고 있다. 단, 앵커링을 거는 순간에는 상대방의 불만이 터져 나올 것을 감안해야 한다. 하지만 이는 결국 상대방을 만족시키기 위한 해피엔딩의 과정이다.

게임만 하고 있는 아들에게 하루에 2시간씩 공부를 시키고 싶다고 해 보자. "오늘부터 하루에 2시간씩 공부해. 그래야 게임을 할 수 있어!"라고 말하면 아들이 좋아하겠는가? 당신은 이렇게 말해야 한다. "오늘부터 하루에 3시간씩 공부해야 해, 그러면 게임을 1시간 할 수 있어!" 당연히 아들은 불만을 말할 것이다. 그 때 이렇게 대응하면 된다. "좋아, 그러면 공부는 하루에 2시간만 하도록 하자. 게임은 그대로 1시간 해도 좋아."

이는 직장에서 부하 직원에게 일을 맡길 경우에도 똑같이 적용된다.

1. 앵커링은 협상의 기준점을 설정하려는 시도다. 협상의 합의점은 결국 앵커링 근처에서 결정되는 경향이 있다. 나일강의 길이, 알래스카의 강설량, 새로운 제품이나 서비스 등 정보가 부족하고 불확실성이 높은 문제일수록 앵커링의 힘은 강해진다.

2. 앵커링은 강력한 심리적 저지선, 싸움의 기준점이 된다. 일반적으로 가격이나 거래조건을 먼저 제시하는 쪽이 심리적으로 유리한 위치를 확보할 수 있다.

3. 앵커링을 하기 위해서는 쌍방이 만족하는 거래가 발생할 수 있는 영역인 협상 합의가능영역ZOPA를 파악하는 것이 우선이다. 앵커링은 그 근처에서 시도해야 하며, 자신의 제안이 왜 합리적이고 정당한지 설명할 수 있어야 한다. 지나친 제안은 상대에게 모욕감을 주고, 거래 자체를 무산시킬 수 있다.

4. 정보가 부족해 앵커링이 어렵다면, 상대가 먼저 움직이도록 유도하는 '카운터 앵커링'을 시도하라. 단, 상대의 첫 제안이 자신에게 심리적 영향력을 미치고 있음을 잊지 말아야 한다. 객관적인 정보는 협상의 대응능력을 키우는 데 도움이 된다.

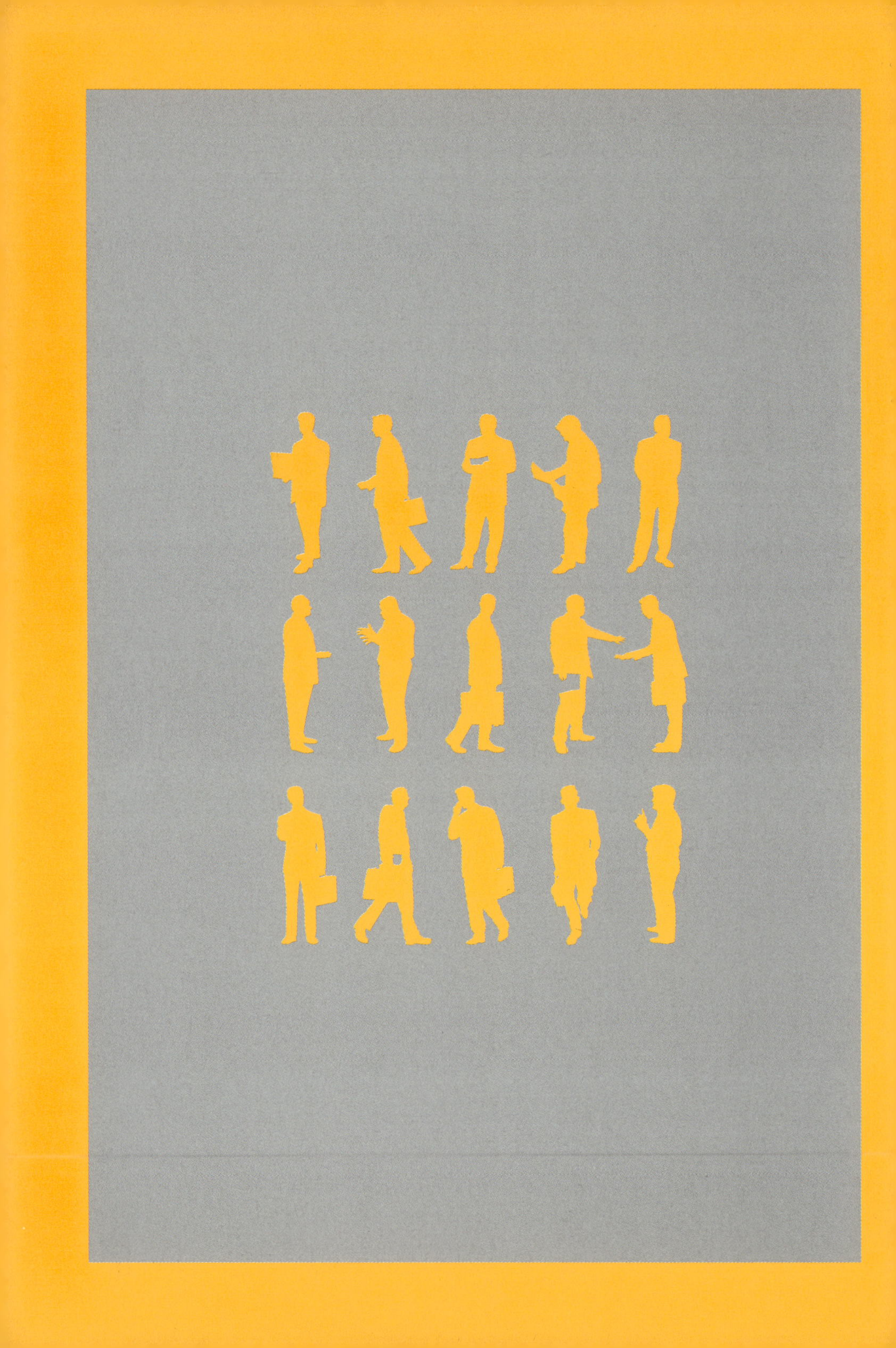

CHAPTER • 06

프레이밍으로 상대를 유혹하라
긍정적 이익의 틀을 만드는 프레이밍 심리 전술

CASE

미국 대통령 선거 때의 일이다. 다자(Daza) 대통령 후보 측은 마지막 홍보를 위해 수백만 장의 선거 포스터를 제작하고 막 발송하려던 참이었다. 그런데 문제가 발생했다. 포스터에 사용한 후보의 사진이 작은 사이즈였을 때는 몰랐는데, 확대해서 보니 작은 글씨로 저작권이 명시되어 있었던 것이다.

일국의 대통령 후보가 사진을 무단 사용하는 것은 말도 안 될 일이고, 사진을 바꿔 다시 인쇄하자니 비용도 문제지만 그럴 시간적 여유도 없었다. 수소문해 보니 사진은 존스톤이라는 무명 사진작가가 찍은 것이었다.

만약 포스터를 그대로 발송한다면 나중에 사진을 무단으로 사용한 사실이 알려져 도덕성에 치명상을 입을 것이다. 만약 작가에게 이 사실을 솔직하게 알리면 거액의 저작권을 요구할지도 모른다. 당신이라면 이 상황을 어떻게 해결하겠는가?

참모들의 대책회의가 열렸다. 결국 작가에게 솔직하게 실수를 알리고, 가능한 한 적은 금액을 지불할 수 있도록 부탁하자는 데 의견이 모아졌다. 이때 선거본부장이었던 다니엘이 나섰다. 그는 사진작가에게 전화를 걸어 이렇게 말했다.

"축하합니다, 존스톤 씨. 작가님의 사진이 우리 대통령 후보 홍보 포스터에 사용할 최우수 사진으로 선정되었습니다. 이제 작가님의 사진은 전국 방방곡곡에 게시될 것이며, 앞으로 유명 작가가 되어 돈방석에 앉게 되실 것입니다. 이렇게 좋은 기회를 만들어드렸는데, 혹시 저희 캠프에 선거자금을 기부하실 의향은 없으십니까?"

돈을 요구할 상황을 일거에 봉쇄당한 작가는 이렇게 말할 수밖에 없었다. "제 사진을 써 주셔서 영광입니다. 하지만 제가 요즘 수입이 없어서 기부는 다음 기회로 미루고 싶습니다."

긍정과 부정의 프레임

협상 기법 중에 '프레이밍Framing'이란 것이 있다. 상대방이 의도된 틀Frame 안에서 긍정과 부정, 이익과 손해를 인식하도록 만드는 중요한 심리 전술이다.

안세영 교수가 소개한 앞의 사례를 다시 살펴보자. 다니엘은 '축하, 유명 작가, 돈방석' 등의 용어를 사용해 상대방이 상황을 긍정적(이익) 프레임 속에서 인식하게 만들었다. 사진작가는 자신이 엄청난 이익을 얻었으며, 그것에 대해 보답해야 할 것 같은 생각을 갖게 된다. 그때 기부금 얘기를 꺼냄으로써 저작권료에 대한 요구를 사전에 봉쇄하는 성과를 이룬 것이다.

만약 작가에게 "당신의 사진을 허락 없이 사용해 죄송합니다."라고 말했다면, 작가는 손실의 프레임을 가져와 보상을 요구했을 것이고, 다니엘은 협상에서 불리한 위치가 섰을 것이다. 이와 같이 프레이밍은 협상의 과정과 결과를 좌우한다.

조금 더 실용적인 사례를 살펴보자.

당신은 회사 산악회의 회장이다. 산악회는 월 1회 산행을 하는데 코스 결정, 차량 예약, 도시락 준비, 회원 연락 등 자잘한 일을 맡아 처리해주던 총무가 해외로 발령이 났다. 새로운 총무가 필요한데, 하겠다는 사람이 하나도 없다. 당신이라면 어떻게 할 것인가?

만만한 후배를 불러 이렇게 말했다고 생각해보자. "총무를 구하기 어려워서 그런데, 자네가 맡아주었으면 좋겠어. 걱정 마, 내가 많이 도와줄게." 후배의 머릿속은 선배 잘못 만나 고생이라는 생각과 어떤 핑계를 대고 빠져 나갈지 고민하느라 복잡할 것이다. 당신은 지금 산악회 총무에 대한 부정적 프레임을 준 것이다. 만약 이렇게 말했다면 어땠을까?

"회사 직원들이 모두 자네를 산악회 총무로 추천하더군. 자네는 이제 우리 산악회 회원 50여 명과 탄탄한 인맥을 쌓고, 산악회 고문이신 회사 사장님도 자주 보게 될 거야. 게다가 건강까지 챙길 수 있으니 얼마나 좋아. 같이 잘해보자고!" 이런 긍정의 프레임을 주었을 때, 후배가 총무를 수락할 가능성은 훨씬 높아진다.

상대방에게 무엇을 얻어내려면, 당신의 제안을 손실보다는 이익의 프레임으로 설명하는 것이 좋다. 예를 들어 옷 가게에서 흥정을 한다고 해 보자.

가게 주인은 옷 가격이 10만 원이라고 한다. 당신은 "너무 비싸요. 7만 원에 해 주세요."라며 깎는다. 가게 주인은 "그럼 9만 원에 드릴게요. 더 이상은 안 됩니다."라고 말한다. 당신은 이쯤에서 8만 원을 제시해 거래를 마무리 짓고 싶다. 다음의 2가지 방법 중 어떤 것이 효과적일까?

"8만 원에 해주세요. 부른 가격에서 겨우 만 원 더 깎은 거잖아요."

"8만 원에 해 주세요. 생각했던 가격에서 만 원이나 더 드리는 거예요. 제가 다음에 친구 많이 데리고 올게요."

전자는 부정의 프레임이고 후자는 긍정의 프레임이다.

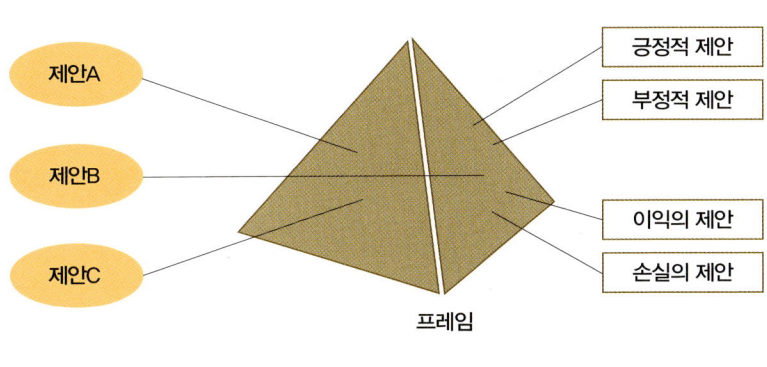

희소성의 프레임

비즈니스 현장에서는 희소성의 프레임이 자주 쓰이는데, 그만큼 효과적이기 때문이다. 남이 가지면 내가 가질 수 없다는 심리를 이용한 것이다.

당신이 백화점에 티셔츠를 사러 갔다고 가정해보자. 한 매장에서 마음에 드는 티셔츠를 발견했다. "한번 입어볼게요. 빨간색 100 사이즈로 주세요." 매장에는 사이즈가 없는지 점원이 창고에서 티셔츠를 가져온다. 이 순간, 점원이 하는 말은 구매에 결정적 영향을 미친다.

만약 그냥 "입어 보세요."라고 했다면, 당신은 그 티셔츠가 마음에 들더라도 당장 사지는 않을 것이다. 다른 매장도 둘러봐야 하니까. 그런데 점원이 이렇게 말했다면? "마침 딱 하나가 남아 있네요. 이게 요즘 최고 인기 상품인데, 정말 다행입니다. 어서 입어 보세요."

만약 다른 매장을 둘러보는 사이에 팔릴지도 모른다는 생각에 그 티셔츠를 샀을 확률이 높다. 홈쇼핑에서 일부 사이즈를 빨리 매진되도록 조정하거나, 화랑에서 전시회를 열기 전에 일부 작품에 판매 완료를 표시하는 딱지를 미리 붙여 놓는 것도 다 이런 이유 때문이다.

'설득의 심리학' 저자 로버트 치알디니에 따르면, 사람들은 갖기 어려운 것을 더 갖고 싶어 한다. 2000년대 초 콩코드 여객기는 런던-뉴욕 노선 서비스를 중단하겠다고 발표했다. 그런데 다음날 이 노선의 매출이 폭발적으로 증가했다. 여객기의 속력이 더 빨라진 것도 아니고, 서비스가 더 좋아진 것도 아니고, 운행료가 저렴해진 것도 아니었다. 단지 이 여객기가 희귀해졌다는 이유만으로 사람들이 더 원하게 된 것이다.

상품과 서비스를 제안할 때, 상대방이 얻게 되는 것만 얘기해서는 부족하다. 그 제안의 독특함, 그 제안을 거부했을 때 잃게 되는 것을 알려 주어야 한다. 예를 들어보자. 상가를 보러 온 고객에게 부동산 중개인은 이렇게 말한다. "오전에도 벌써 두 분이 보고 가셨는데, 가족과 상의해보고 연락 주겠다고 했어요." 희소성의 프레임을 이용한 것이다.

슈퍼마켓의 10분 반짝 세일, 100명 한정 이벤트, 창립 10주년 특별 금리 등도 모두 여기에 해당된다.

이익과 손실의 프레임

올림픽 시상식을 떠올려보자. 은메달을 딴 선수는 표정이 어둡고, 동메달을 딴 선수는 미소를 짓는다. 은 메달리스트는 금 메달리스트와 비교해 아쉬워하고, 동 메달리스트는 '하마터면 메달을 따지 못했을 텐데'라고 생각하며 기뻐하는 것이다. 우리는 무의식적으로 상대방의 제안을 이익과 손실의 프레임으로 인식하여, 그 제안을 수용할 것인지 거부할 것인지를 결정한다. 이처럼 이익Gain과 손실Loss 개념은 의사 결정에 큰 영향을 준다.

1990년 8월, 이라크가 쿠웨이트를 기습 점령했다. 이집트의 무바라크M, Hosni Mubarak 대통령은 만약 이라크가 군대를 철수한다면, 다음의 3가지를 양보하겠노라고 제안했다. 첫째, 이라크의 지도자 후세인이 도둑맞았다고 주장하는 라밀라 유전지대 Ramilla Oilfields를 돌려주겠다. 둘째, 걸프만의 이라크 연안에 있는 부비얀 섬을 넘겨주겠다. 셋째, 이라크가 쿠웨이트에 진 140억 달러의 전쟁 빚을 탕감해 주겠다. 엄청나게 파격적인 제안이었다.

후세인은 어떤 결정을 내렸을까? 그는 군대 철수로 인해 얻을 수 있는 이익의 프레임보다는 군대 철수로 인해 잃을 수 있는 손실의 프레임을 선택했다. 현재의 점령 상태를 기준으로 보면, 이미 쿠웨이트의 모든 것이 자신의 재산이므로 철수는 곧 손실이다. 하지만 기습 점령 이전을 기준으로 본다면, 단 2주의 군사작전으로 엄청난 이익을 보는 셈이다. 후세인은 손실의 프레임으로 최고의 기회를 날려버렸다.

당신은 자동차 회사의 인사팀장으로 신입 영업사원과 연봉협상을 하고 있는 중이다. 신입사원은 실적에 따른 커미션을 받을 것인지, 고정급을 받을 것인지를 선택할 수 있다. 이 경우 당신이 어떤 프레임을 주느냐에 따라 상대방의 의사결정이 달라진다.

만약 커미션으로 유도하고 싶다면 이렇게 말하면 된다.

"만약 고정급을 선택하면, 50%의 상위 매니저와 비교해 급여가 적습니다. 커미션을 선택하면 고정급보다 많이 받을 수 있습니다. 뭐 덜 받을 수도 있지만……"

앞의 문장을 분석해보면 고정급은 손해의 프레임, 커미션은 이익의 프레임으로 표현되어 있다. 신입사원은 조금 망설이다가 커미션을 선택할 확률이 매우 높다.

퍼센트의 프레임

퍼센트의 프레임은 나의 제안을 긍정적으로 포장해주는 심리전술이다. 나의 요구가 상대방에게 큰 부담이 아닌 것으로 인식시키기 위해, 금액의 차이를 퍼센트로 환산하는 방법이다.

퇴근길에 바나나 한 송이를 4천 원에 샀다. 그런데 다른 가게에서는 똑같은 바나나를 2천 원에 팔고 있었다. 2천 원이나 더 주고 사다니, 화가 치솟는다. 그런데 노트북을 샀을 때라고 생각해보자. 2천 원 더 준 것쯤이야 아무것도 아니다.

새 자동차를 사는 사람에게 카시트 보호대와 공기청정기를 설치할 경우 20만 원이 추가된다고 하면 흔쾌히 수용한다. 3천

만 원짜리 차를 사는 비용의 1%도 안 되는 금액이기 때문이다. 그런데 이미 차를 가지고 있는 사람에게 동일한 20만 원짜리 패키지를 제안하면 거의가 거절한다. 하나도 지출하지 않아도 되는 경우와 비교하면, 20만 원은 큰 금액이기 때문이다.

맥스 베이저만Max H. Bazerman의 연구는 퍼센트의 프레임을 아주 잘 설명해준다.

첫 번째, 백화점에서 시계를 고르는 상황이다.

시계 가격은 7만 원인데, 우연히 만난 친구가 10분 거리의 다른 백화점에서 같은 제품을 4만 원에 샀다고 한다. 당신은 3만 원을 아끼기 위해 다른 백화점으로 이동하겠는가? 이 상황에서 바쁜 경영자의 90%가 이동하겠다고 대답했다.

두 번째, 백화점에서 노트북을 고르고 있는 상황이다.

노트북 가격은 150만 원인데, 우연히 만난 친구가 10분 거리의 다른 백화점에서 같은 제품을 147만에 샀다고 한다. 당신은 3만 원을 아끼기 위해 다른 백화점으로 이동하겠는가? 이 상황에서 바쁜 경영자의 50%가 이동하겠다고 대답했다. 앞의 경우와 확연히 다른 결과가 나온 것이다. 이것이 퍼센트의 프레임에 의한 판단의 오류다.

3만 원이 10분의 시간만큼 가치 있다면, 이는 어떤 경우에나 적용되어야 할 것이다. 하지만 7만 원짜리 시계에서 3만 원은 커 보이고, 150만 원짜리 노트북에서 3만 원은 작아 보인다. 이처럼 금액 자체보다는 실제 사용한 총금액에 대비해 그 금액이 몇 퍼센트인가에 따라 제안이 부담스러운지 아닌지 판단하는 경향이 있다. 따라서 이런 심리를 이용해, 큰 거래를 할 때 관련된 작은 금액의 거래를 동시에 진행하는 것이 나중에 다시 하는 것보다 훨씬 쉽다.

또 협상의 마지막에 약간의 덤을 요구하면 수용되기가 쉽다. 나의 요구가 그렇게 큰 부담이 아니라는 긍정적 이미지를 주기 때문이다.

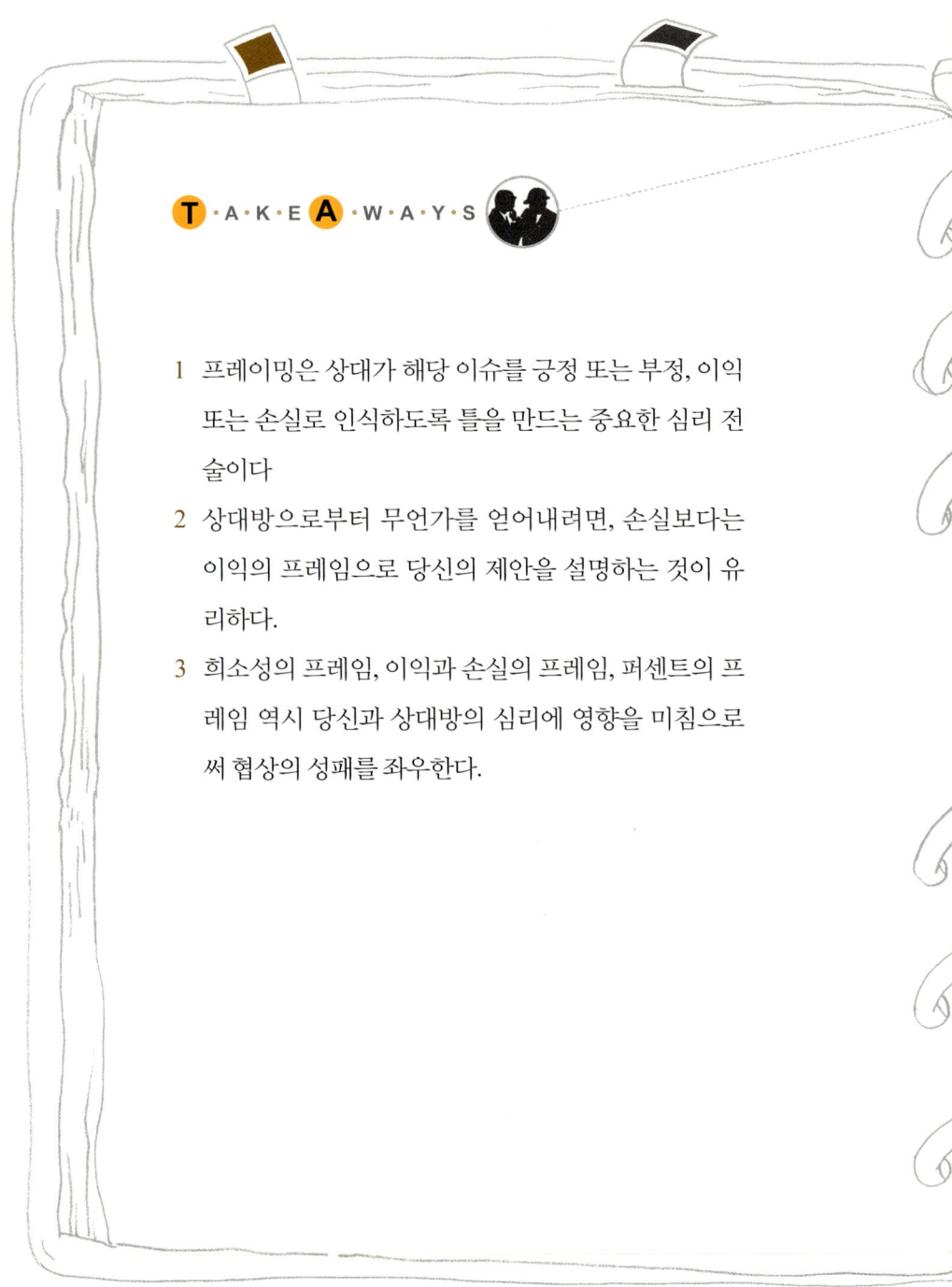

T·A·K·E·A·W·A·Y·S

1. 프레이밍은 상대가 해당 이슈를 긍정 또는 부정, 이익 또는 손실로 인식하도록 틀을 만드는 중요한 심리 전술이다
2. 상대방으로부터 무언가를 얻어내려면, 손실보다는 이익의 프레임으로 당신의 제안을 설명하는 것이 유리하다.
3. 희소성의 프레임, 이익과 손실의 프레임, 퍼센트의 프레임 역시 당신과 상대방의 심리에 영향을 미침으로써 협상의 성패를 좌우한다.

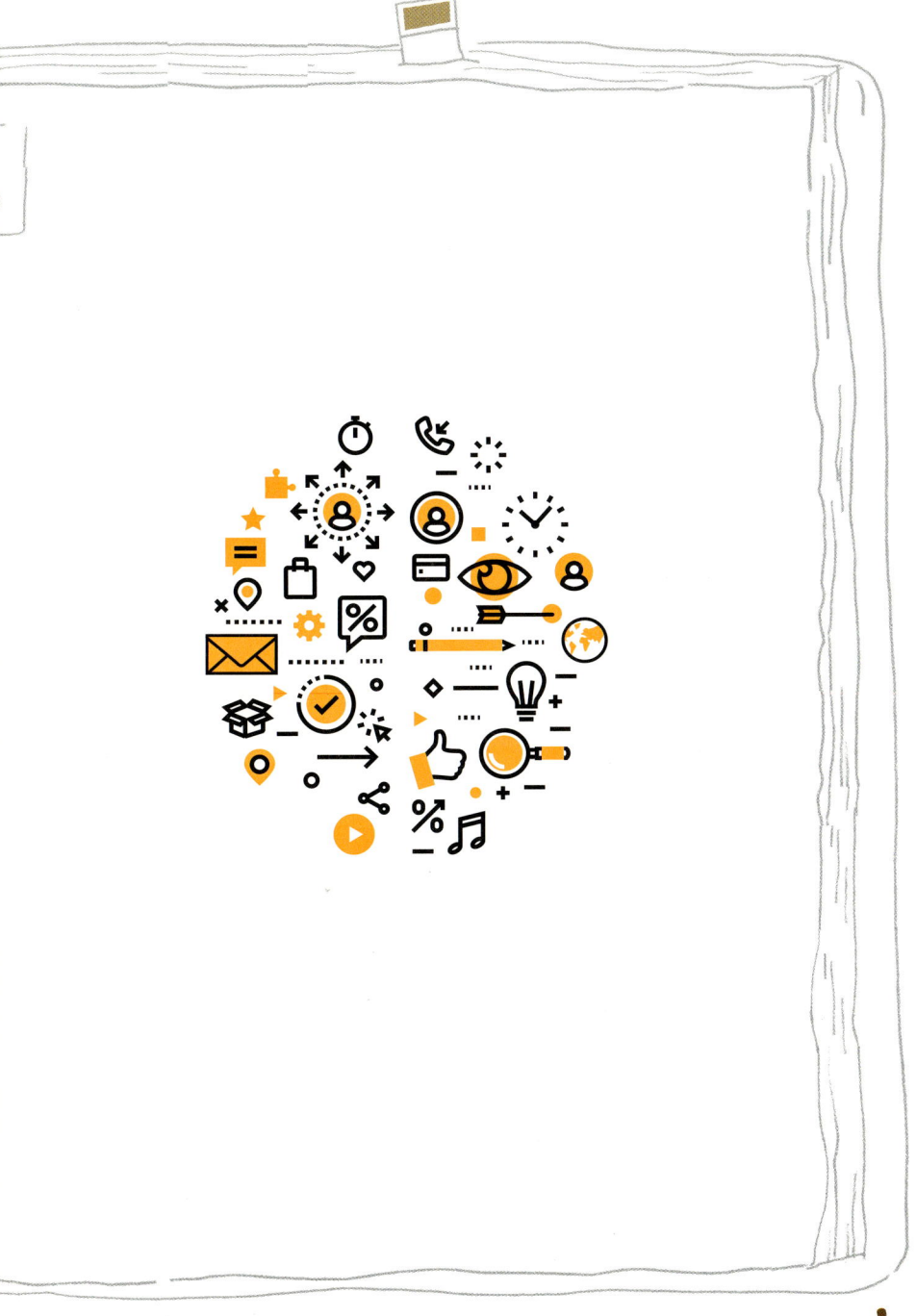

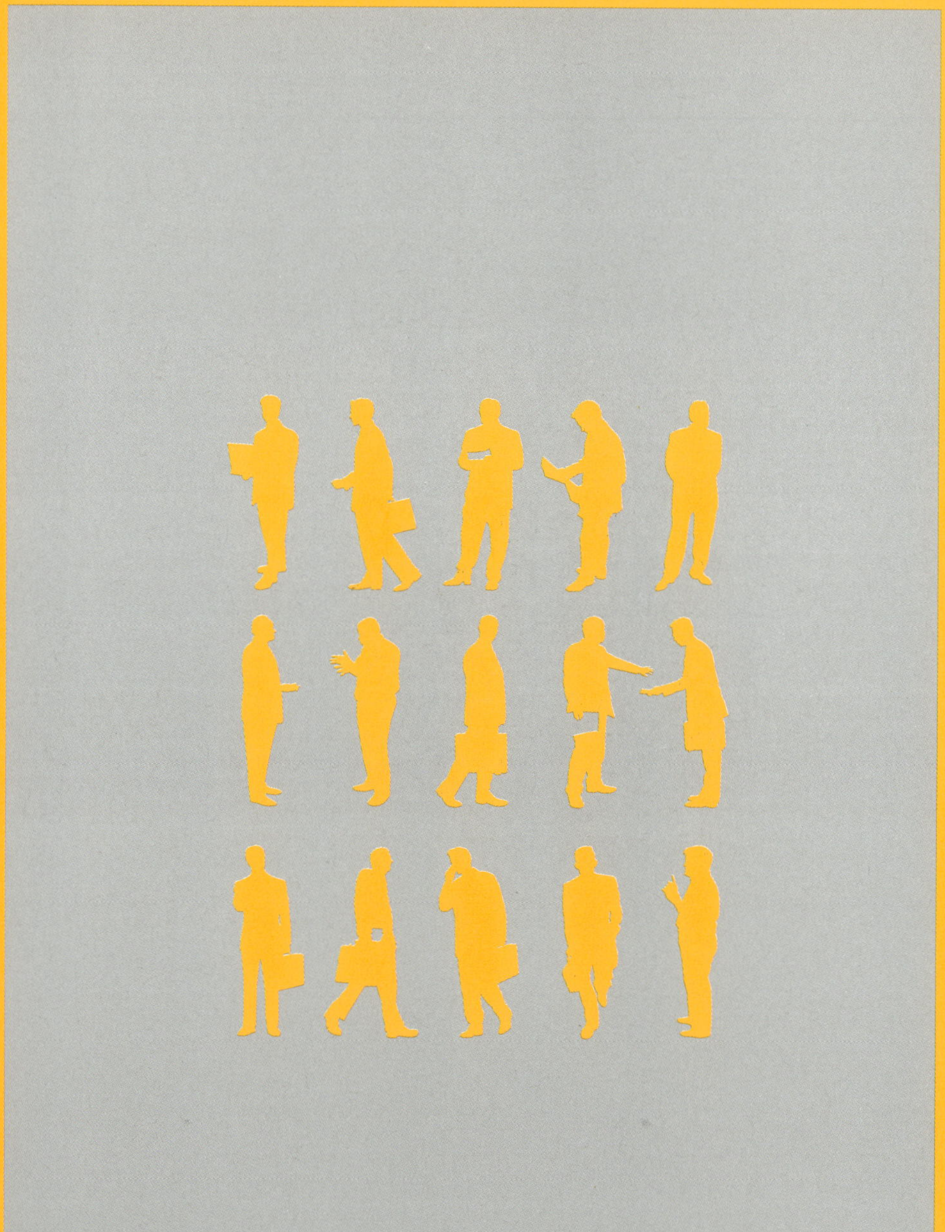

CHAPTER • 07

영리하게 양보하라
불만과 후회 없는 양보의 법칙

CASE

당신은 작은 식당을 운영하는 자영업자다. 세 명의 직원이 있지만, 주방을 맡고 있는 P가 가장 핵심이다. 그는 근무도 오래 했고 요리 실력도 좋다. 마음 같아서는 월급을 올려주고 싶지만, 경기가 어렵다 보니 현상유지도 버거운 상태다. 그런데 P는 요즘 아이들 학원비 때문에 고민이 많다. 작년 초에는 월급을 동결했고, 내년에 올려주겠다고 약속한 상황이다. 올해는 어떻게 해야 할까? 당신은 3가지 대안을 떠올린다.

첫째, 어려운 상황을 설명하고 다시 한 번 월급을 동결한다. 둘째, 대폭 인상의 어려움을 설명하고 올해 물가상승률을 상회하는 5% 인상안을 제시한다. 셋째, 어렵긴 하지만 P의 고충을 감안해 업계 최고 수준인 10% 인상안을 제시한다. 당신은 고민 끝에 마지막 안을 제시하기로 결정했다. 가족처럼 지내 왔던 P와는 밀고 당기기를 하기 싫었고, 인간적인 도리를 다하고 싶었기 때문이다. 그런데 P가 갑자기 일을 그만두겠다고 한다.

P에게 최대한의 배려를 했던 식당 주인은 도대체 무엇을 잘못한 것일까?

위의 상황을 자세하게 재구성해 보자. 세 번째 안을 선택한 주인은 뿌듯한 마음에 P를 불러 월급 인상을 통보한다. "작년엔 월급도 동결하고, 고생 많으셨죠? 올해는 연봉을 10% 올려 드리려고 해요. 지금처럼 계속 열심히 해주세요."

그런데 이 말을 듣는 김 씨의 머릿속엔 기쁨도 잠시, 주인의 순수한 의도와는 다른 생각이 떠오른다. '식당이 어렵다더니 그렇지도 않은 모양이네. 하긴 내가 워낙 일을 잘 하니까! 이참에 조금 더 올려 달라고 부탁해볼까?'

P는 이렇게 대답한다. "네, 고맙습니다. 그런데 올해 큰 아이가 대학에 가게 돼서요, 조금만 더 올려주시면 안 될까요?" 주인은 예상 못한 P의 반응에 섭섭함이 크다. 더구나 그는 이미 최대한의 인상안을 제시했으므로 더 이상 올릴 여지도 없다. "이미 최대한 올려 드린 겁니다." 주인의 말에 P가 다시 한 번 부탁한다. "제가 두 사람 몫까지 더 열심히 하겠습니다. 제 형편이 어려워서 그러니 조금만 더 안 될까요?" 식당 주인은 "그게 제가 해드릴 수 있는 최고치입니다. 더 이상은 곤란합니다."라고 거절한다. P는 물러서지 않고 다시 한 번 부탁한다. "그러지 말고 한 번만 더 생각해주십시오." 식당 주인은 "안 됩니다. 더 이상 얘기하

지 마십시오."라고 말을 자른다.

'받으려면 받고, 말려면 말란 거야? 내가 이런 고집불통에 독선적인 사람 밑에서 뼈 빠지게 일했다니! 어쩌면 사람이 그렇게 부탁하는데 한 발짝도 물러서질 않아?' 결국 P는 인간적 배신감으로 다니던 식당을 그만두고 다른 직장을 찾기로 결심했다.

양보는 쌍방의 만족감을 모두 높인다

앞의 사례에서 식당 주인은 상대방의 입장을 고려해 마음속에서 미리 많은 양보를 했다. 따라서 상대가 수용하지 않으면 매우 억울하고 섭섭하다. 하지만 상대의 눈에는 전혀 다르게 해석된다는 게 문제다.

P에게 식당 주인의 첫 제안은 당연한 것이다. 자신의 추가적인 요구를 단호하게 거부하는 것이 독선적이고 야박하게 보일 뿐이다. 첫 제안에서 목표가격을 제시하는 것은 정직한 행동이지만, 협상에서는 무모한 짓이다.

미국 GE의 부사장인 보울웨어Boulware는 노조에게 독불장군으로 통했다. 자신이 판단하기에 괜찮은 제안이다 싶으면 "더 이상 협상은 없다, 받아들이든 말든 마음대로 하라Take it or leave it'고 선언

했기 때문이다. 결국 보울웨어는 노조의 엄청난 반발을 불러 파국을 맞게 되었다. 이처럼 미리 최상의 제안을 해 버려, 상대방에게 여지를 전혀 주지 않는 협상 기법을 '보울워리즘Boulwarism'이라고 한다.

협상학자 짐 토머스는 협상에서 양보의 중요성을 역설한다. 윈-윈 협상은 양보로부터 시작된다. 당신이 상대의 설득에 실패했다면, 양보를 통해서만이 합의를 이끌어낼 수 있다. 양보는 상대방의 체면을 세워주고 기분 좋게 하는 효력이 있다. 양보가 개입되지 않은 협상보다 개입된 협상에 있어 당사자들의 만족도가 더 높게 나타난다. 자신이 상대를 변화시켰다는 믿음, 상대에게 입장과 지위를 인정받았다는 무형의 요소가 만족도를 증진시키기 때문이다.

미국 자동차 딜러들을 3가지 그룹으로 분류해 수익을 조사한 연구 자료가 있다.

첫째 그룹은 자동차의 가격을 비싸게 부르고 전혀 깎아주지 않았다. 대당 마진은 높을 것이다. 둘째 그룹은 가격을 싸게 부르고 깎아주지 않았다. 일단 많은 고객을 모을 수 있었을 것이다. 한편 셋째 그룹은 가격을 비싸게 부르고 깎아주었다.

연구 결과 셋째 그룹의 딜러들이 가장 높은 수익을 올리고 있음이 밝혀졌다. 고객들이 더 자주 방문하고 주변 사람들에게도 활발히 소개했을 가능성이 크다. 상대방에게 무엇인가를 얻어냈다는 만족감, 대접 받았다는 느낌은 협상을 성공으로 이끌고, 관계도 강화시킨다.

만약 단도직입적으로 목표치를 제시한다면

첫 제안에서 "개당 2만 원으로 합시다. 생산원가와 유통비용, 금융비용을 합친 최저금액입니다."라고 한다면 상대방이 흔쾌히 수락할까? 그럴 가능성은 제로에 가깝다. 십중팔구 "2만 원은 좀 비싸니 조정을 해봅시다."라고 나올 것이다.

"안 됩니다. 이미 최저가격입니다."

"그래도 좀 더 생각해 보세요."

"절대 안 됩니다. 왜냐하면……"

보나마나 이런 지루한 줄다리기가 전개될 것이다. 나는 더 이상 깎을 여지가 없으니 힘들게 상대를 설득해야 한다. 상대는 상대대로 만족하지 못한다. 문제는 상대에게 제안도 하기 전에 자기 혼자 미리 양보를 해 버렸다는 것이다.

만약 상대방에게 양보하는 과정을 거쳐 2만 원을 제시했다면 받아들여질 수도 있었다. 하지만 이렇게 기정사실처럼 목표치

를 협상 테이블에 던져버리면, 하려면 하고 말려면 말라는 모습으로 보여 상대방이 거절할 가능성이 높다. 상대방이 원하는 것은 양보라는 것을 잊지 말아야 한다.

첫 제안을 높게 시작해야 하는 이유

첫 제안을 목표치 이상으로 해야 하는 이유는 단지 양보의 사전 포석만은 아니다. 그 이유를 4가지로 정리해보겠다.

첫째, 협상과 양보의 여지가 생기기 때문이다. 처음부터 목표를 제시해 버리면 앞의 사례들처럼 협상이 결렬될 가능성이 크다.

둘째, 당신의 예측과는 달리 상대방의 상황이 급박하거나 협상을 싫어하는 경우 첫 제안대로 높은 가격에 판매될 가능성도 있기 때문이다.

셋째, 당신의 제품이나 서비스에 대한 가치를 높일 수 있다. 왜 의류 할인매장에서 원래의 정가표를 가리지 않고 그 아래 새로운 가격표를 붙이는지 생각해보라. 정가 50만 원짜리 코트를 10만 원에 산다면 품질도 더 좋아 보이고, 만족감도 훨씬 클 것이다.

넷째, 자존심을 건 싸움일 경우 교착상태를 피하고 상대방이 스스로 이겼다고 생각하도록 분위기를 조성할 수 있다. 노조가 파업을 예고하며 20%의 임금 인상을 요구한다. 반면 경영진은 2%밖에 올릴 수 없다고 제안한다. 만약 합의된 금액이 5% 인상이라면, 이 경우 누가 협상에서 이겼다고 주장할 수 있는가? 쌍방이 높게 시작했기 때문에 서로 상대의 양보를 얻어낸 결과가 되어 노사가 모두 이겼다고 주장할 수 있다.

첫 제안을 높이 시작함에 따른 스트레스

첫 제안을 목표치보다 높게 시작하는 것 자체가 스트레스가 될 수 있다. 상대방의 실망, 비난, 불편한 관계를 감수해야 되기 때문이다. 이 경우에는 모든 것이 상대방을 위한 배려이고 설정이며, 협상의 성공을 위한 초석이라고 생각하는 것이 좋다. 오히려 양보를 얻게 되므로 상대의 만족감은 더 커지게 된다.

당신의 첫 제안은 거절당하게 되어 있다. 거기서 내려갈 일만 남은 것이다. 그러니 순진하게 낮은 가격에서 시작하지 말라. 가격을 낮추는 것은 언제라도 할 수 있지만, 가격을 올리는 것은 불가능에 가깝다. 또한 너무 확정적인 말로 퇴로를 막아서는 안 된다. 첫 제안을 하면서 "죽어도 그 이하로는 안 됩니다."라고 철벽을 치기보다는 "다른 조건들에 따라 어느 정도 융통성을 발휘할 수 있습니다."라고 유연한 제스처를 취하는 것이 좋다.

가끔 첫 제안을 높게 시작할 수 없는 특수한 경우도 있다. 예를 들어 쌍방 간에 장기적인 신뢰 관계가 형성된 경우, 동일한 품질과 가격의 제품이 시장에 많을 경우, 가격 저항이 큰 생필품의 경우가 여기에 해당된다. 물론 이런 경우에도 납품인도기한, A/S, 물량, 운송방식, 결제조건 등 비교적 예민하지 않은 부분의 조건들은 높게 시작하는 것이 가능하다.

첫 제안은 얼마나 높여야 할까

첫 제안은 앵커링과 쌍방 합의가능영역ZOPA를 고려해 논리적으로 판단해야 한다. 아파트 매매라면 주변 시세가 있고, 중고차 매매라면 인터넷 사이트의 정보가 있고, 연봉협상이라면 경쟁사의 연봉 체계가 있다. 이런 데이터들을 근거로 상대가 납득할 수 있는 범위 안에서 결정하면 된다. 또한 프레이밍 전술로 나의 첫 제안을 긍정적으로 인식시키는 것이 필요하다. 협상을 할 때는 확정적인 말로 퇴로를 막아서도 안 된다.

"제가 원하는 연봉은 5천만 원입니다. 제 연차의 업계 평균이 4천 5백만 원인데, 저는 자격증도 있고 제품 개발뿐 아니라 기술

마케팅도 할 수 있기 때문입니다. 하지만 회사가 제공하는 복리후생 내용에 따라 어느 정도 조정은 가능합니다." 이렇게 말한다면 자신의 역량과 경력을 충분히 어필하면서도, 상대에게 여지를 주어 합의를 이끌 수 있다.

양보의 법칙

첫 제안이 거절당하면 두 번째 제안을 해야 한다. 물론 두 번째 제안이 마지막 제안이어서는 안 된다. 한 번에 양보를 다 해 버리지 말라는 이야기다. 상대는 당신이 최대한으로 양보해 한계선에 도달했다고 생각되어야 더 이상의 요구를 멈출 것이다.
    그렇다면 어떻게 양보할 것인가?

    양보의 패턴에는 매우 중요한 정보가 있다. 예를 들어 첫 제안이 220만 원이고 목표가격이 200만 원이라고 가정했을 때, 어떤 패턴이 가장 좋은지 살펴보자. 나의 목표치인 200만 원에서 상대가 더 이상 요구하지 않고 오케이 하도록 만들어야 한다.

1) 220 → 200 → 200 → 200 → 200

양보할 총액 20만 원을 첫 양보에서 한꺼번에 써버리고, 이후의 요구에는 전혀 양보하지 않으면서 합의를 시도하려는 패턴이다. 하지만 상대방은 첫 제안에서 20만 원이라는 거액을 양보 받아 더 얻어낼 것이 있다고 판단해 계속 양보를 요구할 것이고, 이에 응하지 않으면 오히려 불만스러워한다.

2) 220 → 215 → 210 → 205 → 200

양보할 20만 원을 양보할 횟수로 나눠 균등하게 양보하는 패턴으로, 여기서는 5만 원씩 양보하고 있다. 하지만 상대방은 요구할 때마다 5만 원씩 가격을 양보해주니, 멈추지 않고 계속 요구할 가능성이 크다.

3) 220 → 219 → 215 → 210 → 200

1만 원, 4만 원, 5만 원, 10만 원으로 점차 양보의 폭을 늘려가는 패턴이다. 내가 선심을 더 썼으니 빨리 끝내자는 의도지만, 상대는 요구할 때마다 더 큰 선물을 주니 입맛을 다시며 요구에 박차를 가할 것이다.

4) 220 → 208 → 202 → 200.1 → 200

12만 원, 6만 원, 1만 9천 원, 1천 원으로 양보의 폭을 점차 줄여가는 패턴으로, 마지막 양보는 겨우 1천 원이다. 이 경우 상대방은 더 깎아봤자 1천 원 이하일 것이라 판단하고 요구를 멈출 가능성이 가장 크다. 최대한 얻어냈다고 생각하는 것이다.

앞의 4가지 양보 패턴을 비교해보자. 금액과 상관없이 '더 이상 양보할 여지가 없다'는 주장을 펼칠 때 오케이 할 가능성이 높은 쪽은 어디일까? 당연하게도 마지막 패턴이다. 그 상황에서 최대한 양보를 해주는 모습으로 인식되기 때문이다.

시장에서 옷을 사는 경우를 생각해보자. 처음에 9만 원을 불렀다가 8만 원으로 깎아준 경우, 처음에 8만 1천 원을 불렀다가 8만 원으로 깎아준 경우, 어느 쪽이 쉽게 합의에 도달할까? 앞의 경우는 1만 원을 깎아주었으니 한 번 더 깎아달라고 하면 몇 천 원이라도 더 건질 것이라 기대한다. 반면 뒤의 경우는 겨우 1천 원밖에 깎아주지 않았으니, 더 이상 건질 것이 없다고 생각한다.

그러니 양보의 정도는 지속적으로 줄여 나가라! 양보는 첫 번째에 가장 커야 하고, 점차 작아져야 한다. 특히 목표금액에 접근한 마지막 양보는 가장 작아야 한다.

이런 양보의 법칙은 가격뿐만 아니라 다른 조건에도 적용될

수 있다. 프로젝트의 목표기간이 5개월이라면 첫 제안은 3개월, 다음은 4개월, 그 다음은 4개월 20일, 마지막 제안은 5개월이어야 한다. 1개월, 20일, 10일로 양보의 폭을 점차 줄여 나가는 것이다.

짐 토머스를 비롯한 미국의 협상 전문가들은 '반반의 법칙'을 쓰라고 조언한다. 이전 양보의 절반 수준에서 다음 양보를 하라는 의미다. 양보의 폭이 점점 줄어드는 깔때기 모양이라고 기억하면 쉽다. 물론 이 과정을 진행할 때는 상대가 눈치 채지 못하도록 해야 한다.

반대급부를 요구하면서 양보하라

양보를 할 때는 반드시 반대급부를 요구해야 하는데, 그 이유는 다음과 같다.

첫째, 당신의 이전 제안에 대한 신뢰성 때문이다. 양보하기 이전의 제안이 합리적이고 적절했다는 것을 나타내는 것이다. 예를 들어 보자. 당신이 개당 10만 원이라는 가격을 제시했는데, 상대가 9만 원에 달라고 한다. 당신이 상대의 요구를 바로 수락한다면 애초의 10만 원은 근거가 전혀 없는 가격이 되고, 당신은 신용이 없는 사람이 되어 버린다.

만약 현금결제를 해 달라든가 다른 거래선을 소개시켜 달라는 등의 반대급부를 요구할 수 있다면 당신의 최초 제안에 대한 신뢰도를 높이고, 쌍방이 만족하는 협상을 할 수 있다. 또한 반대급부라는 덤도 얻게 되는 것이다.

둘째, 지속적인 양보의 위험을 없앤다. 당신이 반대급부라는 저항 없이 양보를 한다면 상대방은 계속해서 양보를 요구할 가능성이 크다. 결코 양보를 남발해서는 안 된다.

셋째, 양보를 통해 힘의 법칙을 이용할 수 있다. 당신이 양보를 하면 상대방은 고마움과 동시에 부담을 느끼게 된다. 상호성의 심리가 적용되기 때문에 반대급부를 받아들일 가능성이 높아진다.

공짜는 협상에서 가장 흔한 오류다. 협상을 할 때는 양보와 교환이 필수적이다. '만약에……'의 효과를 활용하면 다양한 양보와 교환이 이루어진다. "A에 동의합니다. 만약 제가 B를 얻는다면요.", "X 말고 다른 것에 동의합니다. 만약 제가 Y를 얻게 된다면요.", "X에 동의합니다. 그 대신 저는 Z를 해드릴 순 없습니다."와 같이 다양한 교환을 시도할 수 있다. 협상의 진정한 의미는 '교환'이므로 만약 반대급부로 얻는 것이 없다면 양보하지 말아야 한다.

제품의 판매 단가를 100만 원에서 90만 원으로 첫 번째 양보를 하면서 "10만 원을 깎아드릴 테니, 다른 거래처를 소개시켜 주셔야 합니다."라고 가볍게 요구하라. 다시 5만 원을 깎아줄 때는 "대금 지급 시기를 한 달 앞당겨 주십시오.", 또 다시 2만 원을 양보할 때는 "그러면 구입하는 수량을 5% 정도 증가시켜주십시오.", 마지막 1만 원을 깎아줄 때는 "6개월간 독점계약을 해주십시오."라고 요구하라.

즉 양보의 폭을 줄이면서, 점점 더 상대방에게 어려운 대가를 요구하는 것이다. 마지막 가장 작은 양보와 가장 큰 반대급부가 교환될 순간에, 상대방이 더 이상 양보를 요구하지 않고 수락할 가능성이 높아지는 것이다.

만약 상대방이 나의 목표치에 거의 근접했는데도, 요구를 멈추지 않는다면 어떻게 해야 할까? 그 시점에서 보았을 때, 아직 당신의 바트나(최저가격) 이상이라면 협상을 결렬시켜서는 안 된다. 그러면 어떻게 목표치 이상으로 합의할 수 있을까? 아주 조금씩 천천히 양보하면서 저항과 교환을 이어 나가야 한다. 계속하다 보면 당신의 바트나에 이르기 전에 합의가 가능할 것이다.

협상은 뭔가를 양보하고 요구하는 과정이다. 아주 민감한 상황이므로 말 한마디도 조심해야 한다. "우리는 이것을 양보할 테니, 당신은 저것을 해주세요."라는 표현은 예민해진 상대를 자극할 수 있다. 협상을 할 때는 "What If" 용법, 즉 가정법을 사용하는 것이 좋다.

"만약에 우리가 이것을 양보한다면, 당신은 저것을 해주실 수 있나요?, 만약에 이것을 해드리면 우리에게 무엇을 해줄 수 있나요?"라고 표현하는 것이 부드럽다. 또한 마지막 협상 타결 시에는 상대방을 기분 좋게 해주는 말을 사용한다. "선뜻 결정하기 어려웠지만……, 서로의 입장을 반영해서……, 파트너십에 입각해……, 공동의 비전을 위하여……" 등의 표현을 선택하는 것이 좋다.

양보가 꼭 대등해야 하는 것은 아니다

상대방이 원하는 양보와 당신이 요구하는 반대급부가 굳이 논리적으로 관련 있을 필요는 없다. 가격을 깎아주면서 신제품 개발에 동참을 요구하는 것이 그 예다. 따라서 자신이 베풀 양보에 걸맞거나 그 이상의 가치가 있는 요구 항목을 미리 준비하는 것이 좋다.

브레인스토밍을 통해 당신에게 필요한 것과 상대방이 줄 수 있는 것을 광범위하게 검토해보라. 금전적, 비금전적 항목을 모두 망라해 리스트를 만들면 상호교환을 통해 합의의 가능성이 높아진다. 경쟁회사에서 구입하던 다른 제품도 우리 회사에서 구매해 달라는 요구는 금전적 요구다. 무상 수리와 사용자 교육, 입찰에서의 우대조항, 고객 데이터베이스 교환, 공동 프로모션 등은 비금전적 요구다.

상대방과 당신에게 필요한 것이 무엇인지 탐색하며 창의적인 양보와 주고받기를 활발히 교환하다 보면 어느덧 합의에 이르게 된다.

양보를 할 때는 당신에게 비용 부담이 적으면서 상대에겐 만족도가 큰 아이템을 찾는 것이 기본이다. 만약 상대 회사가 거래선 확보를 추진하고 있다면 새로운 거래선을 소개해준다. 상대

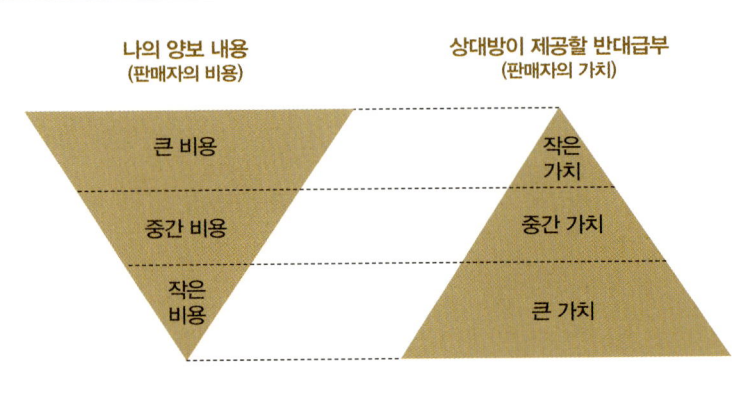

회사가 연구개발 인력이 부족하다면 공동개발을 주선한다.

그러나 장기적으로, 또는 다른 분야로 확산될 우려가 있는 양보는 피해야 한다. 향후 모든 거래에 적용되어야 하는 양보, 다른 상대나 다른 상품에도 똑같이 적용되는 양보는 지양해야 하는 것이다.

상대의 첫 제안에 바로 예스라고 답하지 마라

상대의 첫 제안을 바로 수락하면, 상대는 기뻐하기보다는 오히려 자신의 제안을 후회하게 된다. "더 깎을 걸, 더 요구할 걸."이라고 생각하며 '승자의 저주'를 느끼게 된다. 그러니 제안을 받아들이더라도 대가를 요구해야 상대를 만족시킬 수 있다. "다행이다, 겨우 합의했구나."라고 생각하게 만들어야 한다.

대학생 아들이 친구들과 여행을 가기 위해 차를 빌려 달라고 요구한다. 만약 아버지가 "그래라, 운전 조심하고."라고 흔쾌히 허락한다면 아들은 "쉽게 허락하시네. 용돈도 좀 달라고 할 걸 그랬나?"라고 아쉬워할 것이다. 그런데 아버지가 "대학생이 무슨 차가 필요해? 앞으로 네 동생 영어공부 좀 봐주겠다면 생각해볼 수도 있지만."이라고 한다면 아들은 "다행이다, 겨우 빌렸

네."라고 기뻐할 것이다.

이렇게 상대의 첫 제안에 어떤 반응을 보이느냐에 따라 상대의 만족도와 수용성이 달라진다.

종합상사의 바이어에게 비상이 걸렸다. 기존 공급업체들의 생산 능력에 한계가 있어 신규 주문을 감당할 수 없었기 때문이다. 사정이 급하다 보니, 가격은 별 문제가 아닌 상황이었다. 새로운 거래선의 영업사원을 만나 협상을 시작했는데, 개당 10만 원의 가격을 제시하는 것이 아닌가? 바이어는 속으로 깜짝 놀랐다. 비슷한 제품을 이제까지 12만 원에 구입해 왔기 때문이다. 놀란 표정을 감추고 "우리는 지금까지 8만 원에 샀는데요."라고 하자 영업사원은 "좋습니다. 우리도 그 가격에 맞춰 드릴 수 있습니다."라고 말한다. 만약 당신이 바이어라면 어떻게 대응하겠는가?

'이거 너무 쉽게 양보하네. 혹시 더 싸게 살 수 있는 것 아니야? 시장 상황이 달라졌는지도 모르지. 우선 결제를 받아야 한다고 말하고 다른 업체도 알아봐야겠네.'라고 결론을 내리고 계약을 하지 않을 것이다.

새로운 거래선의 영업사원은 첫 단추를 잘못 꿰었다. 상대의 첫 제안에 대응하는 방식이 잘못되어 계약도 성사시키지 못하고 큰 이익을 챙길 기회도 놓쳤다. 바이어가 8만 원을 요구했을 때 반대급부를 요구하며 양보했어야 한다. "8만 원은 어렵고, 9만 원 선이면 가능할 것 같습니다. 그런데 만약 독점계약을 보장하거나 현금결제를 해주신다면 원하는 가격에 맞춰 보도록 해보겠습니다."라고 했다면 거래가 성사되었을 가능성이 크다.

협상에 있어 가격이 '비싸다 싸다'는 가격 그 자체로만 결정되는 것이 아니다. 당신의 대응 태도에 따라 달라질 수 있음을 기억하자.

1. 협상에서의 윈-윈은 양보에서 비롯된다. 설득에 실패했을 때는 양보를 통해서만 합의를 이끌어낼 수 있고, 그 양보는 상대방의 체면을 세워주고 기분 좋게 하는 효과가 있다.

2. 첫 제안을 높게 시작하라! 그렇게 해야 협상과 양보의 여지가 생기고, 당신의 제품이나 서비스에 대한 가치를 높게 인식하기 때문이다.

3. 양보의 정도는 지속적으로 줄여 나가라! 양보는 첫 제안에서 가장 커야 하고, 갈수록 작아져야 한다. 특히 마지막 양보는 가장 작아야 한다. 즉 깔대기형 양보여야 한다.

4. 협상의 진정한 의미는 교환이다. 상대방에게 양보를 할 때는 반대급부를 요구해야 한다. 이는 당신의 첫 제안이 타당하고 합리적인 것임을 뒷받침한다. 창의적인 양보는 협상에서 새로운 가치를 창출한다.

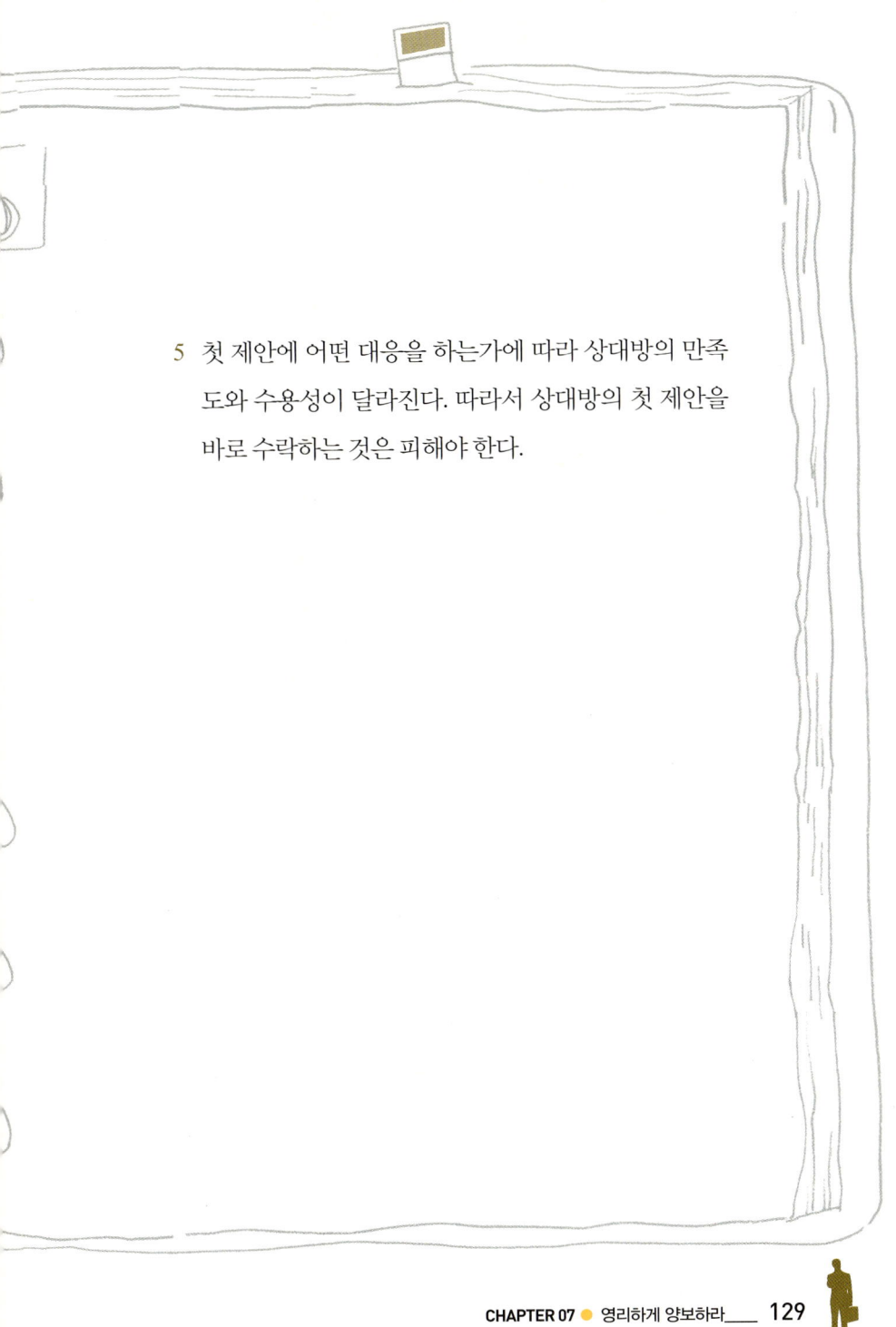

5 첫 제안에 어떤 대응을 하는가에 따라 상대방의 만족도와 수용성이 달라진다. 따라서 상대방의 첫 제안을 바로 수락하는 것은 피해야 한다.

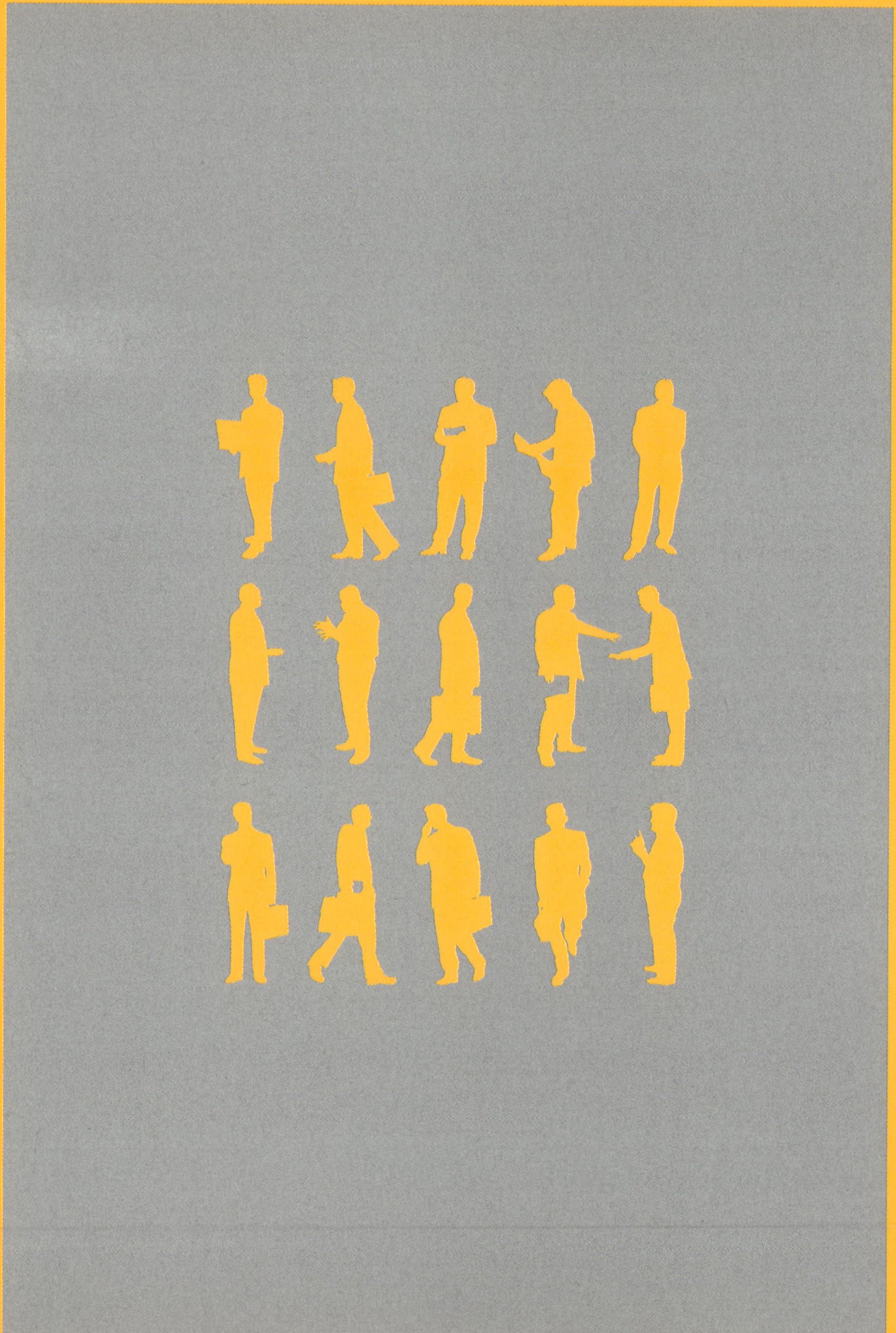

CHAPTER • 08

마무리 법칙으로
깔끔하게 마무리하라

> **CASE**
>
> 당신은 중고 자동차 딜러다. 고객이 계약서에 사인하려는 순간 갑자기 기름을 가득 채워 달라는 요구를 한다. 당신은 가구점 주인이다. 한 시간이나 흥정 끝에 정가 120만 원의 가구를 105만 원에 거래하기로 합의했다. 그런데 고객이 지갑에서 103만 원만 꺼내더니, 2만 원만 더 깎아 달라고 요구한다. 당신은 부품회사의 영업사원이다. 지금 막 중요한 납품 계약을 성사시켰는데, 바이어가 난데없이 결재는 60일 후에 한다는 조건을 덧붙이고자 한다.
> 협상이 마무리 되는 순간, 방심은 금물이다. 상대에게 마지막 양보를 얻어내기 위한 쌍방의 눈치작전이 남아 있기 때문이다.

짐 토머스가 강조한 '덤의 법칙에' 따르면, 상대의 마지막 조그만 요청이 쉽게 수용되는 이유는 2가지로 요약된다.

첫 번째 이유는 지루한 협상이 끝나 기분이 좋은 상태이기 때

문이다. 지금까지의 경쟁적 분위기와 다른 관대한 분위기가 조성되어 "그 정도는 끼워 드리죠, 그 점에 대해선 염려 마세요, 그건 우리 쪽이 부담하죠."와 같은 대화가 오가는 순간이기도 하다. 거래의 마지막 순간에 아주 큰 것들이 양보되는 현실은 놀라울 정도다. 오랜 협상 과정을 통해 얻은 이익이 마지막 1분의 방심으로 인해 물거품이 되는 경우가 많다.

　두 번째 이유는 거래에 투여한 시간과 노력이 아깝기 때문이다. 마지막 조건 하나 때문에 거래가 무산되고 새로운 상대와 다시 협상을 해야 한다는 것은 엄청난 압박감이다. 거래가 성사되지 않았을 경우와 비교하면, 이상하게도 약간의 추가 비용은 감수할 만한 것으로 보인다.

덤은 유능한 협상가의 마지막 한방이다

당신이 맞춤 양복 매장에 들어가 "양복 두 벌을 맞추려고 하는데, 넥타이를 하나 끼워 주실 수 있나요?" 라고 묻는다고 치자. 선뜻 대답을 하지 않을 것이다. 매장 주인은 아직까지 어떤 노력과 시간도 투자하지 않았기 때문이다. 당신이 나가더라도 그가 잃을 것은 없다. 더군다나 당신이 양복을 구입할지 말지도 확실치 않다.

하지만 매장 주인이 당신의 사이즈를 재주고, 디자인을 골라주고, 흥정을 하면서 30분을 소요했다면 얘기는 달라진다. 더구나 당신이 카드를 꺼내며 구매 의사를 확실히 밝히면, 넥타이란 덤을 받아낼 확률이 높아진다.

상대에게 마지막 양보를 얻어내려면, 합의나 계약이 성사될 것이라는 확신을 심어주고 당신이 요구하는 덤이 거래의 길목을 막는 유일한 장애물이라는 메시지를 주어야 한다. 단, 무리한 욕심을 내서는 곤란하다. 전체 거래에서 덤이 차지하는 비중은 아주 작아야 한다. 그렇다면 이러한 덤에는 어떤 종류가 있을까?

첫째, 가격이나 물량 등 주요 쟁점에 대한 작은 덤이다. 가격을 1%만 더 깎아 달라든지, 수량을 2%만 더 줄여 달라든지 하는 기존의 주요 쟁점에서 마지막 순간에 약간의 양보를 요구하는 것이다.

둘째, 독립된 새로운 항목의 덤이다. 상품 가격에 이미 합의를 보았다면 운송비 부담이나 지불 기한의 연장, 인도 시기의 조정, A/S 기간 연장 등이 될 수 있다.

셋째, 앞서 언급했지만 거절되었던 쟁점을 덤으로 요구할 수 있다. 선물 포장이나 샘플 제공 등이 그 예이다. 만약 이것에만 동의한다면 당장 계약을 하겠다는 의사를 전달하며 수락을 요구하는 것이다.

한편 판매자의 입장에서 덤은 망설이는 고객에게 결단을 내리게 하는 수단으로 이용된다. 고객이 새로운 카드 발급을 망설인다면 2년간 연회비를 받지 않겠다고 하라. 등산용 재킷 구입을 망설인다면, 지금 구입하면 여름용 바지를 증정하겠다고 하라. 중고차 구입을 망설인다면 새 타이어로 교체해주겠다고 하라. 고객이 결정을 못 내리고 경계선에서 망설일 때, 조그만 덤은 큰 힘을 발휘한다.

그렇다면 덤을 요구받았을 때는 어떻게 해야 하는가? 그대로 수용하기보다 대응되는 양보를 요구하는 것이 효과적이다. "좋습니다. 만약 무엇을 해주신다면……"이라는 표현을 쓰는 것이 좋다. 상대가 1만 원을 깎아 달라고 하면 배송비는 부담해 달라고 하라. 양복을 사면서 넥타이를 끼워 달라고 하면, 와이셔츠를 추가로 구입하면 가능하다고 하라. 이렇게 대응을 해야 상대는 더 이상 공짜로 얻어낼 것이 없다고 판단하고 포기하게 된다. 또한 최선의 결과를 얻었다고 스스로 만족하게 하는 부수적 효과도 있다.

합의가 안 된 마지막 쟁점은 조건부 계약으로 돌려라

벤처기업의 인수합병 계약이 한창이다. 매각하려는 쪽은 33억,

인수하려는 쪽은 30억을 고집해서 협상이 교착상태에 빠졌다. 금액 차이의 원인은 다음과 같다. 매각하려는 입장에서는 개발 완료된 신제품의 상품성을 높게 보아 신제품 생산 라인을 5억으로 평가했고, 인수하려는 쪽은 아직 시장이 불확실하니 투자금액인 2억만 주겠다는 것이다.

 이렇게 쌍방이 팽팽하게 대립할 때 합의를 가능하게 하는 것이 바로 '조건부' 조항이다. 인수하는 쪽이라면 이런 제안을 하면 된다. "일단 신제품 라인을 투자 금액인 2억으로 평가해 매입하고, 신제품 출시 후 시장점유율 10%를 확보할 경우 3억을 더 드리는 것으로 하죠." 인수하는 측이나 매각하는 측이나 거부할 이유가 없다. 미래의 불확실한 상황에 대해 가치를 제각각 다르게 평가함으로써 협상이 결렬되는 경우는 빈번하다. 또한 원자재 가격이나 환율의 변동을 각기 다르게 예측함으로써 합의가 어려운 경우도 있다. 이럴 경우 미래의 어느 시점에서 재협의를 한다, 또는 어떤 상황이 발생하면 어떤 항목을 재협의 한다는 조건부 조항을 계약서에 삽입하면 좋다.

모든 쟁점은 마지막에 일괄타결 하라

한 가지의 쟁점을 가진 협상은 없다. 수백 수천 가지의 쟁점이 있는 국가 간 FTA 협상만 그런 것이 아니다. 일반적인 거래에서도 가격뿐 아니라 품질, 수량, 지불조건, A/S, 인도 시기, 부품 거래 등 많은 쟁점들이 합의되어야 한다.

이럴 경우 쟁점들을 하나하나 매듭지으며 넘어가려고 하면, '공평하게Give and Take'라는 협상의 원칙을 활용할 수 없다. 이미 합의된 쟁점들을 자유롭게 주고Give 받을Take 수 없기 때문이다. 물품 거래를 할 때 품질, 가격, 수량에 대한 합의가 완결된 상태에서 마지막 남은 A/S 기간에 대한 쟁점이 합의되지 않는다면 어떻게 될까? 협상은 교착 상태에 빠지게 될 것이다.

사무실 임대계약을 예로 들어 보자. "임대료 월 500만 원 OK, 계약기간 2년 OK, 인테리어 원상복구 조건 OK, 다 좋습니다." 임차인이 제시된 조건들에 수긍하고 합의를 해버렸다. 그런데 건물 주인이 예상치 못한 조건을 들고 나온다. "건물 사정상 주차는 1대밖에 안 됩니다. 직원이나 외부 차량은 주차비를 내거나 외부 주차장을 써야 합니다." 임차인은 받아들일 수 없는 조건이다. 그런데 임대료를 이미 합의해 주었기 때문에 빼도 박도 못하는 상황이 된 것이다.

　마지막에 모든 쟁점을 일괄적으로 처리하기 전까지 어떤 개별 쟁점도 미리 매듭짓지 않는 것이 좋다. 이전 쟁점에서의 양보를 레버리지로 활용해, 이후의 쟁점에서 상대방의 양보를 얻어낼 기회가 없어지기 때문이다. 그러니 모든 쟁점들은 잠정적인 합의 상태로 두어라. "그 문제에는 이의가 없습니다. 하지만 아직 협상이 진행 중이니, 다른 쟁점들이 합의되는 상황을 보고 최종 결정하겠습니다."라고 말하는 것이 현명하다.

　협상은 순차적으로 풀어야 하는 수학 문제가 아니다. 한 쟁점에서 막힌다면 건너뛰고 다른 쟁점으로 넘어가야 한다. 합의가 쉬운 항목부터 처리하고, 막혔던 쟁점으로 돌아가면 된다. 이렇게 합의를 해 나가다 보면 최종 타결에 걸림돌이 되는 마지막 쟁점이 나타날 것이다.

　이제까지 협상을 진행하면서 긍정적 분위기가 만들어졌고 서로의 스타일에 이미 적응이 되었기 때문에, 또한 그때까지의 합의들이 아까워서라도 마지막 쟁점은 융통성을 발휘해 일괄타결에 이르게 되기가 쉽다. 그래도 합의가 안 되는 쟁점이라면 조건부 합의가 정답이다.

'반반씩 양보하자'는 요구를 의심하라

'반반씩 양보하자'는 제안은 상당히 매력적이다. 스스로 공평하다고 자부하는 사람이 어찌 이 제안을 거부하겠는가? 그런데 이 제안엔 함정이 숨어 있음을 유의해야 한다. 당신이 물건을 흥정하는 상황, 물건 주인과 당신은 이런 대화를 나누고 있다.

"5만 원입니다." "너무 비싸요, 3만 5천 원에 해주세요." "그건 안 되고 4만 7천 원까지 드릴게요." "좀 더 깎아 주세요. 4만 원이면 살게요." "그렇게까지는 안 돼요. 4만 6천 원에 사세요." "이왕 깎아주는 거, 4만 3천 원에 해주세요." 지루한 흥정 끝에 판매자가 말한다.

"정 그러면, 3천 원 차이밖에 안 나니 서로 반반씩 양보합시다. 4만 4천 5백 원 어때요?" "네, 공평하게 그렇게 하죠."

그런데 정말 공평한 것인지 의문이 들지 않는가?

반반씩이라는 원칙이 타결되기 전에 양보의 폭을 살펴보자. 판매자는 5만 원에서 4만 6천원으로 4천 원 양보, 당신은 3만 5천 원에서 4만 3천 원으로 8천 원을 양보했다. 애초에 양보의 폭이 달랐으므로 반반씩이란 원칙은 의미가 없다. 반반씩의 원칙이 취지에 맞으려면, 쌍방이 똑같은 폭으로 양보해 왔어야 한다.

보통의 경우에 반반씩 양보하자는 이야기를 꺼내는 사람이 유리한 입장이다. 만약 누군가가 당신에게 '반반씩 양보하자'고 하면 '그렇게 할 경우 상대가 유리하구나.'라고 판단하고 반 이상의 양보를 받아내야 한다. 반대로 당신이 협상 마지막에 반반씩 양보를 요구할 생각이라면, 협상 과정에서 상대보다 조금씩 덜 양보하는 것이 좋다.

마감시한을 노출하지 말라

회사 직원들의 노트북 랜카드를 교체하기 위해 전자상가에 왔다. 당신은 매장에 들어서며 이렇게 말한다. "여긴 주차하기 힘드네요. 차를 길가에 주차했는데 단속에 걸리진 않겠죠? 게다가 길은 왜 이렇게 막히는지. 1시간 후에 중요한 약속이 있는데 걱정이네요. 아무튼 이렇게 고생하면서 왔는데, 좀 싸게 해주세요."

매장의 주인이 정말 고마운 고객이라고 생각하며 싸게 해줄 것이라 생각하는가? 당신은 지금 스스로 '호갱'임을 인증한 셈이다. 당신은 가격을 흥정할 시간도 없고 다른 매장과 가격을 비교할 여유도 없다. 이렇게 고생해서 왔는데 빈손으로 돌아갈 리도 없다.

마감시한에 쫓기는 사람은 상대방에게 더 많은 양보를 해서라도 협상을 빨리 매듭지으려는 심리가 강하므로 불리한 위치에 서게 된다. 사람들은 마지막 결정을 최대한 보류하는 경향이 있다. 실제로 많은 양보가 마감시한 무렵에 이루어진다. 그런데 당신이 마감시한에 쫓긴다는 것을 상대방이 눈치 챘다면, 당신의 마지막 양보를 느긋이 기다리며 게임을 즐길 것이다. 한 가지 예를 더 들어 보자.

외국에서 바이어가 왔다. 국내 거래처는 그의 출국이 3일 후임을 알게 되었다. 바이어의 첫날 일정은 공장 방문, 기술자들과 미팅, 시내 관광 등 비즈니스와 직접 관련이 없는 스케줄로 채워졌다. 이틀째가 되니 바이어가 초조해한다. "이제 샘플도 보고 가격 상담도 시작해야죠?" 그런데 거래처 직원은 느긋하다. "걱정 마십시오. 저희가 잘 준비해 두었습니다. 일단 저희 회사의 문화나 분위기를 파악해 두시지요."

거래처 직원은 바이어가 출국해야 하는 날 아침에 샘플을 내밀며 상담을 시작하자고 한다. 바이어는 지금 어떤 상태일까? 출장까지 왔는데 거래가 무산되는 것은 엄청난 부담이다. 다른 샘플을 만들어 달라고 하기에도, 가격을 여유 있게 흥정하기에도 시간이 촉박하다. 바이어는 불리한 위치, 거래처는 유리한 위치에서 협상이 진행될 수밖에 없다. 이렇게 '시간'이란 변수는 협상에 아주 중요한 영향을 미친다.

  미국과 월맹 간에 이루어진 베트남전 종전협상에는 재미있는 일화가 숨겨져 있다. 협상은 파리에서 진행되었는데 미국 측은 호텔을 장기 예약하고 월맹 측은 아예 근교의 주택을 전세 냈다고 한다. 협상이 누구에게 유리하게 작용했는지는 안 봐도 알 일이다.

1. 덤의 요구는 협상의 마무리 단계에 이루어진다. 당신이 요구하는 작은 덤이 합의의 길목을 가로막는 유일한 장애물이라는 메시지를 상대에게 주어야 한다. 하지만 무리한 요구를 해서는 안 된다. 전체 거래에서 덤이 차지하는 비중은 아주 작아야 한다.
2. 미래의 불확실한 상황에 근거해 합의를 해야 할 경우, 조건부 협상을 하는 것이 좋다.
3. 협상의 마지막 순간에 모든 쟁점을 일괄타결 해야 한다. 그 전에 어떤 개별 쟁점도 확정짓지 않는 것이 좋다. 이전의 쟁점에 대한 나의 양보를 이후의 쟁점 협상에서 레버리지로 이용할 기회를 잃기 때문이다.
4. 일반적으로 '반반씩 양보하자'고 말하는 사람이 유리한 입장이라는 사실을 기억하자. 또한 당신이 협상의 마지막 순간에 '반반씩 양보하자'고 요구할 생각이라면, 협상 과정에서 상대방보다 조금씩 덜 양보해야 한다.

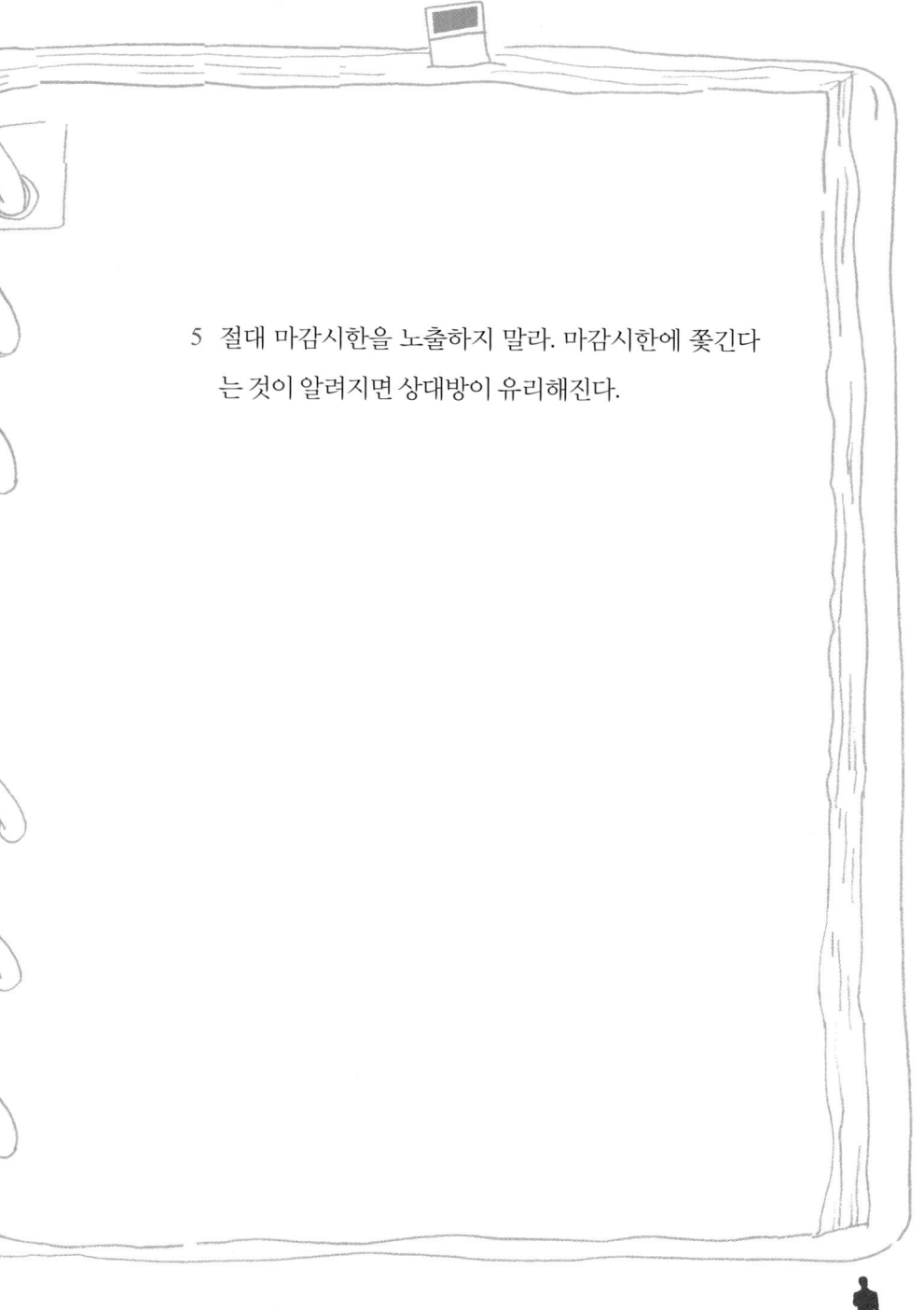

5 절대 마감시한을 노출하지 말라. 마감시한에 쫓긴다는 것이 알려지면 상대방이 유리해진다.

I×B×C

II

이것만 알면
협상이 쉬워진다

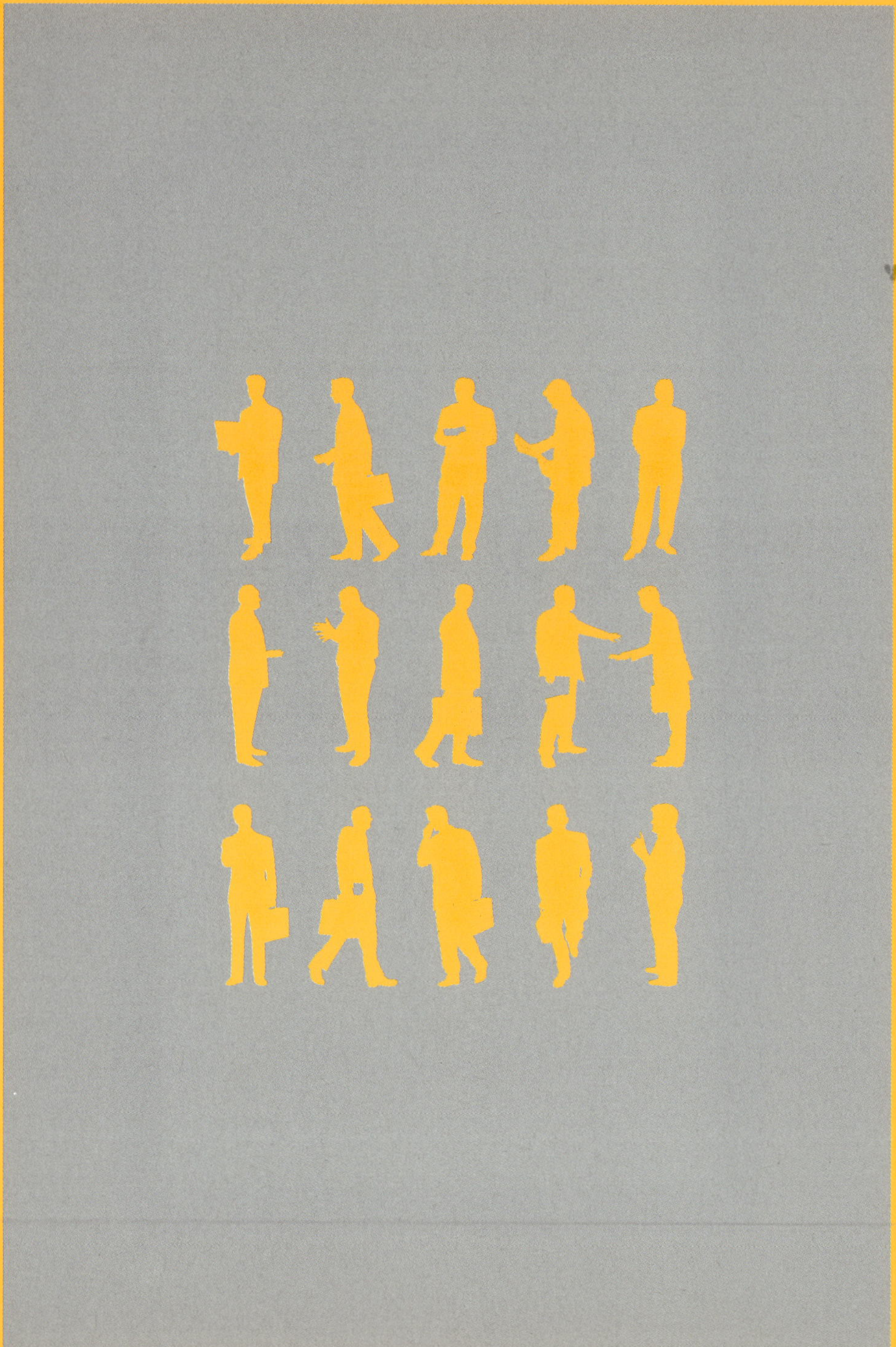

CHAPTER • 09

협상봉투기법을 활용하라
한 가지 쟁점의 협상에 임할 경우

이제까지 협상의 공식인 IBC에 대해 자세히 알아보았다. 그런데 이 공식을 간편하게 실전에 이용할 수 있도록 해 주는 방법이 있으니, 바로 협상봉투기법이다. 협상봉투기법을 설명하기 전에 다시 한 번 앵커링, 바트나, 양보의 법칙에 대해 짚고 넘어가자.

복습 : 첫 제안과 앵커링

아무리 간단한 협상이라 할지라도 꼭 준비해야 할 3가지의 숫자가 있다. 첫 제안 가격, 목표가격, 최저 합의가능가격이다. 양보

없는 협상은 있을 수 없으므로 첫 제안 가격은 목표가격보다 높아야 한다. 또 절대 물러설 수 없는 최저의 합의가격, 즉 협상의 기준점을 가지고 있어야 한다.

앞에서 배운 협상의 이론과 연결시킨다면 첫 제안 가격은 앵커링과 연결되고, 최저가격은 합의의 대안인 바트나와 연결된다. 반복해 말하지만 앵커링이란 협상의 기준점을 설정하려는 시도다. 협상 과정을 통해 결국 그 근처에서 합의점이 조정되는 경향이 있다. 판단 기준이나 근거가 없는 불확실한 상황일수록 앵커링의 힘은 강해진다.

예를 들어 보자. 신제품의 가격을 200만 원으로 책정했다면 상대는 150만 원 정도에 합의하려 들 것이다. 만약 가격을 150만 원으로 책정했다면 상대는 그 정도에 만족했을까? 절대 아니다. 120만 원으로 깎으려 할 것이다. 이처럼 강력한 앵커링의 효과를 극대화시키려면 상대방이 납득할 수 있는 수준에서 첫 제안이 이루어져야 한다.

복습 : 최저가격과 바트나

바트나는 합의에 도달하지 못했을 때 택할 수 있는 최선의 대안을 뜻한다. 바트나보다 나은 제안은 수락하고 그에 못 미치는 제안은 단호히 거부해야 한다. 바트나가 없을 경우엔 상대의 제안이 불리한지 유리한지 판단할 기준이 없으므로, 유리한 제안을 거절하거나 불리한 제안에 합의할 우려가 있다. 또 협상을 그만두어야 할 시점을 가늠하기도 어렵다. 바트나를 찾기 위해서는 합의에 실패했을 때 취할 수 있는 모든 행동 목록을 리스트로 만들고, 가능성 있는 최선의 아이디어를 실용적 대안으로 발전시키면 된다.

협상봉투기법이란 무엇인가

첫 제안 가격과 최저가격을 결정한 후에 고려할 것은 양보의 법칙이다. 양보를 할 때는 처음엔 크게, 목표가격에 다가갈수록 작게 양보하는 것이 원칙이다. 또한 양보를 할 때는 반드시 상대에게 반대급부를 요구해야 한다. 당신의 첫 제안에 신뢰성을 부여하고, 상대방의 계속되는 양보 요구를 막기 위해서다. 양보의 폭을 점차 줄여가는 것과 비례해, 반대급부는 점점 어려운 것으로 하는 것이 좋다. 이런 사전 작업을 토대로 협상봉투기법을 어떻게 사용하는지 알아보자.

■ 협상 봉투 양식

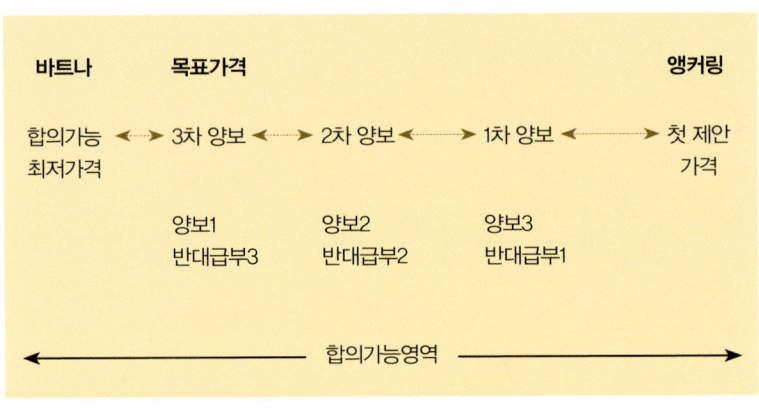

이 양식의 길쭉한 모양이 봉투와 비슷하다고 해서 협상봉투라고 이름 붙였다. 여기서 봉투의 폭은 합의가능영역을 나타낸다. 우측은 앞으로의 양보를 고려한 첫 제안 가격, 좌측은 그 이하로는 합의할 수 없는 최저가격, 중간이 목표가격이다.

우선 첫 제안에서 목표가격으로 양보할 때, 총 몇 회를 양보할 것인지에 대해 생각해야 한다. 이 경우엔 양보를 3차례 하기로 계획을 세운 것이다. 그 횟수에 따라 양보의 크기는 점차 줄여 나가고, 반대급부의 크기는 점차 키워 나가야 한다.

이렇게 협상의 필수항목 3가지인 목표가격, 첫 제안 가격, 최저가격을 설정하고 양보의 계획을 제대로 구사하면, 이전과 다른 효과적인 협상을 이끌어낼 수 있다.

자, 그렇다면 실제 사례에 적용해 보자.

1. 적용 사례 1 물품거래 가격협상

거래선에서 연락이 왔다. 전사적으로 원가 절감 프로젝트가 진행 중이니 납품 중인 공구의 가격을 인하해 달라는 것이다. 바로 내일 거래선을 방문해 협상을 해야 한다. 현재 납품가는 개당 140만 원인데, 그동안 환율이 떨어져 유럽에서 수입하던 원자재 가격이 소폭 하락했고 주요 고객인 점을 고려하면 130만 원까지는 인하해줄 수 있다는 판단이 선다. 그렇다면 목표가격은 130만 원이다. 여러 가지 사정을 고려해보니, 더 이상 거래가 불가능한 최저가격은 125만 원이다.

이럴 경우, 첫 제안 가격은 136만 원 정도가 적당하다. 상대의 가격 인하 요구를 수용하며 성의를 보이는 것이다. 동시에 원가 부담과 인건비 상승 요인 등 더 이상 인하할 수 없는 상황을 설명하기로 한다. 상대가 다시 양보를 요구하면 133만 원을 제시하며, 반대급부로 신제품을 다른 부서에서 구매하도록 주선해 달라고 하면 된다. 상대가 더 양보를 요구하면 131만 원을 제시하면서, 독점계약 기간을 현재의 6개월에서 1년으로 연장해 달라고 하자.

상대가 마지막 양보를 요구하면 최저가격인 130만 원을 제시하면서, 구매 수량을 5% 늘여 달라고 하자. 총 3회에 걸쳐 목표가격까지 양보하는 동안 신제품 추가거래, 독점기간 연장, 구매 수량 증가 등의 반대급부를 얻어낼 수 있다. 그런데 여기서 협상이 타결되지 않는다면 1천 원씩 깎아주며, 인간적 호소로 저항하자. 만약 협상 가격이 125만 원보다 더 내려가야 한다면, 그때는 협상을 중단해야 한다. 이런 시나리오를 협상봉투로 정리해 협상에 임하면 서로에게 도움이 되는 새로운 가치를 만들어낼 수 있고, 장기적인 파트너십을 유지할 수 있다.

■ **사례1의 물품 거래 협상봉투**

바트나	목표가격				앵커링
최저수용가격	3차 양보	2차 양보	1차 양보		첫 제안
125만 원	130만 원	131만 원	133만 원		136만 원
	반대급부3 구매수량 증가	반대급부2 독점기간 연장	반대급부1 신제품 추가거래		

2. 적용 사례 2 납품기간 협상

회사의 전산 시스템을 교체해야 한다. 윗선에서 조속한 시일 내에 마무리해서 고객의 이탈을 막고 서비스를 강화하라는 특명이 떨어졌다. 우리의 목표기간은 5개월 내 완료이다. 그런데 이 분야에서 최고로 꼽히는 Z회사는 수주 물량이 많아 우리의 요구를 들어 주기 어렵다는 입장이다. 만약 6개월 이상을 요구한다면 다른 회사를 찾아야 한다. 따라서 바트나는 6개월이다.

자, 이제부터 협상 전략을 짜보자. 우선 첫 제안에서 3개월을 제시해 앵커링을 한다. 고객 이탈 방지와 신제품 출시를 근거로 제시하자. 상대가 기간을 연장해 달라고 하면 1차로 4개월을 제시하자. 연장에 대한 반대급부는 반품 조건을 강화하는 것이다. 여기서 더 양보를 요구하면 2차로 4개월 20일을 제시하자. 반대급부로는 대금지급 기한을 2주 늦춘다고 하자. 그래도 또 양보를 요구하면 목표기간인 5개월을 제시하면서, 전산 시스템 교육 대상자를 확대해 달라고 하자.

위의 전략을 협상봉투로 만들어보자.

■ 사례2의 납품기한 협상봉투

바트나	목표 일정			앵커링
최저수용가능 ↔	3차 양보 ↔	2차 양보 ↔	1차 양보 ↔	첫 제안
6개월	5개월	4개월 20일	4개월	3개월
	반대급부3 교육대상 확대	반대급부2 지급기한 연장	반대급부1 반품조건 강화	

3. 적용 사례 3 용돈 협상

대학생이 된 아들이 용돈을 올려 달라고 한다. 고등학생일 때는 일주일에 4만 원을 받았는데, 대학생이 되었으니 10만 원으로 올려 달라는 요구다. 달라는 대로 다 주면 버릇이 나빠질까 걱정이다. 어쨌든 올려주긴 해야겠는데, 어떤 방법으로 협상하는 것이 좋을까?

현재 가계부 사정으로 봐서 올려줄 수 있는 최대치는 8만 원이다. 아이의 씀씀이나 경제 사정을 고려하면 7만 원이 적당하다는 생각이 든다. 이런 경우 첫 제안은 당연히 4만 원으로 동결이다. 그래야 양보를 해 나가면서 반대급부를 얻을 수 있다. 용돈 인상을 요구하면 1차적으로 6만 원을 제시하면서, 일주일에

3번 동생의 수학 공부를 봐주어야 한다는 반대급부를 요구하자. 그래도 더 올려 달라고 하면 7만 원을 제시하면서, 귀가시간을 당기는 작전을 쓰자. 이때 바로 목표치인 7만 원을 제시하면 어떻게 될까? 아들은 더 달라고 요구하면서 불만이 이만저만 아닐 것이다. 따라서 냉큼 7만 원으로 올려주는 것보다 아들의 만족도도 높아지고 얻는 성과도 크다.

이런 전략을 협상봉투로 정리해보자.

■ **사례3의 용돈 인상 협상봉투**

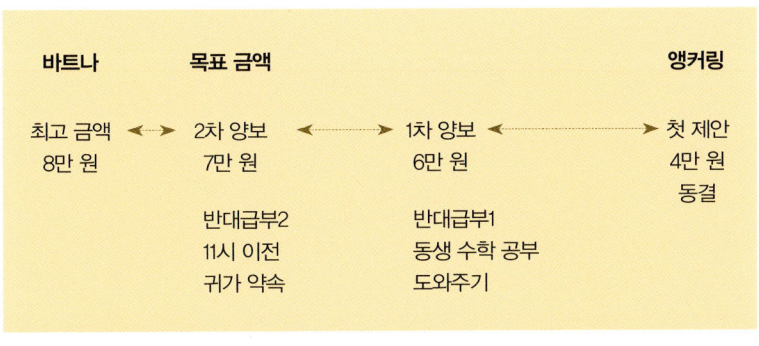

위의 3가지 사례에서 살펴보았듯이, 어떤 종류의 협상에 임할 때라도 협상의 공식을 활용한 협상봉투를 작성하면 체계적 협상이 가능해지므로 이익도 챙기고 관계도 좋아지는 마법의 도구가 된다.

T·A·K·E A·W·A·Y·S

1. 협상에 임할 때 3대 필수항목은 첫 제안 가격(앵커링), 목표가격, 최저가격(바트나)이다. 이것이 설정되면 양보의 법칙을 이용해 협상전략을 짤 수 있다.
2. 협상봉투기법을 활용하면 아무런 준비 없이 협상하는 것보다 서로에게 새로운 가치를 창출하고 장기적인 파트너십을 만들 수 있다.

CHAPTER 09 ● 협상봉투기법을 활용하라

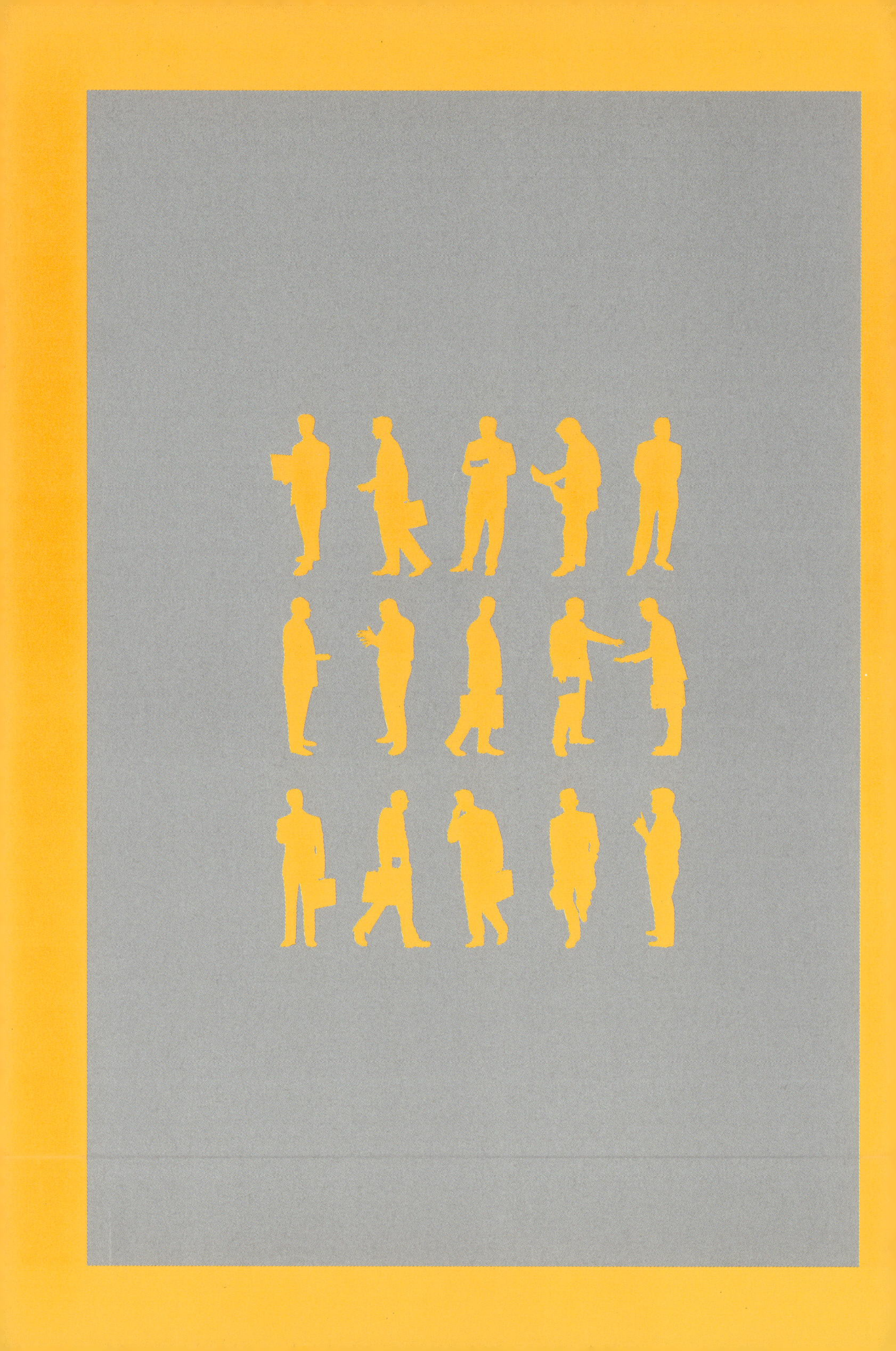

CHAPTER • 10

협상의 공식을 활용한 모의협상 엿보기
일류상사와 청솔텔레콤의 모의협상

CASE

일류상사는 경영합리화 방침에 따라 내부 전산팀을 없애고 IT서비스를 아웃소싱하기로 결정했다. 이는 회사의 핵심역량을 제외하고 부대 업무를 외부 인력으로 대체하고 있는 업계 흐름에 부합되며, 경비 절감과 시스템 개선에도 도움이 될 것이었다.

문제는 전산팀의 반발이었다. 고심 끝에 일류상사는 내부 전산팀을 독립시켜 '청솔텔레콤'을 설립하도록 하고, 기존 회사 장비를 저렴하게 인계했다. 또한 일류상사의 전체 IT 업무 용역을 2년간 독점적으로 보장해주기로 했다.

그런데 기대와는 달리, 독립회사로 분리된 청솔텔레콤의 서비스는 개선되지 않았다. 일류상사 직원들의 불만이 날로 커졌고, 업계 평균보다 높은 비용에 대한 원성이 자자했다. 2년이라는 독점 보장기간이 끝나고 재계약을 할 시점이 왔다. 일류상사는 거래 단절을 암시하며 경쟁사의 가격 오퍼를 받기 시작했다. 아직까지 청솔텔레콤의 매출 대부분은 일류상사가 차지하고 있다. 재계약을 하지 못하면 회사의 존립이 위태로운 상황이 된 것이다.

위의 두 회사는 각각 어떤 준비를 해서 협상에 임해야 할까? 협상의 공식 IBC를 활용해 협상을 성공으로 이끄는 과정을 일류상사와 청솔텔레콤의 모의협상 사례를 통해서 살펴보기로 하자.

요구의 충돌

양측 모두 기한 내 조속한 타결이 필요하다. 일류상사에서는 나건성 과장이, 청솔텔레콤에서는 협상의 공식 IBC를 잘 활용하는 한준비 과장이 협상에 나섰다. 우선 양사가 목표로 하는 요구조건들을 먼저 살펴보자.

〈일류상사의 목표〉
- IT서비스 가격 10% 인하
- 계약기간 1년

〈청솔텔레콤의 목표〉
- IT서비스 가격 동결(신규 서비스 계약 시, 1% 인하 가능)
- 계약기간 3년

일류와 청솔의 협상 시나리오

- 청솔: 그동안 여러 가지 업무 협조에 감사드립니다. 저희는 항상 고객 최우선이라는 방침으로 일류상사를 위해 열심히 일하고 있습니다. 최근 몇 가지 불미스러운 상황도 있었지만, 모두 저희가 더욱 발전해 나가는 과정이라 여기고 있습니다.

- 일류: 네, 안 그래도 내부에서 말이 많습니다. 이미 말씀 드린 대로, 이번에 계약을 갱신하면서 가격을 10% 인하해 주셨으면 합니다. 그러면 계약을 1년 정도 연장할 의향이 있습니다.

- 청솔: 아, 그렇군요. 하지만 저희들 입장에서도 애로사항이 많습니다. 올해 일류상사의 서비스 요청 건수가 20%나 늘었고, 인력도 충원해서 오히려 가격을 3% 정도 인상해야 할 상황입니다. 그렇지 않으면 회사 운영이 어렵습니다.
  (청솔은 협상 공식 중 "C"를 활용해 앵커링을 시도한다. 첫 제안을 목표 가격보다 높게 함으로써 싸움의 기준점을 만드는 것이다. 양식 및 해설1 참조)

- 일류: 가격 인하가 되지 않으면 재계약은 불가능하다는 게 저희 회사 방침입니다.

  (말은 이렇게 하지만 나과장은 이미 앵커링 전략에 휘말리고 있다. '현상 유지를 주장할 줄 알았는데 3% 인상이라니, 이거 깎기 힘들겠는 걸?'이라고 당황한 것이다.)

- 청솔: 요즘 신설 회사들이 우후죽순처럼 생겨나 경쟁적으로 가격을 낮추는 통에 업계 질서가 엉망입니다. 오스카IT 아시죠? 그 회사가 대표적입니다. 검증이 안 된 업체에 맡겼다가 시스템이 마비되어 큰 피해를 겪는 회사들도 많더군요. IT 업체를 바꾸게 되면 일정 기간 업무에 차질이 불가피하고, 직원들 교육도 다시 해야 합니다. 또 품질도 불안하고요. 그 회사의 시스템을 잘 알고 있는 회사와 계속 거래하는 것이 유리하다고들 합니다.

  (청솔은 일류의 대안인 오스카IT의 약점을 부각하면서 상대방의 바트나를 약화시킨다. 협상 공식 중 "B"를 활용한 것이다. 양식 및 해설2 참조)

- 일류: 하지만 청솔의 품질이 좋다고는 할 수 없죠.

- 청솔: 네, 저희들도 그 점에 대해서는 반성하고, 뼈를 깎는 노

력을 하고 있습니다. 그 일환으로 이번에 신규 인력도 충원했고요. 뭐 저희들의 수준을 평가하자면 업계 평균을 조금 웃돈다고 할 수 있습니다. 이번에 재계약을 해 주신다면 A/S 전담요원을 늘리고, 품질 모니터링 제도를 도입해 문제가 재발하지 않도록 근원적인 해결책을 마련하겠습니다.

(청솔은 협상의 "I"를 활용해, 상대방의 이해관계나 애로사항을 해결해 줄 다양한 제안을 미리 준비함으로써 일류의 가격 인하 압박이나 품질 불만을 피해가고 있다. 양식 및 해설3 참조)

• 일류: 청솔의 컴퓨터 용량이나 속도가 떨어져 저희 직원들의 어려움이 많습니다. 일단 컴퓨터 용량과 속도를 업그레이드 해주셔야겠습니다.

• 청솔: 죄송하지만 어떤 의미인지……, 자세히 다시 한 번 설명해 주시겠습니까?

(예상치 못한 제안이다. 실현 불가능한 요구, 혹은 중요하지 않는 쟁점을 요구함으로써 정작 가장 중요한 가격을 양보 받으려고 하는 미끼 전략일 가능성이 있다. 확인이 필요하다.)

CHAPTER 10 ● 협상의 공식을 활용한 모의협상 엿보기 ___ 163

- 일류: 저희들이 조사한 바로는 현장의 마케팅 담당자가 시스템에 접속할 때 에러가 발생하고 속도가 느려 거래가 어렵다고 하는군요. 생산 현장에서는 엔지니어가 공급선과 연결이 잘 안 된다고 불만이고요.

- 청솔: 네, 그런 문제가 있었군요. 그런데 혹시 그 문제들은 3개월 전에 일어난 것 아닌가요? 그때 저희 전산 시스템을 업그레이드 하느라 일시적으로 문제가 발생했습니다. 지금은 시스템이 안정되어 그런 불편사항이 접수된 적이 없습니다. 게다가 향후 A/S 전담요원 증설과 품질 모니터링 제도가 도입되면 더욱 더 안정적 서비스를 제공해 드릴 수 있습니다.

    (요구의 원인을 해결함으로써 미끼 전략 가능성을 성공적으로 예방한다.)

- 일류: 그건 뭐 좋은 소식이네요. 하지만 저희도 비용 절감 압박을 받고 있어서, 가격만큼은 양보해 주셔야 합니다.

- 청솔: 정 그러시다면 저희가 양보를 하겠습니다. 1% 인상 선에서 마무리하시죠. 그런데 저희가 양보하는 대신 새로운 거래선을 소개시켜 주시면 좋겠습니다.

(협상 공식의 "C", 즉 첫 제안과 양보의 법칙을 활용해 앵커링에서 1차 양보를 하면서 가벼운 대가를 요구한다. 양식 및 해설4 참조)

- 일류: 거래선 소개는 가능하지만, 그래도 그 가격은 받아들이기 힘듭니다. 더 낮추지 않으면 합의가 어렵습니다.

- 청솔: 기존 서비스 외에 다른 아이템도 함께 고려해보는 게 어떨까요? 저희가 준비한 게 있는데…….

- 일류: 그게 뭔가요?

- 청솔: 두 가지입니다. 첫 번째는 새로 개발한 창고관리 시스템인데요, 재고 및 물류 관리를 한 단계 업그레이드 할 수 있습니다. 두 번째는 신제품 고객반응조사 시스템인데, 실시간으로 반응이 집계되기 때문에 마케팅에 큰 도움이 될 것입니다. 저희들이 1년 동안 준비한 프로젝트라 다른 어떤 경쟁사보다 우수하고 가격 경쟁력도 있습니다.

- 일류: 그래요? 듣기엔 괜찮아 보이네요. 비용은 어떻게 되나요?

- 청솔: 좋게 봐 주셔서 감사합니다. 창고관리 시스템의 경우, 기존 서비스를 조금만 변형하면 되니까 그동안 감사의 뜻으로 무료로 해드리겠습니다. 신제품 고객반응조사 시스템도 경쟁사보다 훨씬 낮은 가격인 연 7천만 원에 해드릴 수 있습니다. 물론 이 모든 조건은 저희의 1% 인상안이 받아들여진다는 가정 하에서입니다.
  (청솔은 협상 공식의 'I'에 맞춰, 가격 외의 조건들을 제안하여 교환을 시도함으로써 추가매출도 늘이고 가격 인하 요구도 피해간다.)

- 일류: 아무리 그래도 그 가격으로는 곤란합니다.

- 청솔: 그러면, 좋습니다. 기존 서비스의 가격을 현재 가격으로 동결하겠습니다! 대신 저희들이 약속한 안정적 서비스를 해드리려면 신규투자와 조직개편이 필요합니다. 계약기간을 3년으로 연장해 주셨으면 합니다.
  (양보의 법칙에 따라 준비된 양보 및 반대급부 요구를 효과적으로 실행한다.)

- 일류: 이러면 제가 결제 받기 어렵습니다. 현재 금액에서 조금도 깎지 못하고 그대로 다 받아들인 꼴이 되지 않습니까?

- 청솔: 아, 할 수 없군요. 저희가 더 물러서 1% 인하하기로 하겠습니다. 이것이 최대한의 양보입니다. 대신 향후 발생하는 IT서비스 물량은 저희들에게 독점적으로 주시겠다는 약속을 해주십시오.

- 일류: 잠깐 생각할 시간이 필요합니다.

- 청솔: 저희들과 거래를 지속하시면 단점보다 장점이 많습니다. 서로 잘 알기 때문에 업무 효율이 높고 공동작업을 통해 성공사례를 만들 수 있습니다. 그뿐인가요? 중소기업을 배려하고 퇴직 직원을 끝까지 책임지는 기업 이미지도 만들어질 거고요. 단순히 금전적 이해관계로는 따질 수 없는 혜택까지 얻을 수 있죠.
  (나의 제안을 긍정적으로 인식시키는 프레이밍 전술을 쓴다. 양식 및 해설5 참조)

- 일류: 그런 측면도 있기는 하죠. 좋습니다, 그 가격에 재계약합시다. 앞으로 약속하신 대로 품질관리에 만전을 기해주세요.

- 청솔: 네, 감사합니다. 그런데 저희들이 24시간 서비스를 하다 보니 애로사항이 있습니다. 일류상사의 요청에 따라 A/S 담당이 시간외근무를 하게 되는데, 그 비용을 50%씩 부담하면 어떻겠습니까? 그렇게 큰 비용은 아닙니다. 월 30만 원 정도 될 걸로 예상됩니다만.
  (덤의 법칙을 써서 합의 직전에 약간의 양보를 얻어낸다. 양식 및 해설6 참조)

- 일류: 그 정도는 저희가 편의를 봐 드릴 수 있습니다.

- 청솔: 감사합니다. 그러면 오늘 합의한 내용을 바탕으로 계약서를 작성해 내일 다시 찾아뵙겠습니다.

- 일: 네, 수고하셨습니다.
  (청솔은 협상의 공식 IBC를 활용해 협상을 성공적으로 이끌었다. 상대방의 이해관계 "I"를 파악해 다양한 제안을 해서 새로운 서비스의 계약에 성공한다. 또 "B"를 활용해 상대방의 대안을 약화시켰다. 그리고 "C"에 있어서는 앵커링과 양보의 법칙을 사용해 계약기간 연장과 신규 거래를 얻어냈다. 마지막으로 덤의 법칙을 써서 약간의 혜택을 더 얻는다. 청솔의 입장에서는 관계도 좋아지고, 이익도 얻은 성공적인 협상이다.)

청솔의 협상준비

1. 앵커링

앵커링은 협상의 기준점을 설정하려는 시도로서 이후에 협상과정을 주도하려는 심리전술이다.

협상에서 첫 제안을 하거나 신제품이나 새로운 서비스의 가격을 제시할 때도 앵커링 전술을 쓰는 것이 좋다. 합당한 근거를 제시하면서 첫 제안을 하면, 상대방은 그 가격을 기준으로 양보를 얻어내야 한다. 특히 불확실성이 높은 경우, 자신이 잘 모르는 상황일수록 첫 제안에 휘말리게 된다.

만약 상대에 대한 정보가 없을 경우에는 상대가 먼저 움직이도록 유도하는 카운터 앵커링 Counter Anchoring 전술을 쓰는 것이 좋다. 섣불리 가격을 먼저 불러 후회하는 것을 피할 수 있기 때문이다.

■ **앵커링 양식** (협상의 'C', 5장)

협상 상황	- 서비스 불만 상황에서 재계약 - 상호 요구하는 가격의 큰 격차
상대방과의 관계 (관계 우선 or 이익 우선)	관계와 이익(가격) 모두 중요
상대방에 대한 정보	- 상대방의 상황이나 목표는 대략적으로 인식하고 있음 - 경쟁사가 낮은 가격을 제시하고 있으나, 기존 거래 관계로 인해 쉽게 거래선을 바꾸기는 어려움
앵커링 or 카운터 앵커링	앵커링 전술 구사
앵커링 가격	첫 제안에서 3% 인상안 제시
앵커링의 근거	최근 인건비의 상승, 일류상사의 긴급 A/S 증가

2. 바트나

협상에 임하기 전에, 상대방과 합의가 이뤄지지 않을 경우의 최선의 대안, 즉 바트나를 준비해야 한다. 바트나는 합의의 기준점이 되며, 상대방의 제안이 유리한지 불리한지 판단할 수 있는 근거가 된다. 따라서 바트나를 적절히 활용하면 불리한 제안에 합의하거나 유리한 제안을 거절할 위험을 피할 수 있다.

바트나 활용의 4단계를 하나하나 작성해 보자.

■ **바트나 양식** (협상의 'B', 3장과 4장)

1단계 자신의 바트나 발견	**브레인스토밍 :** – 일류상사 외 기존의 다른 고객과 거래량 증대 – 신규 거래선 찾기 – 일부 인원 정리해고 – 일류–청솔 간 인적 네트워크 통한 압박 – 정부의 지원(고용 유지 압박) **자신의 바트나 : 기존 다른 고객사와 거래량 증대**
2단계 자신의 바트나 강화	**기존 고객사와의 미팅을 통해 추가 거래의 가능성 타진** – 가격을 10% 인하하면 추가 오더 가능 – 하지만 이 추가 오더량은 일류상사의 물량보다 적음
3단계 상대방의 바트나 파악	**오스카 IT로 거래선 변경**
4단계 상대방의 바트나 약화	**오스카IT로 갈 경우의 단점 부각** – 실제로 검증이 안 된 품질 – 신규 거래선으로 전환 시 재교육 필요 – 시스템 연결 및 안정화 기간 동안 업무 손실 – 일류상사의 기업 이미지 실추

3. 이해관계의 해결

상대방의 이해관계를 파악하면, 가격 이외의 다른 조건을 교환해 합의를 유도할 수 있다. 상대방의 애로사항이나 필요를 해결해줌으로써 가격에서 양보를 얻어내는 것이다.

■ **이해관계 양식** (협상의 'I', 1장과 2장)

상황 : 서비스 불만 상황에서 재계약	
상대방의 목표	가격 10% 인하, 계약기간 1년
나의 목표	현재 가격 유지, 계약기간 3년
해결 : 추가할 창의적 제안 찾기	
상대방의 속사정	IT 비용 절감 및 서비스 품질 향상 -A/S 전담요원 증원 요구 -신규 창고관리 IT 서비스 희망 -향후 신제품 고객반응 조사 필요 -거래선을 바꿀 경우 직원들이 동요하는 것에 부담
나의 속사정	일류상사와 장기적 계약 관계 유지 희망 -현재의 물량 유지, 장기계약으로 전환 -신규거래선 확보해 일류기업에 대한 의존도 축소

제안 리스트			
교환 가능 제안	내용	우선순위	고려사항
신규 거래선 소개 요구	일류상사의 거래선이나 동종업계의 인맥 활용해 새 거래선 확보	1	이 경우 조건부 가격 양보 가능
A/S 전담요원 충원	현재 3명에서 팀장급 포함 5명 체제	2	인력 재배치 준비 시작
품질 모니터링 제도 도입	양측에서 책임자 임명, 품질 불만 발생 시 즉각 해결 및 방지책 시행	3	서비스 품질 불만 발생 시, 책임 소재 가릴 시스템 필요
신규 서비스 무료 제공	창고물류 관리 IT 서비스 제공	4	추가 비용 상승 억제, 새로운 서비스 수주와 교환 가능
신규 서비스 유료 제공	신제품 고객반응 실시간 집계 및 평가 서비스	5	원가 수준의 비용 요구, 양보의 법칙 활용

이해관계를 알아내기 위해서는 인터넷 조사, 업계 탐방, 고객 조사 등이 필요하다. 또한 체인 코즈Chain Cause 기법을 활용해 상대방의 속사정을 탐색해 창의적인 해결책을 만들 수도 있다.

4. 양보의 법칙

첫 제안에서 시작해 목표가격으로 양보를 해나갈 때는 첫 양보는 가장 크게, 목표가격으로 다가갈수록 양보의 폭을 줄여야 한다. 특히 목표가격 근처에서는 아주 작은 양보를 해야 한다. 양보를 할 경우에는 양보에 대응하는 반대급부를 요구해야 한다. 상대방의 계속적인 요구를 차단할 수 있고, 자신의 첫 제안에 신뢰성을 부여하기 때문이다.

■ **양보 양식** (협상의 'C', 7장)

쟁점	IT 서비스 가격 협의		
나의 목표	1% 인하		
1차 제안	3% 인상		
2차 제안	1% 인상	반대급부 요구	다른 거래선 소개 요구
3차 제안	현재 가격 유지	반대급부 요구	계약기간 3년으로 연장
4차 제안	1% 인하	반대급부 요구	향후 추가 물량 발생 시 독점 요구

5. 프레이밍

상대가 나의 제안을 긍정적으로 볼수록 협상이 성사될 가능성이 높다. 프레이밍 전략은 상대로 하여금 사고의 틀을 바꾸게 하여 내가 원하는 것을 얻어내는 방법이다.

■ 프레이밍 양식 (협상의 'C', 6장)

요구	상대방 : 10% 가격 인하	우리 측 : 현상 유지
근거	– 업계 평균보다 높은 가격 – 서비스 개선 노력 미비 – 직원들의 불편과 불만 – 사내 경비 절감 방침	– 최근 인건비 상승 – 신규 직원 채용과 시스템 개선 – 대기업의 약자 보호 의무 – 청솔텔레콤을 독립시킨 일류상사의 책임감
프레임	비용, 효율성의 프레임	공정성, 배려의 프레임

6. 마무리의 법칙

협상의 마지막 단계에서 덤의 법칙을 활용하면 플러스 알파의 수익을 얻을 수 있다.

■ 마무리의 법칙 양식 (협상의 'C', 8장)

덤 제안의 종류	– 주요 쟁점에 대한 작은 덤 – 주요 쟁점과는 독립된 새로운 덤 – 앞서 거절되었던 제안
덤을 얻는 방법	– "만약 제게 ~~를 주시면 지금 바로 계약하도록 하겠습니다."와 같은 가정법의 화법 활용 – 욕심 내지 말고 전체 금액 대비 작은 덤 요구
덤 요구 리스트	– A/S 기사 시간외 근무 시 비용 50% 부담 – A/S 기사가 머물 사무실 공간 요구
상대의 요구에 대응	– 상대의 덤을 수용하면서 자신도 작은 덤을 요구

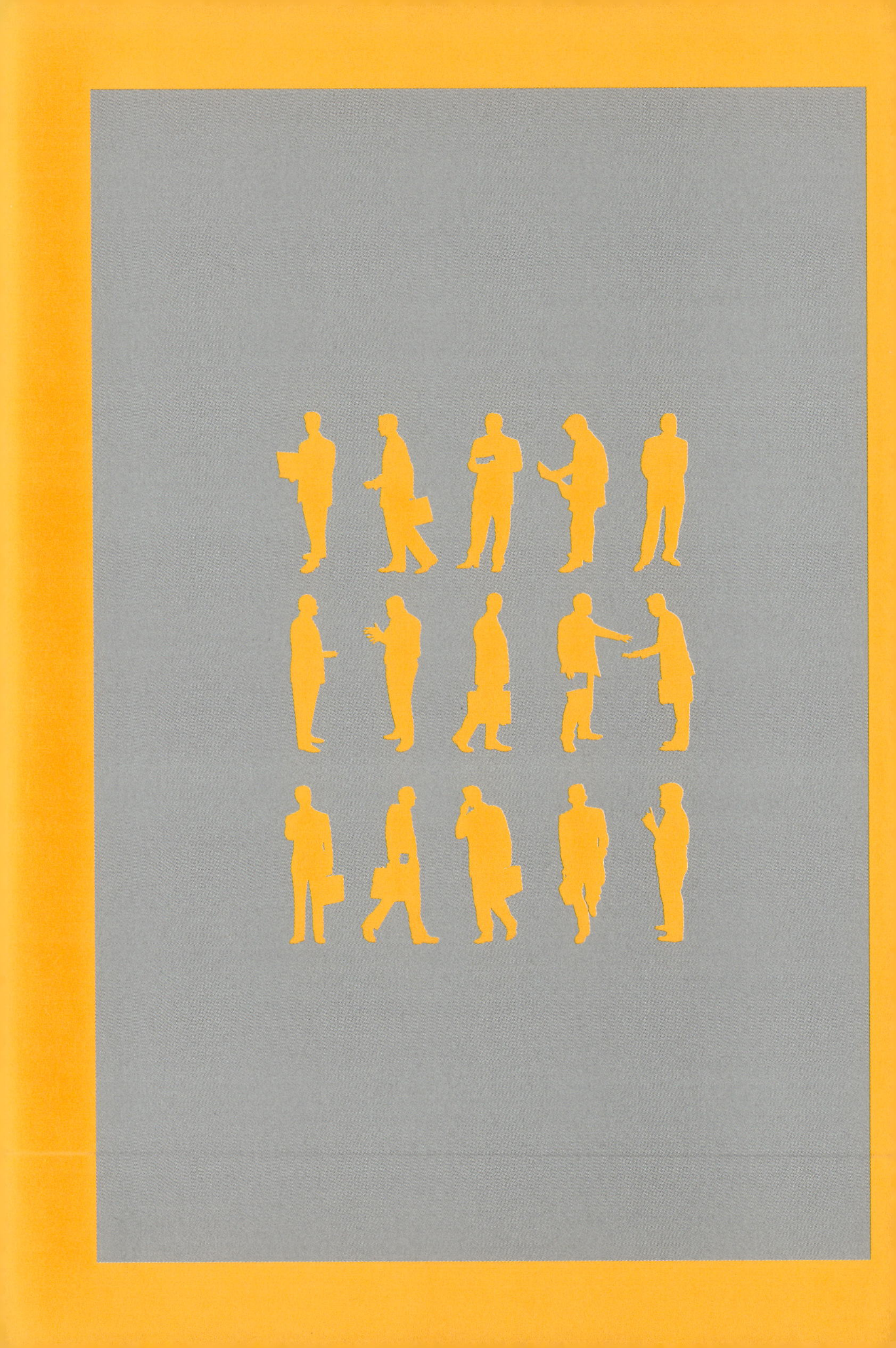

CHAPTER • 11

성공적인 협상을 위한 6가지 법칙
상대의 '예스'를 이끌어내는 방법

법칙1 상대방과 좋은 관계를 형성한다

심리학자 로버트 치알디니Robert Cialdini는 "우리는 자신이 잘 아는 사람, 좋아하는 사람의 요구를 수락하는 경향이 있다."고 밝혔다. 유사성의 법칙이다. 우리는 자신에게 익숙한 상황, 자신과 비슷한 점이 많은 사람을 더 신뢰한다. 동일한 관심과 경험을 공유했거나 같은 집단에 소속된 사람, 행동 패턴이 비슷한 사람의 요구를 보다 쉽게 들어주는 것이다.

 이런 유사성은 관계 맺기에서 아주 중요한 역할을 한다. 상대방과 같은 사람을 알고 있다는 단순한 사실이 상대를 친근하게

보이게 한다. "아, 그 친구를 아세요? 제 대학 동기예요." "저도 예전에 그 동네에서 살았습니다." "저도 쌍둥이 딸을 키우고 있습니다." 이런 대화를 통해 관계 맺기를 시도하면 다른 어떤 방법보다 자연스럽고 효과적이다.

리처드 셸Richard G. Shell은 옥시덴탈 석유회사의 CEO였던 해머 Armand Hammer의 특별한 협상 사례를 소개하고 있다. 1960년 해머는 리비아의 석유 채굴권을 매입하는 입찰에서, 양가죽 문서에 입찰 조건을 적고, 리비아의 상징색인 초록색과 검은색 리본을 묶어 제출했다고 한다. 아랍 문화에 대한 경의를 표현한 것이다. 리비아는 같은 조건이라면 자국을 이해하고 존중하는 회사에게 채굴권을 주는 것이 국가 이익에 도움이 된다고 판단했다.

잘 아는 사람을 좋아한다는 법칙은 인간관계에서 강력하게 작용한다. 최근 미국의 협상학자 팀이 실시했던 켈로그와 스탠포드 학생 간의 온라인 협상 실험을 살펴보자. 참고로 두 대학은 미국 내 최고의 비즈니스 스쿨로 꼽히고 있다.

학생들을 두 그룹으로 나눈 후, 한 그룹에겐 협상 상대의 이름만 알려준 채 협상을 하게 했다. 나머지 한 그룹은 상대의 사진과 배경, 가족, 취미, 고향 등 사적 정보를 교환하도록 채팅할 시간을 준 후, 협상을 하도록 했다. 협상 시나리오는 다양한 결과가 나오도록 구성되었으며 협상 난이도는 쉽게 조정했다. 그런데 실험 결과, 현격히 대조되는 결과가 나왔다.

이름만 교환하고 협상을 시작한 그룹에서는 30%가 협상 결렬, 채팅 이후에 협상을 한 그룹에서는 단 6%만 협상이 결렬되었다. 주고받은 잡담이 상대에 대한 호의를 증진시키고, 보다 수용적 입장에서 협상에 임하게 만든 것이다. 인간 심리 법칙에서 '좋아함'의 영향력은 물리학에서 중력의 힘만큼이나 확실한 것 같다.

협상에서 좋은 관계를 만들고 유지하는 또 다른 비결은 '상호성'의 규범이다. 상호성이란 어떤 행위의 결과로 서로에게 갖게 된 의무감을 뜻한다. 만약 누군가가 자신의 결혼식에 왔다면, 웬만하면 그 사람의 결혼식에 참석하려고 노력할 것이다. 만약 마트에서 만두를 시식했다면 비슷한 다른 브랜드의 만두가 아니라 시식한 만두를 구입한다. 은행 창구 앞에 둔 작은 사탕이 적금 가입으로 이어질 수도 있다. 협상도 이런 상호성의 규범 안에 존재한다. 이쪽에서 양보를 하면 저쪽에서도 대응하는 양보를 하는 것이 보편적이다.

법칙2 하나의 이슈를 여러 개로 분해한다

협상학자 레이 톰슨Leigh Thompson에 따르면, 협상을 창의적으로 이끄는 가장 좋은 방법은 문제를 작은 요소들로 분해하는 것이다. 그렇게 함으로써 한 가지 이슈의 교환 불가능한 협상을 여러 가지 이슈의 교환 가능한 협상으로 바꿀 수 있기 때문이다.

예를 들어 임금 인상이라는 단일 이슈를 창의적으로 분해해보자. 실적수당, 시간외수당, 자녀학자금 지원, 자기개발비 제공, 주차비 지원, 건강검진 지원, 휴가일수 증가 등이 될 것이다. 세분화된 이슈는 서로간의 선호도가 다르므로 양보와 교환을 통해 보다 쉽게 합의에 도달할 수 있다.

어느 IT회사가 야구협회에 전자상거래 사이트 개설을 제안했다고 해보자. 사이트를 통해 각 구단의 유니폼, 야구용품, 선수 사진, 선수가 기증한 물품 등을 판매한다는 계획이다. 야구협회 측은 사이트 개설에 투여할 예산이 없고 수익성도 불확실하다며 부정적인 입장이다. 이 경우, 프로젝트에 관련된 이슈를 기대 매출 및 수익, 사이트 개설 비용, 보안기능 등으로 나눠서 협상을 하는 방법이 있다.

우선 가장 문제가 되는 사이트 개설 비용은 향후 수익에 따라 차등 지급하는 조건부 합의를 하면 된다. 또 사이트 개설 비용의 일부를 야구 관람 티켓으로 지불하게 함으로써 야구협회의 부담을 덜어줄 수 있다. 보안기능은 원하는 보안 수준과 비용을 야구협회가 선택할 수 있도록 하면 된다.

협상 안건을 작은 이슈로 분해하면 쌍방의 자원 활용, 선호도 교환을 통해 합의가 보다 쉬워진다.

법칙3 창의적 옵션을 개발한다

협상의 쟁점과 이해관계를 명확히 한 후엔, 다양한 해결안을 만들어야 한다. 미국의 레위키Roy J. Lewicki 교수가 제안한 창의적 옵션 개발 방법 5가지가 있는데, 여름 휴가지로 산속 오두막을 원하는 남편과 해변의 호텔을 원하는 아내의 사례를 다시 가져와 하나하나 적용시켜 보자.

첫 번째 방법은 가장 간단하면서도 쉬운 '파이 키우기'다. 휴가 기간과 예산이라는 자원을 2배로 늘려 남편과 아내의 요구사항을 모두 충족시키는 것이다. '한 번은 내 의견대로, 다음엔 네 의견대로'가 바로 이러한 해결 방법이다. 비즈니스에서 유사한 거래가 반복될 경우에 활용 가능하다.

두 번째 방법은 '통나무 굴리기 Logrolling'다.

협상 안에 쟁점이 2가지 이상 있을 경우, 양쪽이 쟁점에 대해 서로 다른 선호도를 갖고 있다면 자신이 우선시하는 쟁점에 대해 원하는 결과를 얻고, 상대가 우선시하는 쟁점은 양보하는 방법이다. 이 경우 쟁점은 장소와 숙박시설로 나뉜다. 부인은 장소보다 숙박시설이 더 중요하므로 호텔을 선택하고, 남편은 장소가 더 중요하므로 산을 선택함으로써 '산속 호텔'로 합의를 하는 것이다. 이 방법은 대부분의 비즈니스에 적용 가능하다. 판매자가 가격을 인하해주면서 계약기간 연장을 얻어낸다면, 구매자의 '낮은 가격' 선호와 판매자의 '안정적 거래선 확보'라는 선호도가 맞교환된 것이다.

세 번째는 상대방의 양보에 대해 '보상해주기'다.

안건과는 관계없는 다른 쟁점을 끌어와 교환하는 방법이다. 이 경우엔 남편이 원하는 산속 오두막으로 가는 대신, 부인의 골프채를 새 것으로 바꿔주는 것이 될 수 있다. 판매자의 물품 가격을 깎지 않는 대신, 신제품에 필요한 부품 설계를 저가에 맡기는 것도 여기에 해당된다.

네 번째는 합의의 결과 창출될 상대의 '손실 줄여주기'다.

당신의 제안이 상대에게 어떤 위험과 비용을 부담시키며, 이를 어떻게 줄여줄 것인지에 초점을 맞춰 쟁점을 해결하는 방식이다. 이 경우엔 아내가 원하는 대로 바닷가의 호텔로 가되, 번잡함을 피해 조용하면서 작고 아늑한 호텔을 찾는 것이다. 이 방법은 비즈니스에서 다양하게 활용된다. 공급업체가 새로운 부품을 공급할 때, 구매업체의 연구개발팀은 성능 테스트가 부담스럽고 생산팀은 기존 생산라인을 바꾸어야 하는 것이 부담이어서 거래가 타결되지 않는다. 만약 공급업체가 성능 실험을 자체적으로 실시해 데이터를 제공하고, 생산라인 개조에 인력을 파견해 적극적으로 상대의 부담을 덜어주면 합의를 이끌어낼 수 있다.

다섯 번째는 표면적 요구와는 다른 '내재적 관심사 충족시키기'다.

아내가 해변의 호텔을 고집하는 이유는 그동안 무료했던 전업주부의 생활에서 벗어나 재미있고 럭셔리한 시간을 즐기고 싶어서이다. 남편이 원하는 산속 오두막으로 휴가를 가되, 가는 길에 쇼핑몰에 들르고, 식사는 고급 레스토랑에서 하고, 휴가 후에는 사교모임에 참석하도록 배려하는 방법이다. 이 방법은 비즈니스의 갈등 해결에 자주 활용된다.

거래선의 외상매출금 연체 사례가 자주 발생하자, 영업팀은 사내 재무팀에 전면적인 거래선 신용 재평가를 요구한다. 업무량이 많아 그 일을 도저히 감당할 수 없는 재무팀은 역으로 이런 제안을 한다. "저희로서는 업무 부담이 많아 당장은 어렵습니다. 혹시 영업팀에서 직원을 파견해주신다면, 신용평가 방법을 교육시키고 데이터를 제공해 드리겠습니다." 영업팀의 표면적 요구인 '거래선 신용 재평가'를 수용하는 대신, '교육과 데이터 제공'을 통해 그들의 내재된 관심사를 충족시켜 준 것이다.

■ 협상 이슈: 휴가 계획에 대한 남편과 아내의 이견

창의적 옵션	내용
1. 파이 키우기	휴가기간과 예산을 2배로 늘려서, 산속 오두막과 해변 호텔을 모두 가도록 휴가 계획 조정
2. 통나무 굴리기	남편이 우선시하는 장소(산속), 아내가 우선시하는 숙박업소(호텔)를 선택적으로 교환
3. 보상해주기	산속 오두막으로 가는 대신, 아내의 골프채를 새 것으로 바꿔줌
4. 손실 줄여주기	해변 호텔로 가는 대신, 남편을 위해 조용하면서 작고 아늑한 호텔로 결정
5. 내재된 관심사 충족시키기	아내를 위해 쇼핑몰에 들르고 고급 레스토랑에서 식사, 휴가 후 사교모임에 가도록 배려

법칙4 공통의 기준과 규범으로 공략한다

협상에서 '기준'의 역할은 강력하다. 리처드 셀은 협상할 때 규범에서 멀어질수록 상대방을 화나게 하고, 문제를 일으킬 가능성이 높아지며, 비합리적으로 보일 위험까지 있다고 한다.

중고차 구매자는 중고차 매매시세를 기준으로 가격을 협상한다. 부동산 매매 시에도 시세를 참고한다. 따라서 당신에게 유리한 협상 기준을 찾고, 이 기준을 바탕으로 설득력 있는 스토리를 만드는 일이야말로 협상 과정에서 주도권을 가질 수 있는 조건이다. 특히 상대방이 선호하는 기준을 예상하고, 그 틀 안에서 당신의 제안을 구성한다면 보다 쉽게 동의를 끌어낼 수 있다.

당신은 병원의 간호부장으로, 간호 서비스를 개선하기 위해 간호인력 충원을 요구하고 있다. 그런데 진료부장 측은 그보다 의사의 진료실 확충이 우선이라고 주장한다. 이럴 경우 병원장의 최근 경영방침이 유능한 의사의 영입이라면, 당신은 간호부장의 입장을 넘어 더 큰 틀에서 제안의 정당성을 주장해야 한다. "의사들이 편안하고 효과적으로 진료하기 위해서는 간호인력 충원이 가장 중요하고, 그래야 더 좋은 의사들을 영입할 수 있습니다."라고 말하는 것이 입장을 관철시키는 데 더 효율적이다.

다른 예를 들어 보자. 어느 회사의 물류팀은 재고 시스템을 업그레이드할 계획이고, 마케팅팀은 고객 데이터베이스를 구축하려고 한다. 사내 IT팀은 둘 중 하나의 프로젝트만 수행할 수 있다. 이럴 경우 자기 부서의 이해관계보다는 회사 전체의 성장과 안정이라는 기준에서 설득 포인트를 잡아야 한다. 그래야 사장이나 임원 등, 상위 중재자가 개입할 때도 당신의 주장이 훨씬 설득력 있게 보일 것이다.

법칙5 의사소통 능력을 키운다

1. 일단은 메시지가 중요하다

메시지의 기본은 당신의 제안에 상대가 흥미를 가지도록 하는 것이다. 이 경우 자신의 관점은 중요하지 않다. 상대의 관점에서 상대가 얻을 수 있는 이익을 강조해야 한다. 영업사원이라면 제품의 일반적인 사양이나 품질의 우수성을 운운하기보다, 고객의 욕구를 설명해야 한다. "이 노트북은 인텔 코어 i7 CPU를 장착했습니다."보다는 "이 노트북은 영화 한 편을 다운로드 받는 데 이전의 10분 내외에서 대폭 단축되어 단 2분이면 가능합니다."가 효과적이다. 가능하면 상대방이 이해하기 쉬운 말로 상대방이 얻을 이익을 설명해주는 것이 좋다.

또한 상대가 '예스'라고 말하도록 메시지의 틀을 구성하는 것이 중요하다. 일반적으로 하나의 주장 혹은 제안에 동의한 사람들은 더 중요한 두 번째 제안이나 주장을 받아들이는 경향이 있다. 따라서 본격적인 협상을 시작하기 전에, 상대가 예스라고 말할 수 있는 무언가를 찾아내보자. 당신이 부동산 중개인이라면 고객에게 집을 보여 주면서 이렇게 말하자. "오늘 날씨 참 좋죠? 집 바로 앞에 슈퍼가 있어 장보기는 일도 아니겠죠? 벽지는 깨끗하니까 주방 바닥만 새로 하면 되겠죠? 집에 책이 많다고 하셨죠? 남는 방 하나는 서재로 꾸며도 좋겠네요." 고객이 순순히 '예스'라고 대답할 질문들을 통해 긍정적 마인드를 조성하고, 최후에 당신이 원하는 대답을 들을 질문을 배치한다. "가격도 이 정도면 적당한 것 같죠?"

여러 가지 안건이 있을 경우, 무엇부터 협상할지 판단이 서지 않는다면 비교적 동의를 쉽게 끌어낼 수 있는 사안부터 시작하는 것이 좋다. 긍정적 분위기를 조성할 수 있을 뿐 아니라, 서로의 협상 스타일에 익숙해져 어려운 문제도 해결할 수 있는 역량이 생기기 때문이다.

2. 잘 듣고, 많이 질문한다

'일단 먼저 묻고 나중에 밝혀라.'

'자기 말은 줄이고, 질문을 많이 하라.'

이것은 모두 협상의 금언이다. 리처드 셀의 의사소통 연구에 따르면, 사람들은 1초에 평균 2마디 정도의 말을 하는 반면, 들을 때는 평균 8마디 이상을 처리한다고 한다. 그러므로 상대가 말을 하는 동안, 듣는 사람은 그의 말뿐 아니라 얼굴 표정과 몸동작까지 분석할 수 있다. 따라서 자신이 말하기보다는 질문을 통해 상대가 말을 많이 할 수 있도록 유도해야 한다. 또한 대부분의 사람들은 자신의 말을 들어주는 사람을 고맙게 여기기 때문에, 상대가 질문하는 의도나 목적에 특별한 주의를 기울이지 않는다. 유능한 협상가라면 상대에게 정보를 전달하기보다 정보를 수집하는 데 더 집중해야 한다.

닐 라컴과 존 칼라일은 영국의 노동계약 협상이 어떻게 진행되는지 연구했는데, 숙련된 협상가는 평균 수준의 협상가보다 2배 이상의 질문을 한다는 사실을 발견했다. 또한 상대방이 말한 내용을 자신이 제대로 이해했는지 확인하며, 현재까지의 진행 상황을 요약했다. 마지막으로 그들은 상대방의 대답을 대단히 주의해 경청했다.

협상에서 질문의 힘은 강하지만, 모든 질문이 효과적인 것은 아니다. 좋은 질문은 원하는 결과를 얻게 해주지만, 나쁜 질문은 상대에게 자신의 의도를 드러내고 원하는 결과를 얻는 데 실패하게 만든다.

좋은 질문

좋은 관계를 형성하고 원하는 결과를 얻을 수 있는 효과적인 질문

1. 개방형 질문
'네, 아니오'로 단순히 답할 수 없는 질문이다. 누가, 언제, 어디서, 어떻게, 왜를 요구하는 질문이 여기에 해당된다.
예) 20% 인상안은 어떤 계산으로 나온 결과입니까?

2. 의견 공유나 제안을 요구하는 질문
상호 의견을 공유하거나 새로운 제안을 요구하기 위한 질문을 말한다.
예) 저희 쪽에서 제시한 제3의 제안에 대해 어떻게 생각하십니까?

3. 공감 유도 질문
상대방이 자신의 의견에 공감하도록 설득하는 질문이다.
예) 이러저런 기준에서 봤을 때, 저희 쪽 안이 서로의 이익을 가장 증진하지 않을까요?

4. 연결되는 질문
당신의 의도대로 상대방의 사고 과정을 이끌어, 협상 내용을 체계적으로 정리하는 질문이다.
예) 원자재 수입선을 중국으로 변경하면 가격은 10% 낮아지는데, A/S 문제는 어떻게 됩니까?

5. 칭찬형 질문
상대방의 기분을 좋게 하면서 원하는 내용을 이끌어 내는 질문이다.
예) 귀사는 전문성과 경험이 뛰어나니까, 새로운 문제 해결 방식이 있지 않을까요?

나쁜 질문

협상 상황이나 전략에 따라 의도적으로 사용할 수는 있지만, 일반적인 상황에서는 효과적이지 못한 질문

1. 폐쇄적 질문
상대의 말문을 막아 구체적인 내용을 유도하지 못하는 질문이다.
예) 이 조항은 우리에게 일방적 손해를 강요하는 것 아닙니까?

2. 감정적 질문
감정이 개입되어, 상대의 감정적 대응을 불러오는 질문이다.
예) 그 우스운 제안을 검토하느라 시간을 얼마나 낭비했는지 아십니까?

3. 공격적 질문
상대방에게 심한 압박을 주는 질문이다.
예) 이 제안에 응하시겠습니까, 아니면 법원으로 가시겠습니까?

4. 즉흥적 질문
상황에 맞지 않는 부적절한 질문들이 모두 여기에 해당된다.
예) 납기일은 꼭 맞춰주셔야 하는 것 알죠? 그런데 예전에 그 중국산 자재는 가격이 얼마였죠?

법칙6 팀플레이를 한다

중요하거나 전략적인 협상은 팀플레이로 진행된다. 그런데 팀원 모두가 같은 역할과 기능을 한다면 굳이 팀을 이룰 필요가 없을 것이다. 협상팀은 어떤 역할을 하는 사람들로 구성되어야 할까?

첫째, 리더Leader가 있어야 한다. 리더는 협상의 준비와 진행을 총괄한다. 협상 이슈를 찾아내고 점검하며 제안에 필요한 자료를 수집하면서 팀원들의 역할을 나누고 준비상황을 점검한다. 협상 과정에서는 양보 및 교환을 주도하고 최종 입장을 제시하며 합의 수락 여부를 결정한다.

둘째, 좋은 친구Good Guy 역할이 필요하다. 한마디로 긍정적 분위기 메이커다. 상대의 입장을 이해하고 동정하는 태도를 보이면서 상대를 안도하게 하는 역할을 한다. 협상 교착 상태에서는 극복 방안을 제시하고 상대방과의 연결고리 역할을 한다.

셋째, 나쁜 친구Bad Guy다. 그는 협상의 우위를 점하기 위해 협상 진행을 방해하기도 하고 상대방에 대한 공격을 서슴지 않는다. 상대방의 약점을 발견해 위협하고, 협상의 수위를 조절하는 역할을 한다.

'좋은 친구'와 '나쁜 친구'는 서로 보완하며 균형 잡힌 협상이 되도록 한다. 협상장의 분위기가 너무 긍정적으로 흐르면 상대의 제안을 면밀하게 검토하지 못하거나 자신의 이익을 끝까지 챙기지 못하게 될 우려가 많다. 반면 협상이 너무 적대적 분위기로 가면, 합의에 이르지 못하고 교착 상태에 빠지게 된다.

넷째, 전문가Expert 역할이 필요하다. 협상에 필요한 전문지식을 제공하고, 주장이나 제안을 뒷받침하는 논리를 제공해 협상을 유리하게 이끄는 것이다. 상대를 설득할 객관적 근거와 전문적인 데이터로 합의에 이르게 지원한다.

다섯째, 법률 자문가Lawyer가 필요하다. 협상에 필요한 법률지식을 제공함으로써 협상 중재자의 역할을 하고, 때로는 상황에 대한 객관적 판단을 제공한다.

위의 다섯 가지 역할이 필요하다고 해서, 협상팀이 꼭 5명으로 꾸려질 필요는 없다. 한 사람이 두세 가지 역할을 할 수도 있기 때문이다. 만약에 두 명의 협상팀이라면 리더가 전문가와 좋은 친구 역할을 겸하고, 나머지 한 사람이 나쁜 친구와 법률자문가 역할을 하면 된다.

협상팀은 어떤 경우에도 팀플레이를 해야 하며 문제에 대해 책임을 지는 자세가 필요하다. 모든 팀원이 결정 과정에 민주적으로 참여하고, 팀원은 그 결정을 받아들여야 한다. 그런 협상팀은 계속해서 좋은 성과를 낼 것이다. 또한 팀 내의 커뮤니케이션이 원활해야 한다. 예를 들어 기술전문가는 기술적 이해가 부족한 다른 팀원들과 전문 지식을 공유해야 한다.

하버드가 추천하는 기업 내 협상 시스템 구축

기업 내에는 매일 크고 작은 협상이 진행되고 있다. 협상을 평가하고 지원하는 시스템 구축, 직원들의 협상 능력 증대는 기업 활동에 있어 필수적이라 할 수 있다. 준비 안 된 협상은 실패를 준비하는 것과 마찬가지다. 조직을 대표해 구매, 판매, 자금조달, 아웃소싱, 전략적 제휴, 인사관리 등 중요한 협상을 진행하면서도 어떻게 준비해야 할지 모르는 사람들이 많다. 더 심각한 것은 그러면서도 자신이 협상을 잘하고 있다고 착각하는 것이다. 협상 역량의 부족으로 엄청난 손실을 보면서도 인식조차 하지 못하고 있는 것이다.

모든 직원이 협상의 달인이 된다면 얼마나 좋을까? 좋은 협상이 가져오는 이익은 원가 부담이 없으므로 그대로 순이익으로 연결된다. 그렇다면 어떻게 기업 내 협상 시스템을 구축하는 것이 좋을지 알아보자.

1단계: 사내교육
전 직원을 대상으로 협상의 핵심이론 숙지와 실전대비 훈련을 실시함으로써 협상에 대한 관심을 불러일으키는 것이다. 이 단계를 통해 직원들이 자신의 협상을 되돌아보게 될 것이며, 동시에 협상을 더 잘해야겠다는 분위기가 전사적으로 조성될 것이다.

2단계: 성공사례 발굴
사내에서 잘된 협상사례를 발굴해 포상함으로써 직원들에게 동기 부여를 하고, 누구나 이렇게 잘할 수 있다는 자신감을 고취하는 것이다.

3단계: 협상 DB 구축

직원들이 공유 및 참고할 수 있는 시스템을 전사적, 혹은 팀별로 구축하는 것이다. 아주 간단하고 실용적인 시스템이면 족하다. 너무 거창한 시스템은 오히려 직원들이 꺼리게 된다. 거래유형별, 거래선별로 자신의 경험을 양식에 맞춰 입력하면 된다. 사례를 많이 입력한 직원에게 인센티브를 주는 것도 방법이다.

양식은 거래유형, 협상안건, 준비과정, 쌍방의 이해관계, 쌍방의 바트나, 양보 과정, 협상전술, 협상결과, 셀프평가 등을 간단히 입력하도록 구성하면 된다. 이 DB를 검색하는 직원들은 협상을 간접 경험할 수 있고, 성공한 협상과 실패한 협상에 대해 안목을 기를 수 있다. 데이터가 축적되면 전 직원이 최상의 협상력을 가질 수 있을 것이다. 협상 DB를 통한 경험과 기록의 전수는 기업의 큰 자산이 된다.

4단계: 협상 DB 시스템의 평가 및 꾸준한 개선

협상 DB 시스템에 직원들이 적응하고 활발하게 활용하기 시작하면, 이 시스템으로 인해 회사의 이익이 얼마나 증진되었고 팀워크나 거래선과의 관계가 얼마나 개선되었는지 평가한다. 또한 이 시스템에 무엇이 더 추가되어야 하고 무엇이 개선되어야 할지 파악한다. 이른바 PLAN, DO, SEE의 선순환이다.

법칙 1 상대방과 좋은 관계를 형성한다.
법칙 2 단일 이슈를 작은 이슈 여러 개로 분해하면
        합의가 쉬워진다
법칙 3 이해관계 해결을 위해 창의적 옵션을 개발한다.
법칙 4 공통의 기준과 규범으로 공략한다.
법칙 5 의사소통 능력을 키운다.
법칙 6 팀 동료를 활용한다.

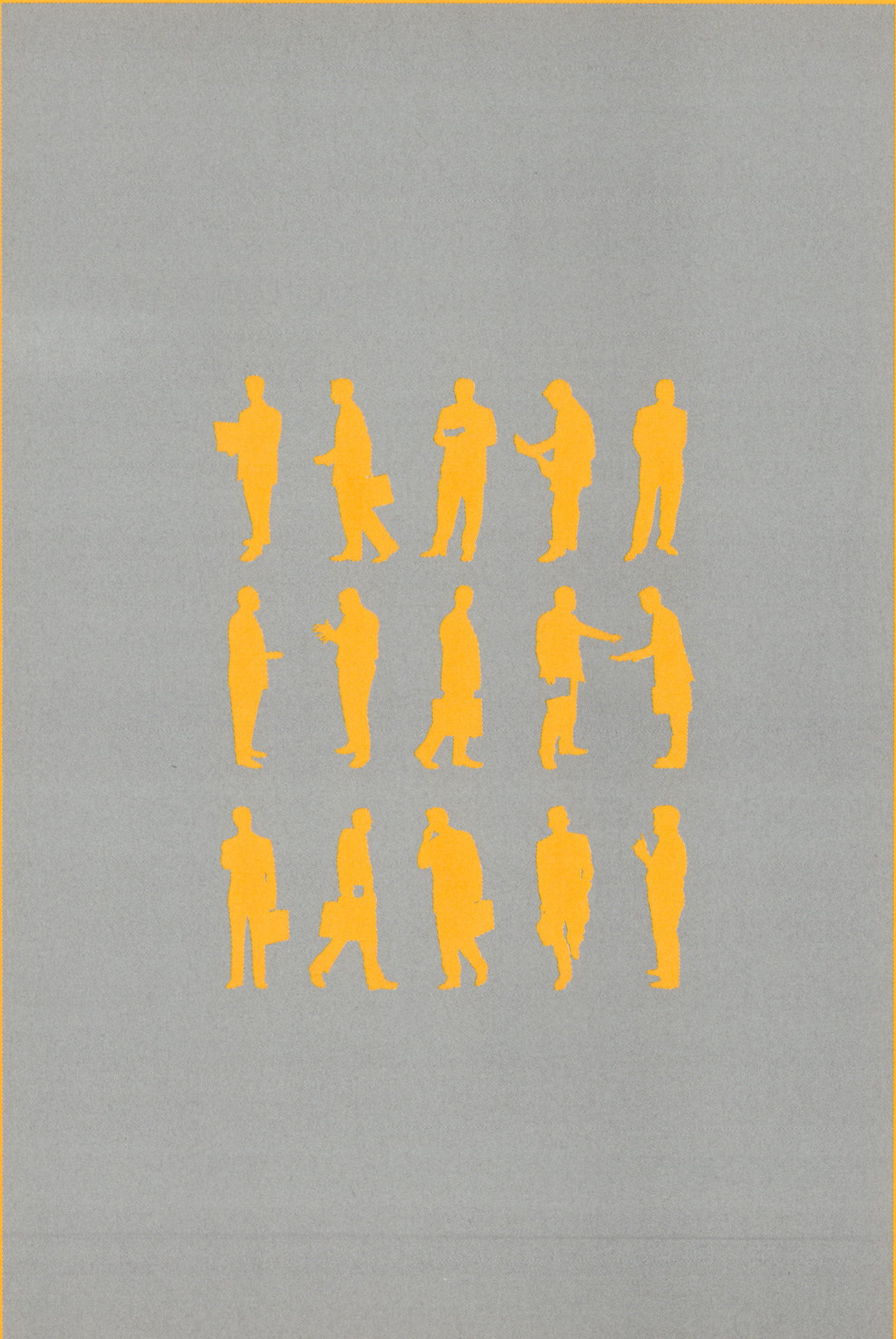

CHAPTER · 12

협상의 심리 법칙 5가지
심리학에서 배우는 협상 촉진 스킬

대조에 따른 심리

1) 좋은 친구, 나쁜 친구 전략

요즘 저조한 실적으로 회사로부터 심한 압박을 받고 있는 김 과장, 새로운 거래선을 개발하기 위해 미팅에 나섰다. 그런데 거래선의 구매담당 과장을 만나는 자리에 결정권자인 팀장이 나와 있었다. 김 과장은 이 미팅만 잘 되면 구매가 성사된다는 생각에 가슴이 부풀었다. 그런데 제품의 장점과 가격 경쟁력에 대해 열심히 설명하던 중, 제안이 마음에 들지 않는다며 팀장이 나가 버린다.

순간 김 과장은 당황한 표정이 역력하다. 다 된 밥이라고 생각했는데, 아무것도 못 건지고 갈지도 모른다는 생각에 난감하다. 그는 지푸라기라도 잡으려는 심정이 된다.

이때 구매담당 과장이 자신은 김 과장 측의 제안이 마음에 든다면서, 가격을 좀 낮춰주면 팀장을 설득해보겠다고 한다. 김 과장은 그가 마치 자기편이라도 되는 듯, 어느 정도 가격을 낮춰야 할 것 같은지 의견을 묻는다.

이 상황에서 구매담당 과장은 절대 김 과장 편이 아니다. 구매담당 과장과 팀장이 '좋은 친구, 나쁜 친구'의 역할을 나눠서 하고 있다. 즉 팀장은 양보를 강요하는 분위기를 연출하고, 구매담당 과장은 상대에게 우호적인 척하며 자신에게 유리한 조건을 끌어내는 것이다.

이와 유사한 사례가 용의자 취조에도 활용된다. 바로 '좋은 경찰, 나쁜 경찰Good Cop, Bad Cop' 전략이다.

취조실에 2명의 경찰이 들어온다. 그중 한 명이 다짜고짜 고함을 지르고 책상을 내리치며 위압적 자세로 자백을 강요한다. 다른 경찰은 폭력적인 동료의 행동을 간간이 제지하는 등, 용의자를 편들어주는 척한다. 그리고 동료가 취조실을 잠깐 나간 사이를 틈 타 음료수를 권하며 다정하게 말한다. "많이 놀라셨죠?

아까 그 친구가 좀 다혈질이어서요. 그 친구한테 계속 심문을 당하면 형량이 불리해질 수도 있어요. 저한테 말씀하시면 제가 최대한 유리하게 도와드릴게요."

용의자는 구세주라도 만난 듯, 착한 경찰에게 사소한 것부터 조금씩 자백하기 시작한다. 나쁜 경찰이 만들어 놓은 앵커링이 용의자 스스로를 궁지로 몰아, 좋은 경찰이 자기편이라고 착각하게 된 것이다. 만약 협상 테이블에 둘 이상의 협상 상대가 나와서 엇박자를 낸다면, 이 전략이 아닌지 유의해야 한다.

2) 제안, 기대수준, 가격의 대조

당신은 지인에게 봉사활동을 부탁 받고 이렇게 질문한다.

"어떻게 참여하는 건가요?"

"고아원 아이들에게 책을 읽어 주는 자원봉사 프로그램인데, 1년 동안 월 2회 참석하시면 됩니다."

아무리 생각해봐도 월 2회는 부담스러운데, 거절하려니 조금 미안하다. "죄송한데, 제가 그렇게 시간을 내기 어렵습니다." 그런데 지인이 곧바로 다른 제안을 해 온다. "그러면 다음주에 3시간만 참여하실 수 없으실까요? 고아원 특별행사가 있는데 일손이 모자라 그러니 꼭 부탁드립니다." 그 정도는 할 수 있을 것 같은 생각에 그러겠노라고 대답한다.

사람들은 상대가 요구를 누그러뜨릴 때, 자신이 답례해야 하는 양보로 간주한다. 만약 상대가 애초에 3시간 봉사 얘기를 꺼냈다면 당신은 쉽게 수락하지 않았을 것이다. 이렇게 제안을 대조시켜 상대가 받아들이기 쉽도록 하는 방법도 있지만, 기대수준을 대조시키는 것도 가능하다.

당신의 아이가 교통사고를 당해 병원 응급실에 실려 갔다는 연락을 받는다면, 온갖 나쁜 상상을 하게 될 것이다. 그런데 막상 응급실로 달려가니 아이의 상태는 나쁘지 않다. 의사 역시 타박상 정도라 2~3일만 입원해 경과를 지켜본 다음 퇴원해도 된다고 한다. 안도감에 병원에 2~3일 있는 것조차 즐겁게 느껴진다.

가격의 대조도 마찬가지다. 남편과 백화점에 쇼핑하러 갔다. 당신이 처음부터 정가 20만 원의 옷을 사 달라고 하면 남편이 거절할지도 모른다. 그런데 수백만 원을 호가하는 명품 매장을 둘러본 다음, 20만 원짜리 옷을 사 달라고 하면 그것을 얻어낼 확률이 훨씬 높다.

어려운 부탁을 거절한 상대방은 조금은 양보해야 한다는 의무감이 생기고, 어려운 부탁 후의 간단한 부탁은 상대적으로 수용하기 쉽다고 생각된다. 이것이 대조의 법칙이다.

3) 미끼 전략

어느 날 중요한 거래선에서 예상치 못했던 무리한 요구를 해온다.

"이제부터 핵심 부품을 한국산에서 이탈리아산으로 바꾸고, 물품 인도는 주문일로부터 2주였던 것을 1주일 이내로, 그리고 모든 완제품을 전수검사 해주시고, 최종적으로 가격은 5% 인하해주시기 바랍니다."

불가능한 요구다. '수입 부품으로 바꾸면서 인도기일을 당기라는 것이 말이 되는가? 게다가 검사 인력은 당장 어떻게 확충하고? 가격은 둘째 치고 조건을 맞추기조차 어렵다.' 여러 번의 협의를 거쳤지만 합의가 어려워 협상은 교착상태에 빠졌다. 그때 거래선에서 이렇게 제안한다.

"그러면 이탈리아산 부품은 포기하겠습니다. 인도기일 축소도 취소하도록 저희 마케팅 부서를 설득하겠습니다. 전수검사 조항도 접겠습니다. 저희들이 이렇게 3가지나 양보했는데, 가격 인하는 받아주실 거죠?" 이쯤 되면 당신도 하나쯤은 양보해야 한다는 의무감이 생긴다. 5% 가격 인하 조건을 받아들여야 하는 상황이 조성된 것이다. 이때 처음 내세운 3가지 조건은 미끼 전략으로 사용된 것이다. 꼭 필요하지도 않고 상대가 들어주기 어려운 조건들을 내세워, 결정적인 순간에 양보를 해주면서 자신들이 의도한 것을 얻어내려는 전략이다. 상대가 비상식적인 요구조건을 내걸 때는 미끼 전략이 아닌지 유의해야 한다.

자기 합리화의 심리

1) 잠식 전략

유능한 협상가는 자신이 원하는 것을 한 번에 오픈하지 않는다. 간단하고 쉬운 합의부터 시작해 점점 잠식해 들어가는 전략을 쓴다. 왜냐하면 사람들은 처음 내린 결정을 강화하고 합리화하는 방향으로 움직이기 때문이다.

당신이 복사기를 판매한다고 하자. 처음부터 고급 사양의 제품을 권하면 거부감이 생길 수 있다. 일단 기본 모델을 구입하도록 유도한 후에 추가 제안을 한다. "이 가격에 50만 원만 추가하면 복사 속도가 40% 향상되어 업무효율이 높아집니다. 또 이 모델의 경우, 전담 A/S맨이 배치되어 문제가 생기면 1시간 이내에 출동할 수 있습니다. 어디 그뿐인가요? 디자인도 미려해서 사무실 분위기가 달라질 겁니다." 상대방의 마음이 흔들리고 있을 때 마지막 카운터펀치를 날린다. "50만 원이라고 해봤자, 복사기 사용 기간을 5년으로 보았을 때 하루 300원 꼴입니다. 지금 특별 프로모션 기간이라 무이자 할부까지 되니, 이참에 좋은 제품으로 결정하시죠."

이미 어떤 제품을 구입하기로 결정했다면, 거기서 좀 더 얻어내는 것은 아주 쉽다. 일상생활 속에서도 이 전략은 흔하게 볼 수 있다. 인터넷에 공개된 저렴한 매물 정보를 보고 부동산 업소를 방문했는데, 그 집은 며칠 전에 팔렸으니 다른 좋은 물건을 소개해주겠다고 한다. 이왕 방문했으니, 보기나 하자는 심리를 이용하는 전략이다.

당신이 자동차를 구입한다고 해보자. 영업사원과 가격을 흥정한 결과, 50만 원을 깎기로 한다. 당신은 싼 가격에 자동차를 산 것 같아 기분이 좋다. 그때 지점장에게 결재를 받으러 갔던 영업사원이 서류 한 장을 가지고 와서 당신에게 보여준다. "죄송한데 지점장님이 원가표를 보여주며 그렇게까지는 안 된다고 하네요. 최대한 35만 원까지 깎아 드리겠다고 합니다. 그래봤자 저희는 남는 게 하나도 없다고요." 당신은 이미 자동차를 사기로 마음먹었기에 그 제안을 보다 쉽게 받아들인다. 하지만 영업사원과 지점장은 미리 각본대로 움직였을 가능성이 크다. 당신이 심리적으로 당한 것이다.

2) 소유한 후의 애착은 깨기 어렵다

맥스 베이저만이 소개한 '소유와 애착' 실험을 살펴보자.

집단을 세 그룹으로 나누어 A그룹에겐 머그컵을 받은 후, 집에 가져가거나 팔라고 했다. B그룹에겐 돈을 준 후, 돈을 그냥 갖든지 머그컵을 사라고 했다. C그룹에겐 아무것도 주지 않고, 머그컵을 받든지 돈을 받든지 선택하라고 했다. 그리고 각 그룹에게 머그컵의 가격을 평가하게 한 것이다.

현재 A그룹은 머그컵 소유, B그룹은 돈 소유, C그룹은 선택권을 소유한 상황이다. 각각의 집단은 머그컵의 가격을 어떻게 평가했을까?

머그컵을 소유한 A그룹은 가장 높은 6천 원, 선택권을 소유한 C그룹은 3천 원, 돈을 소유한 B그룹은 2천 5백 원의 순서로 나타났다. 이렇게 뭔가를 소유한다는 것은 그 물건에 대한 당신의 관계적 속성을 변화시킨다. 물건은 그냥 물건인데, 소유 여부에 따라 그 가치를 다르게 평가하는 심리적 오류를 범하는 것이다.

반복의 심리

1) 이익은 더 많아 보이게 분해하라

길에서 만 원짜리 지폐를 주운 경우, 길에서 5천 원짜리 지폐를 주웠는데 다음날 다시 5천 원짜리 지폐를 주운 경우, 둘 다 만 원을 얻었는데 어느 쪽이 더 기분 좋을까? 물론 후자다. 좋은 일이 반복되었기 때문이다. 상대에게 주는 이득도 조금씩 나눠준다면 심리적인 반복효과를 얻을 수 있다. 그러니 어떤 금액이나 조건도 한 번에 모두 양보하지 않는 것이 효과적이다.

만약 오늘 바이어에게 일정보다 빨리 납품하게 되었다는 소식을 전했다면, 내일 예산보다 적은 운임이 청구될 것이라 말하라. 상대방의 기쁨은 두 배가 될 것이다. 또한 당신은 거래하면 이익이 되는 기분 좋은 파트너로 인식된다.

2) 계속된 거절은 의무감과 부담을 만든다

물건을 구입하기 위해 전자상가에 들렀다. 그런데 매장 직원이 땀을 흘리며 창고로 가서 물건을 가져오고, 열심히 성능을 설명하고, 직접 배터리를 넣고 이것저것 시연해 보인다. 이렇게 호혜가 반복되면 당신은 상대에게 무엇을 해주어야겠다는 의무감을 가지게 된다. 가격을 깎아 달라는 당신의 말에 매장 직원이 50만 원, 46만 원, 44만 원으로 3번씩이나 양보했다. 이 모두를 거절하자니 어쩐지 미안하다. 그 순간에 상대가 한마디 한다. "이 가격으론 어디 가서도 못 삽니다. 저희 매장은 최저가 차액 보상을 2배로 해 드리고 있습니다." 당신은 슬그머니 지갑을 열고 말 것이다.

청각보다 시각을 더 신뢰하는 심리

1) 생생한 묘사가 효과적이다

사람들은 모호한 것보다 생생한 것을 더 잘 기억하는 경향이 있다. 예를 들어 화재를 직접 목격한 사람은 그것을 뉴스에서 본 사람보다 더 적극적으로 화재보험에 가입하려고 한다. 따라서 상대방을 설득할 때는 생생한 시각적 묘사가 효과적이다. 다음 두 가지 멘트를 비교해 보자.

"주말을 맞아 경부고속도로가 심한 정체를 빚고 있습니다."

"주말을 맞아 경부고속도로는 아수라장입니다. 톨케이트 주변 2Km는 주차장을 방불케 하고, 운전자들은 아예 차에서 내려 전화를 하거나 바람을 쐬며 정체가 풀리길 기다리고 있습니다."

사람들이 어떤 멘트에 적극적으로 반응하겠는가? 부동산을 구입할 때도 마찬가지다.

"향후 이 일대가 개발되면 가치가 몇 배로 상승합니다."라고 말하는 것보다 "인근 부지의 경우 쇼핑몰이 들어서면서 땅을 가지고 있던 사람들은 모두 20배 이상의 시세차익을 챙겼고, 수익금으로 상가나 오피스텔을 몇 채씩 구입하셨습니다."라고 말하는 것이 효과적이다. 협상에서 상대에게 정보를 전달할 때는 생생하게 묘사할수록 좋다.

2) 인쇄물이 유리하다

협상에 유리한 정보를 전달할 때는 말보다 서류가 효과적이다. 신문 기사나 정부 자료 등 공신력 있는 문서라면 더욱 설득력을 가진다. 연금보험을 팔기 위해 평균수명이 늘었다느니 노후대책을 미리 해야 한다느니 추상적으로 표현하기보다는, 통계 자료나 신문 기사를 보여주는 것이 좋다. 청각보다는 시각이 우세하고, 눈과 귀를 동시에 공략할 때 상대방은 더욱 집중하게 된다.

안정과 권위의 심리

1) 상급자 핑계 대기

동서양의 문화는 협상에도 많은 영향을 미친다. 서양의 경우 협상자에게 많은 권한이 위임되는 반면, 동양에서는 그 폭이 좁은 편이다. 이런 이유로 상급자 핑계 대기의 전략이 횡횡한다.

"좋습니다. 내일 이사님께 보고하고 최종 합의에 사인하겠습니다." 기나긴 협상 끝에 이런 결론이 났다 하더라도 방심해서는 안 된다. "도저히 이사님을 설득할 수 없네요. 죄송하지만 가격을 2%만 더 내려주실 수는 없을까요?" 지금까지 투자한 노력과 시간이 아까워 마지막 마지노선을 허물게 되는 경우가 많다. 이런 전략은 한국사회에서 특히 강력하다. 실제로는 상급자가 승인을 했더라도, 한 번 더 자연스럽게 양보를 요구할 수 있기 때문이다. 상급자 핑계 대기는 이미 제시한 제안을 바꾸거나 결정을 번복할 때도 아주 유효한 수단이다.

2) 리스크 회피와 손실 기피 심리

당신은 여유자금으로 콘도 회원권을 사려고 알아보고 있다. 그런데 막상 사려니 나중에 현금이 필요해질까봐 망설여진다. 고객들의 이런 심리를 감안해 콘도 업체는 이렇게 제안할 수 있다.

"지금 구입하시고 2년 이내 반환을 요구하시면 저희가 95%에 되사겠습니다." 구매자의 리스크 회피 심리를 이용해 구매를 결정하도록 유도하는 것이다. 그런데 더 효과적인 방법이 있으니, 바로 미래의 잠재적 손실을 강조하는 것이다.

미국의 실험에 따르면 단열재 시공을 권유할 때, 어떻게 조언하느냐에 따라 계약율이 달랐다고 한다. "단열 시공한 집은 하루에 5천 원을 절약할 수 있었습니다."라고 말하는 경우보다 "단열 시공을 하지 않은 집은 하루에 5천 원 꼴로 손해를 보는 셈입니다."라고 말했을 때 계약율이 2배로 올라갔다는 것이다. 우리가 무엇을 제공한다고 말하는 것도 좋지만, 경쟁사는 무엇을 제공하지 않는다는 잠재적 손실을 강조하도록 하자. 리스크와 손실을 회피하려는 심리가 강한 한국인에게 특히 효과적이다.

3) 공평함의 심리

쌍방이 공평하게 양보하자는 것은 모든 거래에서 아주 빈번하게 일어난다. 아주 중요한 협상에서도 이 원칙이 얼마나 빈번하게 적용되는지 알면 놀랄 정도이다. 1982년 미국과 멕시코 간에 820억 달러 채무불이행 협상이 벌어졌다. 결국 멕시코는 채무를 탕감하는 대신 미국의 전략 비축유를 제공하는 데 합의했다. 그런데 협상이 끝난 후, 미국은 멕시코 측에 협상에 들어간 변호사 비용 1천만 달러를 부담하라고 요구했다. 멕시코 대통령은 한 푼도 줄 수 없다고 맞섰다. 결국 얼마에 합의되었을까? 놀랍게도 '한 푼도 줄 수 없다'와 1천만 달러의 중간인 500만 달러였다.

공평하게 반반씩 양보하자는데 거부할 명분은 없다. 협상 전문가인 로저 도슨Roger Dawson은 이것을 '등거리Equidistance 전략'이라고 부른다. 당신의 목표가격과 상대가 제안한 금액의 차이만큼 더 요구해야 한다는 것이다.

당신의 목표가격이 22만 원인 상황을 예로 들어 보자. 바이어가 개당 20만 원을 제안했다면 목표가격과의 차이는 2만 원이므로, 목표가격에 이 2만 원을 더해 24만 원을 부른다. 바이어가 21만 원으로 양보하면, 당신은 등거리를 유지하며 23만 원을 부르면 된다. 상대가 21만 5천 원을 제시하면 당신은 22만 5천 원, 상대가 21만 9천 원을 제시하면 당신은 22만 1천 원을 부른다. 이렇게 항상 등거리를 유지해 협상해 나가면, 나중에 공평하게 하자고 타협이 이루어질 때 당신의 목표가격인 22만 원에 도달하게 된다.

등거리 전략을 사용하기 위해서는 반드시 상대가 자신의 조건을 먼저 제안하도록 해야 한다. 만약 당신이 먼저 조건을 제안한다면 상대가 등거리 전략을 쓸 수 있음을 유의하자.

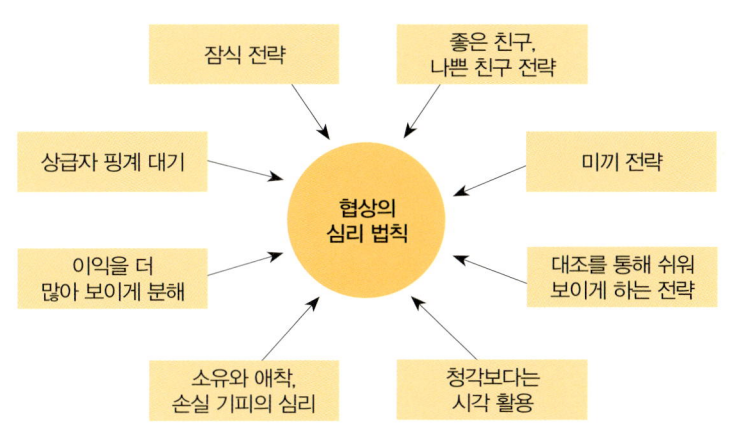

1 협상에서 사용할 수 있는 심리 법칙이 있다. 대조에 따른 심리, 합리화의 심리, 반복의 심리, 리스크와 손실 회피 심리 등이다. 유능한 협상가라면 이러한 심리를 적절히 이용하고 대응할 수 있어야 한다.

2 대조에 따른 심리적 오류 가운데 '좋은 친구, 나쁜 친구 전략'은 협상팀의 두 사람이 역할을 나눠서 나쁜 친구는 양보를 강요하는 분위기를 조성하고, 좋은 친구는 상대를 내편이라고 오인하게 만들어 원하는 것을 얻어내는 것이다. 조건과 기대수준을 대조하면 상대로부터 원하는 것을 쉽게 얻어낼 수 있다. 처음에 어려운 부탁을 하여 상대방이 거절하면 양보의 의무가 생기게 되고, 이때 간단한 부탁을 하여 상대방이 수용하도록 하는 전략이다. 미끼 전략은 꼭 필요하지 않지만 상대가 받아들이기 힘든 조건을 내세웠다가 나중에 취소하면서 본래 의도했던 양보를 얻어내는 전략이다.

3 자기 합리화의 심리를 이용한 잠식 전략은 대부분의 사람들이 처음 내린 결정을 강화하고 합리화하는 방향으로 움직이는 경향을 이용한 것이다. 처음부터 비싼 제품은 거부감이 생길 수 있기 때문에 기본 모델의

구매 결정을 하게 한 뒤에 추가로 제안하여 잠식해 가는 전략이다. 소유의 애착 심리는 협상에서 처한 입장에 따라 물건의 가치가 달라지는 심리적 경향성을 말한다.

4 반복의 심리는 반복적인 호혜를 베풀면 상대방의 만족감이 높아지고, 거절이 반복되면 심리적으로 양보해야 된다는 부담을 느껴 원하는 협상 결과를 얻게 된다는 것이다.

5 심리적으로 청각보다는 시각이 더 효과적이기 때문에 상대를 설득할 때는 생생하게 묘사하는 것이 좋다. 또한 근거나 이유를 들 때는 공신력 있는 자료를 활용하는 것이 좋다.

6 상급자 핑계 대기는 실무자 간에 거의 합의된 협상에서 한 번 더 양보를 이끌어내는 전략이다. 리스크 회피와 손실 기피 심리는 상대방에게 잠재적 이익보다는 잠재적 손실을 설명하는 것이 더욱 효과적임을 보여준다. 또한 등거리 전략은 공평함의 심리를 활용한 것이다.

I×B×C

III

실전에서 더 강한
협상의 공식

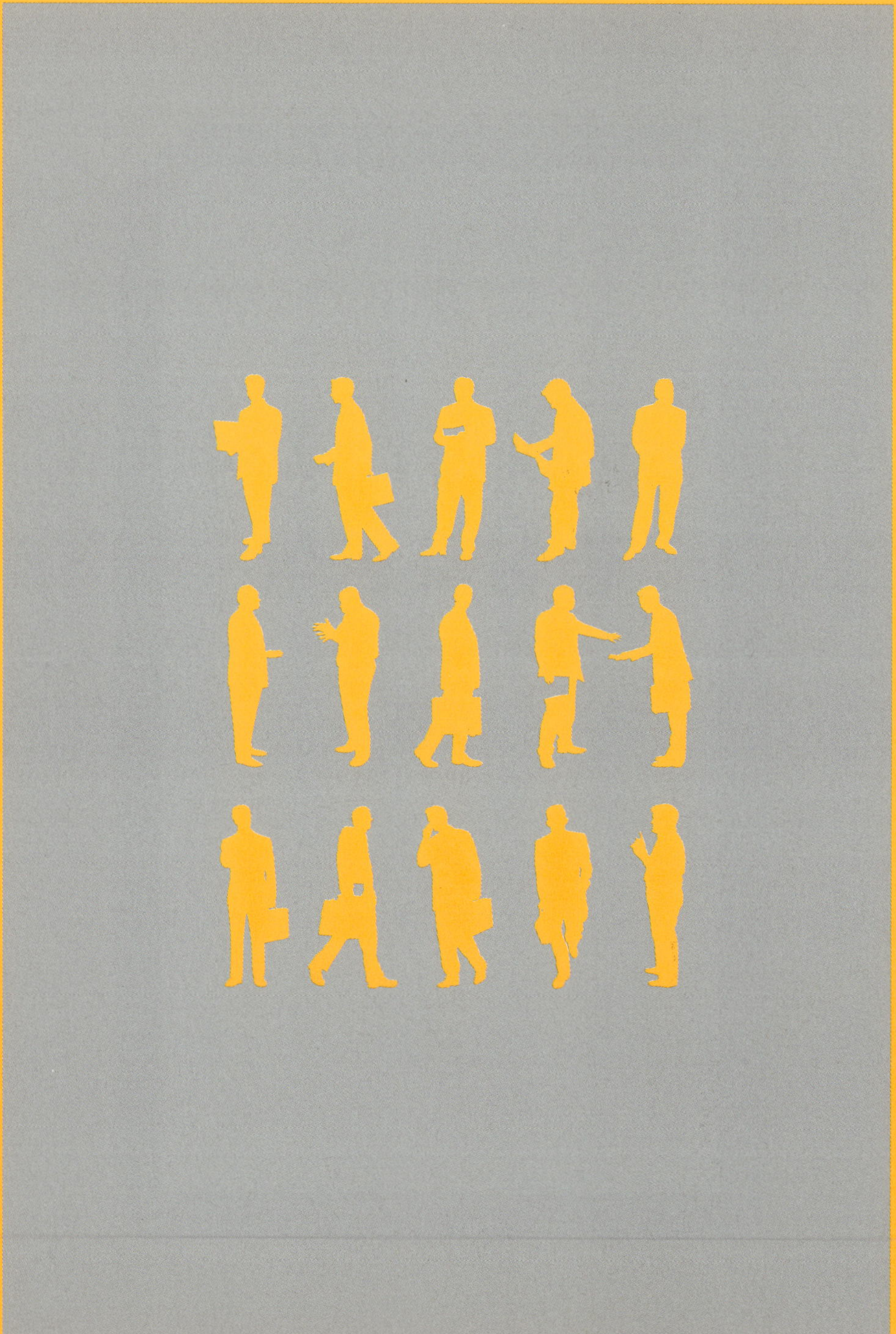

CHAPTER • 13

나보다 강한 상대와의 협상
갑을 이기는 을의 전략

협상 상대가 나보다 강한 위치에 있다면 협상의 난이도는 훨씬 더 높아진다.

갑의 위치에 있는 거래처나 구매부서, 상급기관, 직장 상사 등과의 협상이 바로 그런 경우이다. 강자와 협상할 경우에 특별히 유용한 전략이 있다.

다음의 협상 요령들을 활용해보기 바란다. 지금까지 배웠던 협상 원리와 기술이 반복되는 부분은 그만큼 중요하다고 봐야 할 것이다.

협상의 준비

1. ZOPA(합의가능영역)를 찾아라!

쌍방을 모두 만족시키는 거래가 발생할 수 있는 영역 또는 범위를 합의가능영역ZOPA, Zone Of Possible Agreement이라고 한다. 구매자가 구입할 수 있는 가격 범위와 판매자가 판매할 수 있는 가격

A. 쌍방의 합의가능영역이 존재하는 경우

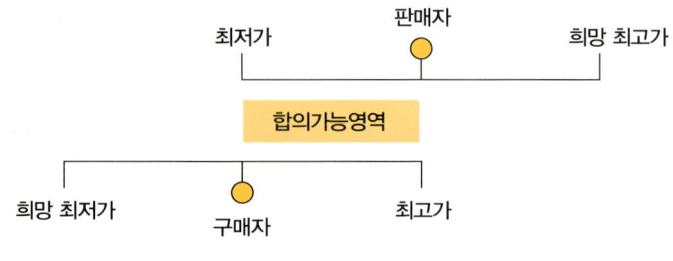

B. 쌍방의 합의가능영역이 존재하지 않는 경우

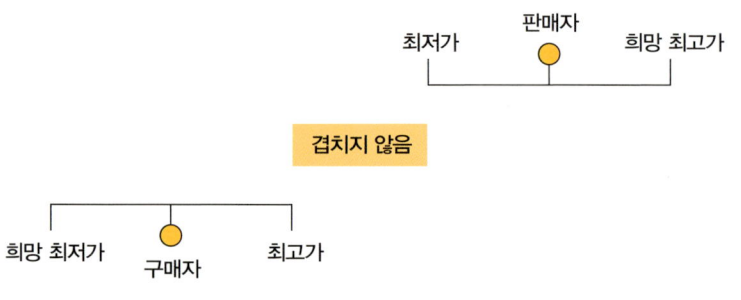

범위가 겹치는 부분이 쌍방의 합의가능영역이다. 강자와의 협상에서 가장 먼저 해야 할 일은 ZOPA의 유무를 판단하는 것이다.

ZOPA가 있을 경우에는 앵커링을 준비하고, 없을 경우에는 창의적 대안을 협상 안건으로 추가해야 한다. ZOPA의 개념은 5장 앵커링 부분에도 자세히 나와 있으니, 복습해도 좋다.

◆ 쌍방의 합의가능영역이 존재할 경우, 앵커링을 하라.

이 경우에는 어느 수준에서 앵커링을 시도할 것이냐가 문제다. 합의가능영역에서 조금 벗어난 곳에서 앵커링을 시도하며 첫 제안을 준비하고, 합리적 근거를 들어 설득하라. 그리고 양보의 법칙을 활용해 반대급부를 요구하면서 합의가능영역으로 진입하면 된다.

◆ 쌍방의 합의가능영역이 존재하지 않을 경우, 제3의 협상 안건을 추가하라.

판매자의 최저 가격과 구매자의 최고 가격이 만나지 않는 경우이므로 가격만 가지고 협상한다면 결렬될 가능성이 크다. 따라서 어떤 창의적인 제3의 제안을 안건으로 올려 주고받기를 시도해야 한다. 예를 들면 가격을 양보 받는 대신 A/S기간 연장, 공동 프로모션 비용 부담, 신제품 개발 인력 파견, 포장 변경, 물류배송 시스템 개선, 독점거래, 거래선 소개 등 제3의 안건에서 교환을 활발하게 하면 가격의 차이를 극복할 수 있다.

2. 협상의 판세를 분석하라!

협상의 판세를 분석하기 위해서는 나와 상대방의 대안, 그리고 쌍방이 주고받을 이해관계 안건들과 우선순위에 대한 정보를 최대한 입수해야 한다.

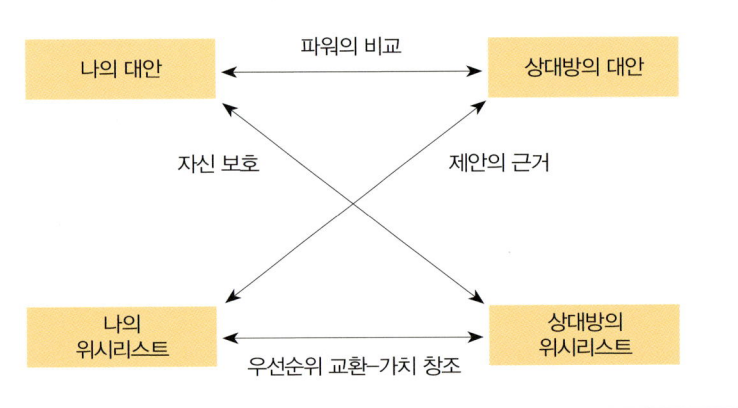

우선 쌍방의 대안, 즉 바트나를 비교하라. 상대방은 나와 거래하지 않을 경우에 어떤 대안을 가지고 있는가? 그리고 나의 대안은 무엇인가? 협상이 결렬되면 누가 더 큰 손해를 보는가? 쌍방의 대안을 파악하면 협상의 파워를 비교할 수 있으며, 어디까지

양보해야 될지의 기준으로 삼을 수 있다.

다음으로 이해관계의 리스트, 즉 협상 안건들과 우선순위를 검토하라. 받을 것은 무엇이고 줄 수 있는 것은 무엇인가? 줄 수 있는 게 많을수록, 상대방이 원하는 역량을 보유할수록 협상이 유리해진다. 또한 안건에 대한 중요도의 차이를 활용하면 덜 중요한 것을 양보하고 더 중요한 것을 얻을 수 있는 윈-윈의 결과를 만들 수 있다. 강자와의 협상에서는 판세 분석이 더 정확해야 원하는 것을 얻을 수 있다.

3. 나만의 자원을 찾아라!

상대의 애로사항이나 숨겨진 이해관계 해결에 도움을 줄 수 있는 나만의 자원이나 능력이 있는가? 상대의 요구나 요구의 원인에 대한 창의적 해결책이 있거나, 그 해결책을 가능하게 하는 자원이나 능력을 보유하면 협상에서의 파워는 커진다.

예를 들어보자. 당신은 인테리어 사업자인데, 식당 창업자가 예산이 초과된다며 오더를 미루고 있는 상황이다. 당신이 식당의 집기를 공장도가격으로 살 수 있게 주선해준다면 창업자는 오더를 미룰 이유가 없다. 또 화학회사는 자신의 원료를 구입하는 회사에게 실험 데이터를 제공해줄 수 있다.

강자라고 모든 것을 다 갖고 있지는 않다. 상대가 갖고 있지 못

한 것에 주목하라. 전문성, 정보, 기술, 희소자원 접근성, 데이터 베이스, 실험장비, 거래선 네트워크, 해외 파트너 등등 무엇이라도 좋다. 가능한 당신의 자원을 찾아서 최대한 활용하라.

4. 유리한 협상판을 설계하라!

강자와 협상할 때 꼭 염두에 두어야 할 것이 있다. 바로 누구를 협상 테이블에 끌어들이고, 누구와 먼저 협상하는 것이 좋은가에 대한 고려다.

다음은 제임스 세베니우스와 데이비드 랙스가 저술한 '3D Negotiation'에 소개된 내용이다. 미국의 선박협회는 미국에서 가장 강성이라는 항만노조와 대치하고 있었다. 선박협회가 하역과 운송의 효율화를 위해 항만에 IT 시스템을 구축하려고 하자, 자기네 일자리가 줄어들까 우려한 노동자들이 즉각 파업에 돌입한 것이다. 이때 물품 공급에 차질이 생긴 월마트나 홈데포 등 대형 소매업체에서 압력을 가하자, 선박협회는 바로 꼬리를 내리고 만다. 다음해 선박협회는 시스템 구축을 다시 시도했으나, 역시 파업으로 인해 실패를 맛보게 된다.

매번 당하기만 하던 선박협회의 CEO는 협상판을 다시 설계하겠다는 계획을 세웠다. 우선 자신의 주고객인 월마트 등을 협상에 끌어들였다. 그들에게 IT의 필요성을 설명하고 긴밀히 협조 요청을 한 후 "항구가 꽉 막혔다, 모든 게 엉망이다, 우리 물품의 컨테이너가 어디 있는지도 확인되지 않는다."는 발표를 하게 만들었다. 그리고 상무부, 재무부, 국토안보부, 노동부와 접촉해 자신들의 입장을 옹호해주도록 협조를 요청했다.

그 다음엔 홍보 전문가를 고용해 정재계 인물들을 접촉하고 대대적 여론전을 전개했다. 그러자 부시 대통령이 비합리적인 노조의 태업과 항구 폐쇄에 대해 강력하게 경고하게 된다. 이런 사전 준비가 끝난 후 선박협회는 항만노조와 협상을 다시 시작했고, 사태가 자신들에게 불리함을 깨달은 항만노조는 IT 시스템 도입을 수용하는 대신 기술관리 운영권을 얻는 데 어쩔 수없이 합의하게 된다.

협상이 끝난 후 항만노조의 수석 협상가는 이렇게 탄식했다고 한다. "옛날에는 협상이 협상테이블에서만 이루어졌는데!"

만약 당신이 벤처회사를 운영하고 있는데, 벤처캐피탈의 이자율과 조건이 마음에 들지 않으면 그들의 자금줄이면서 그들의 높은 수수료에 불만을 가진 보험회사나 연기금을 접촉해 유리한 조건을 얻어내고, 그 조건을 가지고 벤처캐피탈을 압박할 수 있다.

M&A를 진행할 때 반대가 심한 노조나 영업부서를 직접적으로 설득하기보다는, 찬성하는 자금부서나 기술개발 부서와 먼저 협상하고, 그들을 우군으로 만들어 반대파를 압박하는 전술

을 써라. 협상에 누구를 참여시키고, 누구와 먼저 협상할 것인가를 선택함으로써 유리한 협상판을 짤 수 있다.

협상의 진행

5. 안건 열거 전략을 써라!

강자와 협상 테이블에 앉았다면, 먼저 안건 열거 전략을 쓰는 것이 좋다. "오늘은 ~를 논의하기로 했죠? 맞나요? 그 외에 다뤄야 할 문제가 있나요?"라고 협상을 시작하는 것이다. 예를 들어보자.

"오늘은 9월 공급분의 가격과 포장, 신제품 테스트 결과, 공동 DB 교환을 논의하기로 했죠? 맞나요? 그 외에 다뤄야 할 문제가 또 있나요?"

이 전술의 이점은 상대에게 나를 준비된 사람으로 인식시킨다는 것이다. 협상에서도 좋은 인상이 성공의 첫걸음이다. 또한 상대가 예상치 못한 제안을 할 경우를 대비할 수도 있다. 상대가 "맞습니다. 혹은 그리고 ~가 더 있습니다."라고 대답하면, "그러면 ~부터 논의하실까요?"라고 함으로써 첫 안건을 상정할 기회를 잡을 수 있다.

강자와의 협상에서는 첫 안건을 무엇으로 하는가가 매우 중요하다. 물론 쌍방이 합의에 이르기 쉬운 안건부터 시작하는 것이 좋다. 작은 합의부터 해나가다 보면 상대방의 협상 스타일도 알게 되고, 상호 긍정적인 분위기가 조성되어 어려운 안건도 쉽게 합의에 도달할 수 있다.

6. 상대가 불편해지는 부분을 노려라!

교도소에서 죄수와 교도관이 벽 하나를 사이에 두고 서 있다. 교도관이 담배를 맛있게 피우자 죄수가 간곡하게 부탁한다. "저, 제발 담배 한 개비만……." 돌아오는 대답은 뻔하다. "죄 지은 놈이 반성이나 할 것이지, 감히 담배를 달라고?"

전형적인 강자와 약자의 협상 상황이다. 어떻게 해야 담배를 얻을 수 있을까? 죄수는 잠시 생각한 후에 나지막한 목소리로 이렇게 말했다.

"교도관님, 제게 지금 담배를 주지 않으면 저는 당장 머리를 벽에 부딪치겠습니다. 피투성이가 된 저를 구하려고 의무팀이 달려오겠지요. 제게 왜 이렇게 됐냐고 물으면 교도관님이 그랬다고 할 겁니다. 아무리 아니라고 항변해도, 교도소 청문회에 불려가 몇 차례나 해명해야 될 겁니다. 지금 저에게 담배를 주시겠습니까, 아니면 그 모든 불편함을 겪으시겠습니까?"

백화점에서 원하는 장난감을 얻기 위해 아이들이 쓰는 전술

도 이와 비슷하다. 자리에 주저앉아 큰 소리로 우는 것은 강자인 엄마에 대항하기 위한 약자의 전술이다. 주변의 시선을 의식한 엄마는 하는 수 없이 장난감을 사주게 되는 것이다.

 이와 같이 강한 상대가 불편해 하는 부분을 찾아, 그 부분의 손실이나 피해를 부각시키면 효과적인 협상을 할 수 있다. 상대가 나와 거래하지 않으면 불편해지는 것이 무엇인가? 지금까지 강자가 당신과 거래를 해왔다는 것은 뭔가 이유가 있기 때문이다. 당신이 경쟁 우위를 갖고 있을 수도 있고, 다른 거래처로 바꾸는 데 따른 비용Switching cost이 부담스럽기 때문일 수도 있다.
 작은 IT 서비스 A/S 회사가 대기업과 거래한다면 누가 강자이고 누가 약자인지는 명확하다. 하지만 대기업에서 사용하는 IT 시스템이 시중에는 없는 단종된 모델이고, 시스템을 바꾸려면 많은 예산이 필요하고, 아직 사용 연한이 남아 있으며, 단종된 IT 시스템의 A/S를 맡아줄 회사가 그 회사뿐이라면, 얘기는 달라진다. 오히려 작은 회사가 강자가 된다.

7. 상대편에서 우군을 찾고, 상대를 작아지게 만들어라!

한국의 백화점은 입점업체들에게 "갑"으로 군림해왔다. 백화점은 입점업체의 매장 위치를 결정하는 막강한 권력을 휘두르는

데, 사람들이 붐비는 에스컬레이터 근처와 후미진 구석 자리는 하늘과 땅 차이라는 것은 모두가 알고 있다. 모 백화점은 국내 한 재벌 그룹의 신사복 매장에게 위치를 옮기라는 통보를 했다. 신사복 매장은 즉각 반발했고, 백화점 측은 그러면 아예 철수하라고 강경 대응했다. 갑인 백화점에 대항해 신사복 매장은 어떤 전략을 써야 할까?

상대, 즉 백화점 내에서 우군을 찾는 것이다. 신사복 매장 측은 자기네 계열사인 전문 스포츠 매장이 백화점에 입점해 있는 것에 주목했다. 이 매장은 업계 최고의 브랜드이므로 백화점에서는 절대 포기할 수 없는 부분이다. SOS를 받은 스포츠 매장은 계열사인 신사복 매장이 백화점에서 철수한다면 자신들도 철수하겠다고 암시적 위협을 가했다. 이에 백화점의 스포츠 매장 담당자는 신사복 매장 담당자에게 매장 이동 요구를 철회해 달라고 요청했고, 사태는 순조롭게 해결되었다.

당신이 대기업에 화학 원료를 납품하고 있다고 해보자. 가격을 낮추지 않으면 거래선을 바꾸겠다는 대기업 구매부서의 압력을 어떻게 벗어날 수 있을까? 상대편에서 우군을 찾아보자. 그 우군은 생산부서이거나 R&D 부서일 수 있다. 거래선을 바꾸면 품질 점검과 테스트를 새로 해야 하니 번거롭고, 생산라인을 조정해야 하니 일정에 차질을 빚을 수 있으므로 그 부서들은 당신의 우군이 되어줄 수 있다.

국내 대기업들에게 화학 원료를 판매하는 A라는 다국적 화학회사는 품질은 그다지 뛰어나지 않는데도 독점적 지위를 유지하고 있다. 구매부서가 가격 인하를 요구하며 협상에 들어가지만, 그 회사의 연구개발 부서나 생산부서는 꼭 그 회사의 원료를 사야 한다면서 구매부서의 힘을 약화시킨다. 다국적 화학회사가 생산에 필요한 연구개발 실험을 대신 해주고 고객과 업계 신기술 동향에 대한 정보를 제공해주기 때문이다. 이처럼 상대방의 조직 내에서 우군을 찾아 적대적인 부서를 설득하게 하거나, 우군으로부터 협상에 도움이 되는 정보를 얻을 수 있다면 성공적인 거래를 할 수 있다.

이런 전략을 쓰기 위해서는 상대방의 이해관계를 다면적으로 파악해야 하는데, '이익 지도'를 그리는 것이 도움이 된다. 협상 상대 집단을 확대해 협상 부서나 당사자뿐 아니라, 합의에 영향을 줄 수 있는 관련 부서(생산, 연구개발, 마케팅, 재무 등), 주주, 경쟁자, 법적 규제, 최종 소비자 등 다양한 이해관계자들의 리스트를 만드는 것이다.

다음에는 관련성 높은 집단끼리 근접해서 표기하며, 이해관계자들의 이익을 유추해보라. 모든 집단이 동일한 이익을 추구하지는 않는다. 예를 들어 구매부서는 최저가격, 생산부서는 품질과 작업 능률, 재무부서는 자금의 흐름을 중시한다. 이렇게 지도를 그려 나가다 보면, 자신의 제안이 누구에게 절실히 필요하고 누구에게 얼마나 이익이 되는지 알 수 있으므로 상대방 집단에서 찾아야 할 우군이 모습을 드러낸다.

8. 자신의 덩치를 키워라!

강자와의 협상에서 힘을 키울 수 있는 중요한 방법 중 하나는 공통의 이해관계와 신뢰를 바탕으로 연합전선을 구축하는 것이다. 이런 공동작전은 협상에서 유리한 대안을 만들어주고, 상대를 위협할 수 있다. 같은 입장을 견지한 사람과 집단을 모아 공동 대응하라. 2가지 전략을 소개하겠다.

첫째, 수적 우위를 활용하는 방법이다. 한 개인으로는 약자일 수밖에 없는 노동자들이 조합을 결성해 경영진과 대등한 입장에서 협상하는 것이 대표적 예이다. 중소기업협의회, 여직원회 등도 여기에 해당된다.

1990년대 중반, 미국 중북부 지역 농장주들은 깊은 시름에 빠졌다. 대기업들이 도축업과 육류 가공업을 장악해 폭리를 취하고 있었지만, 농장주들은 어쩔 수 없이 그 기업들에게 생산물을 판매할 수밖에 없었다. 참다못한 농장주들은 연합해 소를 직접 도축하는 시설을 만들고, 식당 체인에 직접 공급하기 시작했다. 대기업들과 동등한 입장에서 협상할 수 있는 힘을 키운 것이다.

둘째, 공동 대응을 하기 위해 굳이 같은 업종의 회사를 찾을 필요는 없다. 자신의 입장을 지지해줄 수 있는 전문가 그룹이나 시민단체의 지원을 받는 것도 방법이기 때문이다. 자신의 제품이 환경 기준에 더 부합되는데도 경쟁사의 저가 공세에 밀려 대기업에 납품을 하지 못한다면, 환경 관련 시민단체나 공공기관의 힘을 빌릴 수 있는 것이다.

9. 잠재적 이익보다 잠재적 손실을 강조하라!

사람들은 이익보다 손실에 더 민감하다. 앞서 단열제품의 예를 들었던 것을 기억할 것이다. "단열한 집은 하루에 5천 원꼴로 절약이 가능하다."보다 "단열하지 않은 집은 하루에 5천 원씩 손해 본다."고 말했을 때가 계약율이 더 높았다고 한다. 미국의 주유소에서 이런 전략을 쓰고 있다. "현금으로 결제하시면 3%가 더 이익입니다."라는 것보다 "카드를 쓰시면 3%가 손해입니다."라고 하는 것이 즉각적인 효과를 나타낸다. 이것이 바로 손실 기피의 심리다.

따라서 우리는 무엇을 제공한다고 어필하기보다는 경쟁사는 무엇을 제공하지 않는다고 말하는 것이 좋다. 특히 미래의 손실을 기피하려는 성향이 강한 한국인의 심리 특성에 매우 유효한 협상전술이다. 하지만 잘못하면 부정적인 사람으로 오인될 수 있으니, 결정적 순간에 활용하는 것이 좋다.

10. 사회적 증거의 힘을 활용하라!

왜 쇼핑호스트들은 한결같이 "지금 전화 연결이 어렵습니다."라는 멘트를 할까? 타인의 행동을 통해 자신의 판단이 옳다는 것을 검증받으려는 소비자 심리 때문이다. 사람들은 끝없이 사회적 증거를 찾아 행동한다. 강한 거래선과 협상을 할 때는, 자신이 거래해온 우수한 거래선들을 열거하라. 그들과 어떤 조건으로 거래했는지를 보여주고, 그 거래선들이 우리와 거래해 어떤 부분이 얼마나 좋아졌는지 제시하라. 언론 자료나 통계를 보여주면서 확신시킬 수 있다면 더 좋다.

만약 회사가 설립된 초기 단계라면 약간의 희생과 손실을 감수하고라도 우수한 거래선과 거래를 성사시키는 것이 중요하다. 거래 실적을 통해 사회적 증거를 축적할 수 있을 뿐만 아니라, 필요한 정보와 기술도 습득할 수 있기 때문이다.

11. 강자들 간의 경쟁 심리를 이용하라!

아무리 삼성전자가 스마트폰 시장의 강자라 해도 끊임없는 경쟁 상황 속에 처해 있다. 자신의 경쟁력을 약화시킬 요인이 생기

는 것을 본능적으로 싫어하는 것이다. 따라서 자신이 제안을 거절할 경우, 그 제안이 경쟁업체로 넘어가 어떤 결과를 유발할 것인지에 촉각을 곤두세운다. 강자와의 협상에서 이런 심리를 잘 활용하면 예상 밖의 성공을 거둘 수 있다.

한 인테리어 회사가 백화점의 푸드코트 인테리어에 대한 새로운 디자인을 제안했다. 하지만 백화점 담당자는 고압적인 자세로 가격을 깎으려고 했다. 인테리어 회사는 어떻게 해야 강자와의 협상에 성공할 수 있을까? 그 가격은 도저히 받아들일 수 없으니, 할 수 없이 길 건너 경쟁 백화점에 같은 제안을 할 수밖에 없음을 암시하라. 협상에서 보다 큰 힘을 행사할 수 있다.

12. 정보력과 전문성은 나의 힘!

정보력은 가장 일반적인 힘의 원천이다. 자신의 입장, 논점, 원하는 결론을 뒷받침하기 위한 데이터를 최대한 수집하고 체계적으로 정리하라. 예를 들어 중고자동차를 구입한다면 최저가 검색은 물론 비슷한 물건의 매물 정보와 부품 가격, 수리비 등 필요한 정보를 모두 준비하는 것이 유리하다.

또한 전문성이란 요소 또한 협상에서 힘을 발휘한다. 비전문가보다는 전문가의 주장을 신뢰하기 때문이다. 용접기계를 판매하려는 입장이라면 학회지나 업계 잡지에 실린 자사 용접 방식의 우수성을 근거로 제시하고, 전문가의 의견을 첨부하라. 마지막으로 자신의 제안이 확실한 사실, 정보에 기반하고 있음을 주장할 수 있어야 한다. 자료가 공개적으로 검증된 것이며 공정성과 적법성을 구비했다는 것이 입증될수록 협상력은 강해진다.

협상의 마무리

13. 먼저 작은 동의를 이끌어낸 후, 잠식전략을 써라!

바텐더가 단골 고객을 두 그룹으로 나눠, 고객의 절반에게만 간단한 음주운전 방지 캠페인 서명을 받았다. 그리고 6주에 걸쳐 술을 마신 고객에게 "대리기사나 택시를 불러 드릴까요?"란 질문을 했다. 그런데 캠페인에 서명했던 사람의 58%가 바텐더의 제안에 응한 반면, 서명하지 않았던 사람들 중 제안에 응한 사람은 10%에 불과했다. 사람들은 최초의 작은 요청에 따라오는 추가 요청에도 응해야 한다는 의무감을 가진다.

유능한 협상가는 자신이 원하는 것을 한 번에 요구하지 않는다. 간단하고 쉬운 합의부터 하고, 점차 잠식전략을 쓴다. 상대는 처음 내린 결정을 강화하고 합리화하는 방향으로 움직이기 때문이다. 앞서 복사기 판매자의 사례를 다시 떠올려보라. 처음

엔 기본 사양의 모델을 구입하도록 한 다음에 "여기에 조금만 추가하면 고성능 제품에 훌륭한 A/S가 따라옵니다. 게다가 12개월 할부 프로모션 기간입니다."라고 말함으로써 자연스럽게 고가 모델을 구입하도록 유도하는 것이다.

이미 결정한 것에서 좀 더 얻어내기는 쉽다. 강자에겐 특히 작은 것부터 동의를 얻은 후, 잠식전략을 통해 목표를 향해 나아가야 한다.

14. 덤의 법칙으로 상대를 만족시켜라!

협상의 마지막에 약간의 덤을 주고받는 것은 상대의 만족감을 높이고, 합의를 깔끔하게 마무리 짓도록 해준다. 마지막 순간의 양보는 작더라도 큰 효과를 발휘하는 것이다. 중고차를 살까 말까 고민하는 고객에게 "타이어 4개를 모두 새 것으로 바꿔 드리겠습니다."라고 말하라. 펀드 가입을 망설이는 고객에겐 "다음 달에 나오는 한정판매 인기상품을 제일 먼저 챙겨드리겠습니다."라고 하라. 복사기 구입을 망설인다면 "소모품 한 달치를 선물로 드리겠습니다."라고 하면 된다. 마지막 덤은 합의할까 말까, 경계에 서 있는 상대에게 명분을 주고 상대의 위신을 세워주며 기분도 좋게 만드는 효과가 있다.

15. 최후통첩에 잘 대응하라!

강자가 상대의 순응이나 양보를 강요하기 위해 자주 쓰는 전략이 '최후통첩'이다. 쉽게 말해 '싫으면 말고' 식의 양자택일을 강요하는 것이다. 최후통첩은 보통 3가지 구성요소로 이루어진다. 바로 요구사항, 시한, 위협이다. "무엇을, 언제까지 하지 않으면, 어떻게 하겠다."라는 문장으로 정리될 수 있다. 예를 들자면 "20% 가격 인하 요구를 이번 주까지 수용하지 않으면 거래를 단절하겠다."와 같다.

이럴 경우 약자의 입장에서 제일 먼저 해야 할 일은 자신의 바트나를 살펴보는 것이다. 결렬되었을 경우의 대안을 기준으로 최후통첩의 요구를 평가해야 한다. 최후통첩이 나은가, 바트나가 나은가?

다음에는 최후통첩의 내용을 분해해 승낙할 부분, 조건부 합의로 돌릴 부분을 구분해 대응하는 것이 좋다. 조건부 합의가 필요한 부분은 "네, 하지만……"이라고 말하며 몇 가지 조건을 걸고 동의하라. 정 안 되면 원칙적 합의만 하고, 충돌하는 다른 세부사항에 대해서는 재협상의 가능성을 열어두고 상황이 바뀌기를 기다리는 것도 방법이다.

세상에서 가장 어려운, 자녀와의 협상

"집에 들어가면 아들이 더 이상 나를 반기지 않아요. 나를 보면 슬슬 피하고 불안해하죠. 난 모두 자기 잘 되라고 그러는 건데……" "우리 애는 자기 말을 들어주지 않는다고 이틀째 저한테 말을 안 해요."

사춘기 자녀들이 있는 집에서 자주 발생하는 충돌 상황, 자칫하면 부모와 자녀는 적대적이 되기 쉽다. 자녀는 문을 꽝 닫아버리고, 분노에 찬 말들이 오고가게 된다. 자녀와의 협상은 정말 세상에서 제일 어려운 협상이 아닐까.

자녀와 협상을 해야 하느냐고 묻는다면 당연히 '그렇다'이다. 그것 자체가 자녀에게 소중한 경험이 되기 때문이다. 만약 협상을 하지 않는다면 당신의 자녀는 갈등을 원만하게 해결하는 방법을 배우지 못한다. 협상은 갈등을 해결하는 기법이요, 서로의 입장을 고려하여 상대방과 윈-윈을 추구하는 기술이다. 어릴 적부터 가르쳐야 하고 부모가 모범을 보여야 한다.

미국의 한 연구기관에서 사회적으로 성공한 300명을 조사했다. 그런데 그중 15%만이 당사자의 능력, 노력, 자질이 성공요인이었고, 나머지 85%는 타인과의 인간관계에 의해 성공했다는 결과가 나왔다. 개개인이 지닌 know-how보다는 인간관계를 통해 필요한 협력을 하며 지식을 공유하는 know-where, know-who가 더욱 중요한 시대에 살고 있기 때문이다.

강요형인 권위적인 부모는 단호하게 명령하며 순종을 강요하고 대화나 타협을 하지 않으려 한다. 이 경우 자녀와의 관계가 악화되고, 아이는 가정과 학교에서 반항적이며 공격적이 된다. 청소년기에 비행을 저지르고 나중에는 정신장애를 겪을 가능성이 있다는 연구결과도 있다. 내 이야기를 들어주지 않는 독재자 부모 밑에서 기가 죽고 자신감을 상실하게 되는 것이다.

반면 양보형인 자유방임적인 부모는 자녀들이 하고 싶은 대로 하게 하므로 가정의 기강이 서지 않는다. 아이들이 분명한 경계를 배우지 못하는 것이다. 따라서 학교생활이나 사회생활도 자기 위주로 하려 들게 되어 타인과 원만하게 어울리지 못한다.

강요형이나 양보형의 부모 밑에서 자란 아이들은 평생을 살면서 꼭 필요한 문제해결 능력을 배우지 못한다. 당연히 동료와의 관계나 사회생활 문제로 어려움을 겪는다. 부모는 부모대로 자녀와의 대립 상황에서 심한 스트레스를 받는다. 교육을 하자니 따라오지도 않고, 내버려 두자니 아이의 장래가 걱정이다.

우리는 타협형 부모가 되어야 한다. 현명한 부모라면 의견 대립이 있을 때 자녀를 위해 최선의 결정을 내릴 뿐만 아니라, 아이들 스스로 판단하고 자제력을 키우도록 가르친다. 자신의 입장을 지키지만 상대방의 입장도 고려하도록 하는 것이다.

자녀와의 협상은 중요하고도 어렵다. 비즈니스 협상에 유용한 전략이 타협형 부모로서 아이들과의 갈등을 해결하고 원만한 관계를 유지하는 데 도움이 될 것이다. 지금까지 배운 협상의 공식 IBC와 협상의 심리, 법칙 등은 특히 유용하다. 그리고 최근 협상학자들이 제안한 자녀와의 협상 요령 몇 가지를 정리하여 소개한다.

1단계 : 들어라, 질문하라, 공감하라.
상대의 얘기에 귀 기울이는 것은 충돌의 진짜 이유를 발견할 수 있는 유일한 방법이다. 부모가 자신을 이해하고, 자신의 편에서 해결책을 찾아줄 것이라고 믿게 되면 자녀는 적대자에서 협조자로 바뀌게 된다. 경청은 상대의 기분을 좋게 만드는 효과가 있다.

그 다음엔 "왜 화가 났니? 이해가 안 가니 좀 더 이야기해 봐라."와 같은 질문을 하면서 아이들의 이야기를 유도해야 한다. 아이들이 겪는 내면의 갈등(학업 문제, 친구 문제, 이성 문제, 형제간의 문제)을 해결하는 첫 단추가 정보이

고, 정보를 얻으려면 우선 들어야 한다.

그런데 대부분의 부모는 아이의 마음을 들여다보려 하지 않고, 서둘러 판단하고 야단치고 충고한다. 일단 부모가 자신을 이해하고 공정하게 대하고 있다고 판단하면, 아이들은 반항이 줄어들고 부모를 존중하게 된다. 그러니 눈을 마주보고 열심히 고개를 끄덕여주어라. 언어를 통해 전달되는 메시지는 10~35%에 불과하다고 한다. 표정과 몸짓, 목소리가 더 중요할 수도 있다는 뜻이다.

아이의 말을 요약하거나 반복하는 방법으로, 아이의 말을 잘 듣고 있다는 사실을 알리는 것도 중요하다. 만약 아이가 대화에 집중하지 못하면, 신체 접촉을 함께 하는 것이 좋다. 무릎에 앉히거나 손을 잡고 이야기를 하라. 아이가 피곤하거나 감정이 격해 있거나 여유가 없는 상태일 때는 피하는 것이 좋다.

2단계 : 문제를 명확히 하고 숨은 욕구를 찾아라.

아이가 진짜 원하는 것이 무엇인가? 왜 부모를 따르지 않는가? 자녀의 요구나 주장, 행동에 숨어 있는 이유, 욕구를 찾아 해결책을 만들기 위해서는 "왜?"라고 구체적으로 물어야 한다. 예를 들어보자.
"과학이 싫어요." "왜?" "지루해요." "왜? 선생님이? 책이?"
"학원에 가고 싶지 않아요." "왜? 학원이 재미없어? 숙제가 많아서?"
"통금시간을 늦춰줘요." "왜? 할 일이 있는 거야?"
"용돈을 올려줘요." "왜? 뭐 사야 할 게 있어?"

비난이 아닌 이해를 위해 대화한다는 느낌이 들도록 해야 한다. 아이가 방어적이 되지 않고 생각을 해보게끔 질문하는 것이 좋다. 2장에서 언급한 뿌리 원인을 찾아 들어가는 '체인 코즈' 기법도 활용 가능하다.
성적이 안 좋다. 왜? 공부를 안 해서. 왜 안 하지? 공부해도 성적이 오르지 않아서. 왜 공부해도 성적이 오르지 않지? 공부 방법이 잘못되어서.

이 경우라면 "성적 오르면 최신 스마트폰으로 바꿔줄게."보다 공부 방법을 교정해줄 수 있는 과외가 근본적 해결책이 된다.

3단계 : 공유할 기준이나 원칙을 만들어라.

자녀의 요구나 행동의 이유를 알았으면 바로 해결책을 찾기보다 해결책을 만드는 데 적용할 기준을 찾는 것이 좋다. 자녀가 그 기준에 동의하면 해결책을 찾아내고, 그 기준에 맞춰 설득하고, 해결안을 선택하기가 쉬워지기 때문이다.

자녀가 늦게 들어온다? 기준은 안전.
자기 방 청소를 안 한다? 기준은 위생.
매일 밤늦게 컴퓨터 게임을 한다? 기준은 건강.
숙제를 안 한다? 기준은 학교 성적.
안전, 건강, 위생, 친구 만들기, 관계, 배려 등등 문제점을 해결할 기준을 찾아보고 무엇이 맞는지 부모와 자녀가 함께 선택하는 것이 좋다.

4단계 : 해결안을 함께 브레인스토밍 해보라.

'하라, 하지 마라' 대신 What If 전술이 좋다. "만약 ~를 못하게 되면 다른 방법이 없겠니? 만일 ~를 꼭 해야 된다면 어떤 게 바뀌어야 되겠니?" 지금의 욕구를 채우기 위해 어떠한 해결안들이 있는지 아이와 함께 브레인스토밍을 하라. 우선은 어떠한 아이디어도 비난하지 말고 듣거나 제안하라.

아이가 매일 밤늦게까지 컴퓨터 게임을 하며 숙제를 하지 않는다. 숙제도 하고 10시에 자려면 어떻게 하는 것이 좋을까? 아이가 친구의 생일파티 때문에 주말에 할머니 댁에 안 가려 한다. 어떤 해결책이 있을까? 아이가 비싼 장난감을 사달라고 한다. 장난감을 사지 않는다면 어떤 대안이 있을까?

5단계 : 함께 결정하라.
서로의 입장을 이해하며 여러 가지 해결안을 낸다 해도, 부모가 일방적으로 결정한다면 아이는 소외되고 억울한 기분이 들고 원망이 쌓이고 관계는 악화될 것이다. 브레인스토밍으로 도출된 여러 해결안 중에서 무엇을 선택할지 부모와 자녀가 함께 정한 기준이나 원칙에 근거해 평가하라. 그리고 함께 결정하라.
자녀는 결정 과정에 참여했다는 사실만으로도 긍지를 느끼며, 그 결정을 지켜야 한다는 책임감과 의무감이 생긴다. 만약 부모가 독단적으로 결정을 내리면 아이는 결정을 하는 방법을 배우지 못한다. 의견이 다를 경우에는 중간 지점을 찾는 노력이 필요하다. 양측이 너무 많이 잃지도 너무 많이 얻지도 않는 중간 지점이 있기 마련이다.
만약 부모가 결정을 내려야 하는 경우라면 "우선 이렇게 결정하자. 나중에 네가 나를 설득한다면 기꺼이 규칙을 바꾸겠다."라고 미래를 약속하는 것이 좋다.

6단계 : 약속된 행동을 구체적으로 측정 가능하게 하라.
부모와 자녀가 약속한 내용을 구체적으로 명시하라. 아이가 반드시 지켜야 할 중요한 행동이 있다면 그것을 자세히 기록해 잘 지키는지 아닌지를 명확한 기준에 따라 판단할 수 있어야 한다.
'예의 바르게 행동하기'는 '학교 등하교시 인사하기'와 '엘리베이터에서 이웃에게 인사하기'로 구체화시킨다. 집에 일찍 들어오는 일이라면 몇 시까지인지, 일주일에 몇 번은 지켜야 하는지 명시한다. '집안일 돕기'는 '주말에 설거지하기'로 '방 깨끗이 하기'는 '매일 침대와 바닥 정리하기'로 구체화하면 된다.
이렇게 약속의 이행 여부를 가늠할 수 있는 기준을 만드는 것이 좋고, 그것은 구체적일수록 효과적이다. 그리고 어느 정도의 벌칙이 없다면 규칙의 효과가 없어질 우려가 있으므로, 약속을 어길 경우 어떻게 할 것인지를 미리 정해 놓는 것이 좋다.

7단계 : 상호 약속을 단기로 시작해서 점차 장기로 늘여가라.
아이들은 대개 어떤 상황을 장기적으로 고려하지 않고 자신들이 그 순간에 원하는 것만 생각한다. 따라서 처음부터 오랫동안 꼭 지켜야 하는 약속은 큰 부담이 된다.
장기적으로 약속했는데 한두 번 어기게 되면 그 규칙이나 약속은 허사가 되고 아이는 '안 지켜도 되는구나.'라고 생각하게 되는 나쁜 습관을 얻게 된다. 따라서 약속은 처음엔 1주일 정도로 하고, 그 기간 동안 잘 지키면 칭찬해주고 2주일, 그리고 한 달, 세 달 이렇게 연장하라. 그러면 습관을 들이게 되어 장기적으로도 자연스럽게 약속을 지키게 된다.

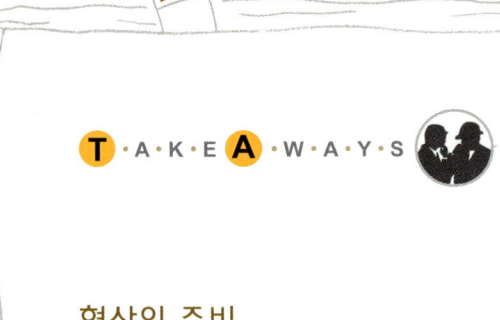

협상의 준비
1 ZOPA(합의가능영역)를 분석하라.
2 협상의 판세를 분석하라.
3 나만의 자원을 찾아라.
4 유리한 협상판을 설계하라.

협상의 진행
5 안건 열거 전략을 써라
6 상대가 불편해지는 부분을 노려라.
7 상대편에서 우군을 찾고, 상대를 작아지게 만들어라.
8 자신의 덩치를 키워라.
9 잠재적 이익보다는 잠재적 손실을 강조하라.
10 사회적 증거의 힘을 활용하라.
11 강자들 간의 경쟁 심리를 이용하라.
12 정보력과 전문성은 나의 힘!

협상의 마무리

13 먼저 작은 동의를 이끌어낸 후, 잠식전략을 써라.

14 덤의 법칙으로 상대를 만족시켜라.

15 최후통첩에 잘 대응하라.

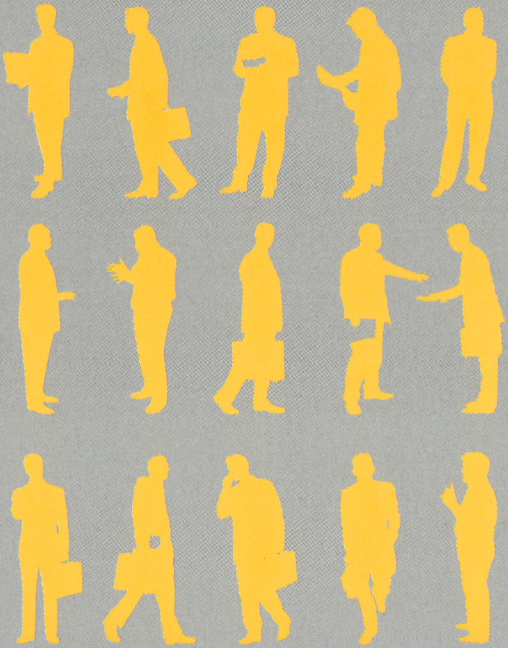

CHAPTER • 14

교착상태에서 탈출하는 방법
적대감 완화부터 옵션 강화까지 5단계 해결법

CASE 증권회사의 M&A 담당자는 올해 최대 규모의 인수합병을 중개하고 있다. 몇 달째 밤을 새며 준비한 끝에 드디어 인수 희망자와 피인수자가 대면해 직접 협상에 들어갔다. 그런데 문제가 생겼다. 서로의 입장 차이를 좁히지 못하고 몇몇 항목에서 이견을 드러내더니, 기어코 감정싸움으로까지 번진 것이다. 협상 분위기가 험악해진 가운데, 새로운 쟁점들이 출현하고 의사소통 루트는 봉쇄되었다. 서로의 입장이 너무 달라 더 이상 협상을 진전하기가 어려워 보인다.

협상은 여러 가지 이유에서 교착상태에 빠질 수 있다. 쌍방의 쟁점이나 제안의 수준이 너무 상이해서 합의가능영역이 없는 경우도 있고, 서로의 감정이 격해져서 협상이 결렬되는 경우도 빈번하다. 유능한 협상가라면 협상에 개입되는 감정의 효과를 이

해하고, 부정적 감정을 줄여 교착상태를 탈출하는 과정에 대해 잘 알고 있어야 한다.

협상에서 감정의 효과

협상 자체가 갈등 상황이며 자신의 요구를 최대한 관철해야 하는 행위이므로 아무래도 감정을 건드리기가 쉽다. 한국인은 서양인에 비해 더 감정적인 경향이 있다. 외국의 자료를 보면, 한국인 파트너와 협상할 때는 특히 상대의 기분을 잘 파악해야 한다고 조언하고 있다.

일반적으로 긍정적 감정의 협상가는 중립적이거나 부정적 감정의 협상가보다 더 나은 결과를 얻는다. 덜 경쟁적이고, 상대를 더 신뢰하며, 유연한 사고로 더 많은 대안과 교환을 제안하기 때문이다. 또 스스로 협상을 잘 이끌고 있다고 평가함으로써 협상 결과에 대한 만족도도 높다. 하지만 동전의 양면처럼 긍정적 감정의 단점도 있다.

긍정적 감정 상태로 협상하다 보면 상대가 실제보다 더 협조적이라고 착각하게 된다. 지나친 낙관론으로 안건을 세밀하게 분석하지 못하고 상대의 요구사항을 소홀히 검토할 우려가 있는 것이다. 또한 상대의 기대수준을 높여 오히려 협상에 실패할 수도 있다. 만약 양보의 여지가 적은 경쟁적 협상일 경우에는 강경하고 완고한 태도가 도움이 될 수 있다.

부정적 감정의 협상가가 가진 단점은 충분히 짐작할 수 있다. 상호보완을 통해 윈-윈할 기회를 망가뜨리는 것이다. 그들은 분노, 적개심 등으로 인해 상대방의 이해관계를 정확히 파악하려 하지 않고, 자신의 이익에만 집중한다. 협상을 고정된 파이를 나누는 경쟁적 구도로 보기 때문에, 상대를 적이라고 인식한다. 그런데 이런 협상가에게도 장점이 있다. 협상에서의 갈등을 더 심화시켜 오히려 해결의 실마리를 찾는 역할도 하기 때문이다.

또한 부정적 감정은 주요한 이슈에 감정적 반응을 불러일으킴으로써, 상대에게 그 안건이 중요하다는 시그널을 주는 중요한 기능을 하기도 한다. 따라서 유능한 협상가라면 양면성을 가지고 있어야 한다. 창조적 문제 해결을 위한 긍정적 감정과 단호함을 보여주는 부정적 감정 사이를 자유자재로 오가는 효과적인 전술을 써야 하는 것이다.

협상의 교착상태 탈출

협상이 교착상태에 빠졌다는 것은 긴장감과 적대감이 상승되어 있다는 의미다. 이런 분위기를 빨리 알아차리고, 서로의 부정적 감정을 줄일 수 있는 전략을 구사해야 한다.

1단계 : 적대감을 단계적으로 완화시켜라

우선적으로 필요한 것은 상대의 감정이 정당하다고 인정하고 이해하는 것이다. 감정을 억압하는 것은 솔직한 대화나 협상의 해결에 방해가 되므로, 상대가 감정을 분출하도록 해주는 것이 좋다. 사람들은 자신의 불만을 토로하면서 심리적 해방감을 느낀다. 일단 감정을 터뜨리고 나면, 대화를 이성적으로 끌어가기가 한결 쉬워진다.

　상대가 감정을 분출하도록 하는 방법은 경청과 리액션이다. 당신의 열심히 들어주는 자세가 상대를 더 솔직하고 자유롭게 말하도록 한다. 또한 "아, 이 문제를 그렇게 해석하셨군요." "듣고 보니, 제 말에 기분이 나쁘셨겠네요."와 같이 유감의 말, 공감과 배려의 표현을 적극적으로 하라. 작은 선물이나 악수, 포옹, 함께하는 식사 등으로도 적대적인 감정을 해소할 수 있다. 설사 협상 당사자의 책임이 없는 경우라 할지라도, 개인적인 사과는 감정의 문제를 푸는 효과적인 수단이 되기도 한다.

상대를 이해하기 위해서는 '역할 바꾸기'도 도움이 된다. 자신의 제안이 상대에게 어떻게 보일지, 어떤 오해가 있을지 상대의 입장에서 쟁점을 보는 것이다. 또는 동료나 전문가의 자문을 구해 시야를 넓히는 것도 방법이다. 이런 과정을 통해 자신의 잘못된 생각을 교정하고 상대에 대한 오해를 풀 수 있으며 나아가 숨겨진 이해관계, 서로의 한계, 협상의 목적과 우선순위를 명확히 할 수 있다.

서로의 감정이 격해져 부정적 분위기가 협상 테이블을 계속 지배할 때는 일단 협상을 중단하는 것도 좋다. 협상 재개를 위한 노력이나 물밑 접촉을 할 시간을 버는 것이다. 협상 중단의 형태는 몇 시간의 휴식, 회의 일정의 연기, 협상 실무자끼리의 별도 접촉 등이 될 수 있다.

한편 부정적 분위기의 해결을 주도하려면 약간의 배려, 치명적이지 않은 양보를 먼저 제안함으로써 상대를 배려하고 있다는 메시지를 보내는 것도 큰 도움이 된다. 협상팀 중 감정 격화의 원인이 된 인물을 다른 사람으로 교체하는 방법도 효과적이다. 협상을 정상화하려는 의도를 명확하게 보여주는 제스처로 해석되기 때문이다.

2단계 논의하고 있는 쟁점의 수와 규모를 조정하라

갈등이 격화될 때는 쟁점의 수와 범위가 확대되는 경향이 있다. 정상적인 상황에서라면 쉽게 넘어갈 수 있는 사소한 것들로 격돌하게 된다. 이런 경우엔 협상 참여자와 쟁점의 수를 줄이는 것이 효과적이다.

일단 협상 장소에 핵심 협상자만 남게 한 후, 쟁점의 수를 통제하는 것이다. 쟁점이 너무 많으면 다루기가 힘들고, 쟁점이 너무 적으면 서로 양보하는 교환이 일어나지 못해 오로지 승자와 패자만 존재하는 게임이 된다. 적당한 수의 쟁점을 서로 주고받으면서, 적어도 한 가지 쟁점에 대해서는 각자가 원하는 결과를 얻을 수 있게 배려한다면 윈-윈의 협상 결과를 이끌어낼 수 있다.

이렇게 쟁점의 수를 줄일 수도 있지만, 큰 쟁점을 세분화하는 방법도 있다. 보통 큰 쟁점에는 여러 가지 이슈가 복합적으로 얽혀 있어 합의가 더 어려운 법이다. 작은 이슈들로 나누면 각각의 이슈들이 명확해지므로 상호 주고받기가 용이해진다. 예를 들어 경영진과 노조가 공장 이전 협상을 하고 있다고 해보자. 큰 쟁점은 '공장 이전'이지만 이를 '인력 재배치, 근무시간 조정, 출퇴근 지원, 자녀교육 지원, 사원복지 확대' 등으로 나눌 수 있다.

그런데 만약 한 쟁점의 양보가 선례에 어긋난다고 판단된다면, 쟁점이 줄어들기는커녕 확대될 우려가 있다. 여기서 한 번

밀리면, 앞으로 유사한 쟁점에 대해 계속 양보해야 되는 것을 우려하기 때문이다. 이런 경우엔 한시적 기한을 명시하거나, 적용되는 대상을 조정하는 것이 좋다. 예를 들면 "향후 6개월간 한시적으로 생산직 기술자들이 마케팅 업무를 지원하며, 이는 근무시간 내로 제한한다. 이후 다시 협의하기로 한다."라고 명시하는 것이다.

가끔은 문제나 쟁점 자체가 규정되지 않아 문제인 경우도 있다. 회사 매출 부진을 개선하기 위한 회의를 한다고 해보자. 마케팅부서와 생산부서는 서로에게 책임을 전가한다. 생산부서는 광고와 홍보활동의 문제를 지적하고, 마케팅부서는 품질 경쟁력의 저하가 가장 큰 문제라고 주장한다. 이런 경우엔 양측이 모두 받아들일 수 있는 방식으로 문제를 규정해야 한다. 예를 들면 양측이 모두 신뢰하는 제3자에게 품질과 마케팅에 대한 고객 만족도 조사를 의뢰해 그 결과를 통해 문제와 쟁점을 명확히 하는 것이다.

3단계 합의 근거를 찾을 수 있는 공통점을 확립하라

협상의 갈등 상황에서는 서로의 공통점보다는 차이점이 부각된다. 이를 뒤집어보면, 심각한 상황일수록 서로의 공통점에 주목

하면 타결의 돌파구가 마련된다는 것을 알 수 있다. 쌍방의 협상가 모두에게 이익이 되는 상위의 목적을 부각시키는 것이 그 방법이다.

생산부서와 영업부서의 갈등이라면, 회사 전체의 성장과 이익이라는 상위 차원에서 협상의 타결안을 만들 수 있다. 또는 공동의 적인 경쟁사를 물리치기 위해 필요한 합의를 할 수도 있다. 디자인부서와 생산부서는 신제품 발표 일정에 맞춰야 한다는 공동의 목표를 두고 분쟁을 해결할 수 있다.

쌍방이 모두 따라야 할 공통의 규칙과 절차를 확인하는 것도 협상 타개를 위한 좋은 출발점이 된다. 이를테면 협상 참석자, 시한, 횟수, 쟁점, 접근방법, 근거자료 준비, 결과발표 등에 대해 다시 한 번 확인하고 협상을 시작하는 것이다.

4단계 | 절차의 공정성을 강화하라

불공정하다는 판단은 즉각적으로 부정적 감정을 유발한다. 따라서 협상에서의 공정성 확보는 매우 중요하다. 절차가 공정했다고 믿는 사람들은 결과에 대해서도 공정하다고 판단하는 경향이 있다. 합의의 과정, 의사결정 과정이 공정하게 이루어졌다고 믿으면, 설사 자신에게 불리한 결과가 나오더라도 거기에 순응하는 것이다.

협상자의 입장에서 절차가 공정했다고 평가하는 데는 3가지 기준이 있다. 첫째, 자신의 의견을 말할 수 있는 기회가 충분히 주어졌다는 판단이다. 둘째, 상대방이 자신의 의견을 경청하고 그 의견을 이해하고 배려할 것이라는 확신이다. 셋째, 상대가 자신을 공평하고 공정하게 대하려고 노력하고 있다는 징후다. 따라서 상호 충분히 의견을 교환할 기회를 갖고 이해하고 배려하는 절차의 공정성을 강화하는 것이 교착 상태에서 벗어나는 지름길이다.

5단계 서로의 옵션과 대안을 강화하라

협상하는 쌍방의 옵션과 대안이 많을수록, 활발한 양보와 교환이 이루어진다. 그런데 새로운 제안을 개발할 때는 서로의 이익을 최대화하고 부정적 요인을 최소화하는 방향이어야 한다. 제안을 수락할 경우 상대가 감수해야 할 불이익을 최대한 줄이는 노력, 약속은 반드시 지킨다는 신뢰를 심어주는 것은 상대의 합의를 이끌어내는 중요한 요소이다. 또한 상대가 결정을 할 수 있도록 기다려주는 배려도 필요하다.

어떤 대안을 제시할 때는 그것이 확실한 사실과 정보에 근거한 것임을 밝힐 수 있어야 한다. 예를 들자면 "이런 데이터를 토대로 제안을 하게 되었습니다. 통계 자료를 첨부했으니 확인해

보십시오."와 같이 공개적으로 검증되고 공정성과 적법성을 갖추었다는 것이 입증될수록 상대의 합의를 이끌어낼 가능성이 커진다.

T·A·K·E·A·W·A·Y·S

유능한 협상가는 양면성을 가져야 한다. 창조적 문제 해결을 위한 긍정적 감정과 단호함을 보여주는 부정적 감정 사이를 자유자재로 오가는 작전을 써야 하는 것이다.

협상의 교착상태를 탈출하기 위한 방법은 다음의 5단계로 정리된다.
1단계: 적대감을 단계적으로 완화시켜라.
2단계: 논의할 쟁점의 수와 규모를 축소하라.
3단계: 합의의 근거를 찾을 수 있는 공통점을 확립하라.
4단계: 절차의 공정성을 강화하라.
5단계: 서로 제시할 수 있는 옵션과 대안을 강화하라.

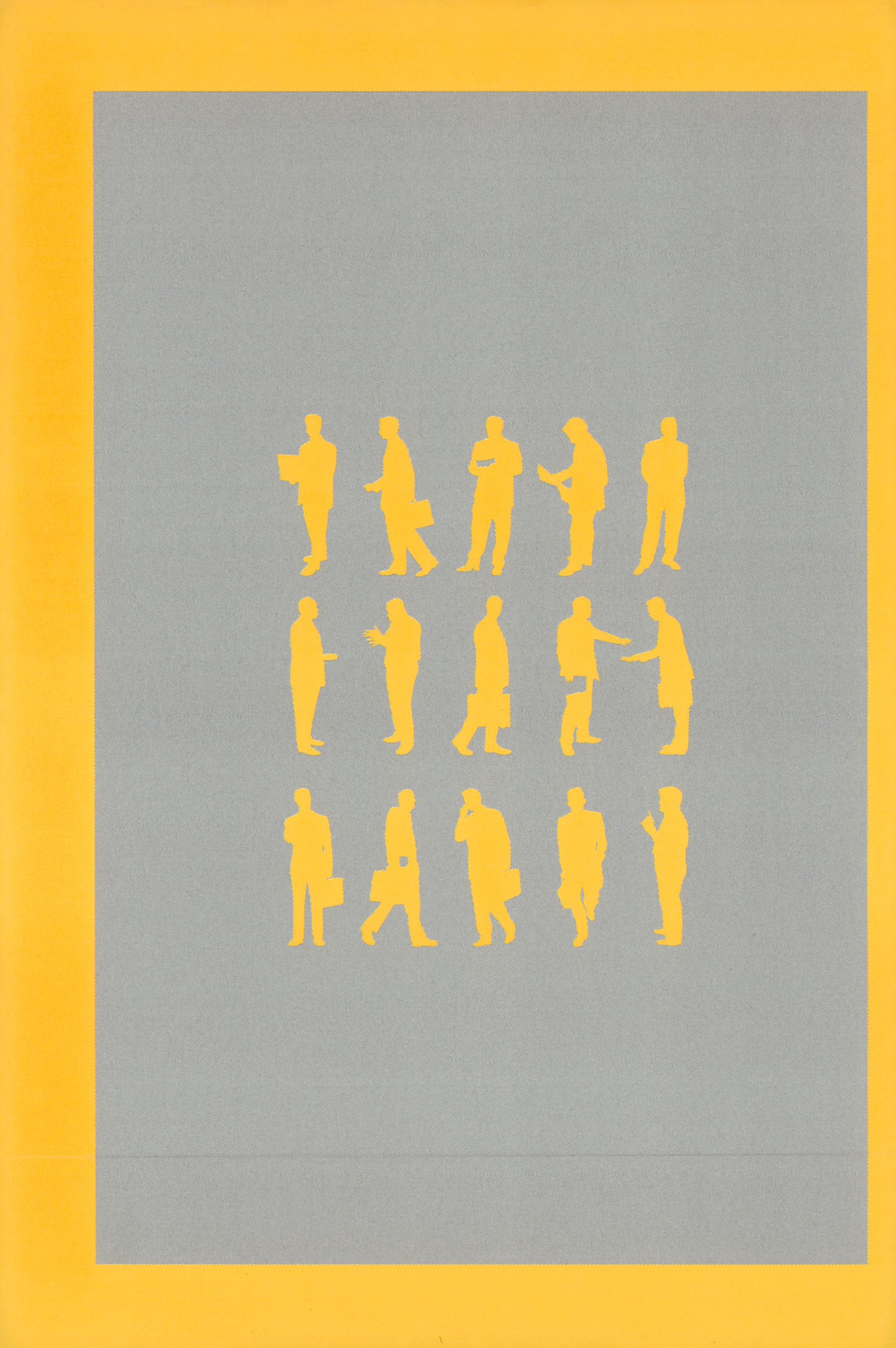

CHAPTER · 15

글로벌 협상에 대비하라
국가별 협상 문화의 차이에 대한 이해

한국인의 DNA가 협상에 미치는 영향

한국인은 글로벌 협상에 부담을 느낀다. 그동안 글로벌 협상의 기회가 많지도 않았거니와, 이문화의 협상자에게 느껴지는 이질감, 영어를 사용해야 하는 불편함 때문이다. 영미권의 협상가들은 토론과 논리적 주장을 펴는 데 익숙하다. 일찍이 협상 기술이 발달해 훈련이 잘 되어 있고 경험 또한 많다.

글로벌 협상이 국내 협상과는 다른 몇 가지 측면을 살펴보자.

우선, 가장 다른 것이 협상 문화의 차이다. 협상학자인 렁Leung은 문화에 따라서 선호하는 절차가 다르다고 했다. 개인주의적

가치가 팽배한 서양에서는 승자와 패자가 확실히 결정되는 '중개 재판 절차'를 선호하는 반면, 집단주의와 화합의 가치를 중시하는 동양에서는 당사자들이 조금씩 양보하는 '조정 절차'를 선호한다.

한국은 대인관계에서 화합을 중시하고 단체적인 복리를 강조하는 집단 지향적 사회라는 특성이 두드러진다. 홉스테드Geert Hofstede의 개인주의와 집단주의의 지표 연구에 따르면, 미국은 50개 대상 국가 가운데 가장 개인주의 사회이며, 일본은 중간 정도, 한국과 홍콩은 대표적인 집단주의 사회이다. 집단주의 사회의 개인들은 항상 집단의 일원으로 소속되어 있기를 원하며, 집단에서 무엇을 얼마나 얻을 것인가 보다는 가치 있는 일원으로 인정받고 싶어 하는 욕구가 더 크다고 한다. 이러한 한국의 사회문화적 규범과 가치는 전통적 유교 사상에 영향을 받은 것이라 추정된다.

집단주의 사회에서는 그룹 안에서 개인 간 경쟁을 싫어하기 때문에 의견의 불일치를 우회하며 대립을 피하는 경향이 있다. 한국 사회의 커뮤니케이션 스타일과 논쟁의 부재에 대한 이유가 잘 설명되는 지점이다. 문제는 한국의 이런 문화가 협상에 장애물이 된다는 것이다. 협의해야 할 이슈에 대해 정확히 파악하지 못하거나, 쟁점에 대해 단도직입적으로 토의하는 것에 익숙하지 않기 때문이다.

　미국인과 협상을 한다고 해보자. 미국인은 직접적, 즉각적, 명시적으로 이야기하는데 한국인은 간접적, 암시적, 우회적으로 이야기한다. 미국인은 계약이 곧 법이고 비즈니스의 끝이라고 생각하는데, 한국인은 계약이 시작이라고 생각한다. 추후에 문제가 발생하더라도 상호 신뢰에 근거해 융통성 있게 풀어갈 수 있다고 착각하는 것이다. 이렇게 한국인 특유의 애매모호한 커뮤니케이션 방식이 글로벌 협상에서는 생각지도 못한 문제를 유발하게 된다.

　집단주의 사회에서는 금전적 이익보다 상대방과의 관계를 중시한다. 관계를 위해서는 조금 손해 볼 수도 있다고 생각하는 것이다. 한국인을 협상 파트너로 둔 미국의 비즈니스맨들도 이런 특성을 간파하고 있다. 한국 파트너와 협상할 때는 거래 조건 못지않게 술자리나 골프 등이 중요하고 지연, 학연, 혈연이 있거나 자주 만나 친해지면 협상이 쉽게 이루어진다는 것을 알고 있는 것이다.

　집단주의적 사고방식은 협상에서 신속한 결정을 방해한다. 협상 담당자가 권한을 위임받았더라도 자신의 상사와 협의하기

위해 자율권을 행사하지 않는 경향이 있다. 또 한국인은 협상의 성공을 장기적 효과로 판단한다. 거래가 끝난 후에도 좋은 관계를 유지하려고 노력하는 것이다. 한국인은 전통적으로 작고 유대감이 강한 사회에서 살아 왔기 때문에, 이기적인 사람은 설 땅이 없다고 생각한다. 일부 한국인은 이런 집단주의적 사고를 글로벌 협상 테이블에까지 끌고 가 문제를 일으킨다.

집단주의자 vs. 개인주의자

일부 협상학자는 한국인과의 협상에서 논리적이고 합리적인 커뮤니케이션이 이루어지지 않는 이유가 한국인이 기분에 좌우되는 경향이 강하기 때문이라고 분석한 바 있다. 긍정적인 기분은 서로 많은 정보를 오가게 함으로써 창의적이고 상호 이익이 되는 협상을 이끌어낼 수 있다. 그러나 상대방의 제안을 냉정하게 판단하는 데는 방해가 된다.

한국인은 기분이 상하면, 정확한 판단을 하지 못하고 상대방의 모든 제안을 거절하는 경우가 많다. 하지만 협상에서 감정은 선입견이나 오해, 왜곡된 정보로도 생길 수 있는 것인 만큼 가능하면 배제되어야 할 요소이다. 글로벌 협상에서 필요한 것은 냉

철한 판단과 논리적 사고, 상호 적극적인 조건 교환이다.

오랫동안 집단주의 사회 속에서 살아 온 한국인들은 개인주의자들이 낯설고 이해할 수 없다. 개인주의자들은 자신과 자신이 소속된 집단을 독립적 존재로 여긴다. 자신의 욕구가 충족되지 않을 때, 다른 집단으로 옮기는 것을 의리 없는 짓이 아니라 합리적 행동이라고 생각한다. 계약과 동등한 가치의 교환을 중시하고, 신뢰와 협력을 바탕으로 한 장기적 관계에는 관심이 적다.

그들은 경쟁을 통한 성과의 달성, 자기 신뢰가 가장 중요한 덕목이자 목표이다. 즉 집단의 목표를 넘어서 개인의 목표를 달성하는 것에 우선순위를 두는 것이다. 집단의 규모가 크던지 작던지 간에 오로지 '개인'이 가장 중요한 단위이며, 개인의 성취와 결정권에 가장 큰 가치를 부여한다.

이러한 문화의 차이가 어떻게 작용하는지 보여주는 재미있는 사례가 있다. 서강대 국제대학원의 실증조사다. 회사의 상사가 해외 지사로 발령이 났다는 소식을 전하며 부하 직원에게 자신이 타던 차를 사라고 제안하는 상황이다. 한국인 응답자의 많은 수가 관계를 중시하며 수용 협상 전략을 썼다. 하지만 독일인 응답자는 일어날 수 있는 모든 상황을 가정하는 분석적 협상 전략을 구사했다.

 우선 중고차의 필요성 여부를 파악해, 필요하지 않으면 회피 전략을 썼다. 차가 필요치 않은데 억지로 살 필요가 없다는 것이다. 만약 차가 필요한 경우라면 2가지 상황을 가정했다. 상사가 해외 지사 어디로 발령이 났는가? 만약 뉴욕 등 핵심적인 지사로 발령이 났다면, 앞으로 승승장구할 그와의 관계 형성이 필요하므로 협동이나 수용의 전략을 사용한다. 하지만 아프리카 등 중요하지 않은 지역에 발령이 났다면 관계 형성에 별 의미가 없으니, 철저한 경쟁 전략을 사용하는 것이다.

미국, 일본, 중국의 협상 스타일

한국의 비즈니스맨 87명을 대상으로 글로벌 협상의 성공과 실패 요인을 분석한 연구 결과가 있다. 결과에 따르면, 문화적 이해Cultural awareness, 즉 상대방 협상 문화와 비즈니스 관습에 대한 이해가 협상의 성패를 좌우하는 주요 요인이었다고 한다. 글로벌 협상에서는 특히 상대방의 협상 문화와 특징을 잘 파악해야 한다.

 각 나라마다 협상의 의례와 격식이 다르다. 미국은 가장 자유로운 국가라 평가할 수 있다. 상대의 직함보다는 이름을 편안하게 부르고, 의사 전달도 친밀하게 한다. 상대적으로 프랑스, 독일, 영국 등 유럽 국가들은 정형화된 의례를 갖고 있다. 상대의 호칭도 씨, 박사님, 교수님 등 적절한 존칭을 사용하지 않으면 무례하다고 생각한다. 중국, 일본 등 동아시아 국가에서는 자신을 소개할 때 반드시 명함을 사용해야 한다. 그리고 상대방이 자신의 분신과도 같은 명함에 메모하는 것을 대단한 결례라고 생각한다.

협상가들은 문화적 차이가 협상에 어떻게 영향을 주는지 이해해야 한다. 글로벌 협상에 임할 때는 더욱 철저한 사전 준비가 필요한 것이다.

1. 직설적이고 실용적인 미국

미국인은 객관적인 데이터나 사실에 근거한 논리적 설명과 설득을 중시한다. 경쟁과 승리를 중요하게 여기고, 단기적인 기준에서 최종 결정의 책임은 개인이 지는 경향이 있다. 전 주미 싱가포르 대사인 토미 코Tommy Koh는 몇 년간 국제정치 분야에서 미국 협상가를 관찰한 결과, 장단점을 아래와 같이 정리했다.

미국 협상가의 장점을 꼽자면 '준비를 충실히 한다, 확실하고 명쾌한 발언을 한다, 이론보다 실용적으로 접근한다, 상대의 관점을 잘 파악한다, 협상에서 양보의 의미를 잘 알고 있다, 솔직하고 직설적인 대화를 한다.'는 것이다. 반면 단점으로는 '인내심이 부족하다, 문화적 민감성 및 상대 문화에 대한 배려가 약하다.'는 점을 들 수 있다.

2. 신용과 체면을 중시하는 일본

일본인은 자신의 감정을 절제하고, 끈기 있게 기다리며, 자신을 드러내지 않는 조심스러운 면이 많다. 그들은 사람들에게 호의적이고, 상관의 명령을 충실히 따르며, 체면을 지키는 것을 중요하게 생각한다. 빈틈없는 준비보다는 완벽한 인간관계에 의한 신용 상태에서 거래를 하고자 한다. 따라서 일본인들은 상대방과의 정면충돌을 피하려는 경향이 강하다.

상대방이 양보를 요청했을 때 심각하게 받아들이는 모습을 보이나 그 자리에서 바로 답변을 하지는 않는다. 이러한 침묵은 거절의 뜻이라기보다는 스스로 생각할 시간을 가지기를 원한다는 의미로 해석해야 한다. 또한 그들은 조직 내에서 동의가 이루어지기 전에는 확실한 답변을 주저하며, 중요한 협상의 경우 협상 당사자가 최종 결정권을 갖지 못하는 경우가 많다.

또한 계약 후의 조건 변경에 대해서는 유연한 편이다. 불일치나 대립을 우려하여, 보다 좋은 인간관계를 유지하는 방향으로 계약을 변경하는 것이 마땅하다고 보는 것이다.

3. 자존심을 목숨처럼 생각하는 중국

중국인들은 수많은 전쟁과 내란을 겪은 탓에 상대방에 쉽게 마음을 주지 않는다. 하지만 일단 관계가 맺어지면 그만큼 일의 진전이 쉬운 편이다. '중국에서는 제도가 아닌 관계가 일을 한다.'는 말이 있을 정도로 관계를 중시한다. 특히 아는 사람을 통해 소개받았을 경우에는 무척 호의적이다. 그러므로 중국인과 협상을 할 때는 먼저 식사를 하면서 일 이외의 것, 특히 중국의 역사와 중국을 둘러싼 세계정세, 중국인의 문화에 관심이 있음을 보여주는 것이 신뢰를 형성하는 데 아주 효과적이다.

또한 중국인은 '서두르지 말고 천천히'라는 의미의 만만디漫漫的, '빨리 해도 느리게 해도 별 차이 없다'는 차뿌뚜어差不多 정신이 강하다. 따라서 같은 문제를 가지고 수없이 다시 논의하거나, 본래의 협상과는 관계없는 만찬, 영화, 관광 등의 스케줄이 포함되는 경우가 많다. 또한 체면을 뜻하는 미엔즈面子를 최고의 덕목으로 생각하기에 명분과 체면을 목숨만큼 중시한다. 따라서 중국인들은 배타적이고 자기중심적인 입장에서 협상을 진행하는 경향이 있다. 그들과 협상할 때는 자존심을 상하게 하거나 약점을 들추며 체면을 손상시키는 행위는 금물이다.

T·A·K·E·A·W·A·Y·S

1. 글로벌 협상과 국내 협상(동일 국가, 동일 민족)에는 몇 가지 다른 측면이 있다. 우선 가장 중요한 것이 협상 문화의 차이다.
2. 글로벌 협상의 성공과 실패의 요인을 분석한 결과, 문화적 이해 즉 상대방의 협상 문화와 비즈니스 관습에 대한 이해가 성패의 중요한 요인이었다. 글로벌 협상에 임할 때는 상대의 문화에 대해 철저히 대비하고 협상 전략을 짜야 한다.

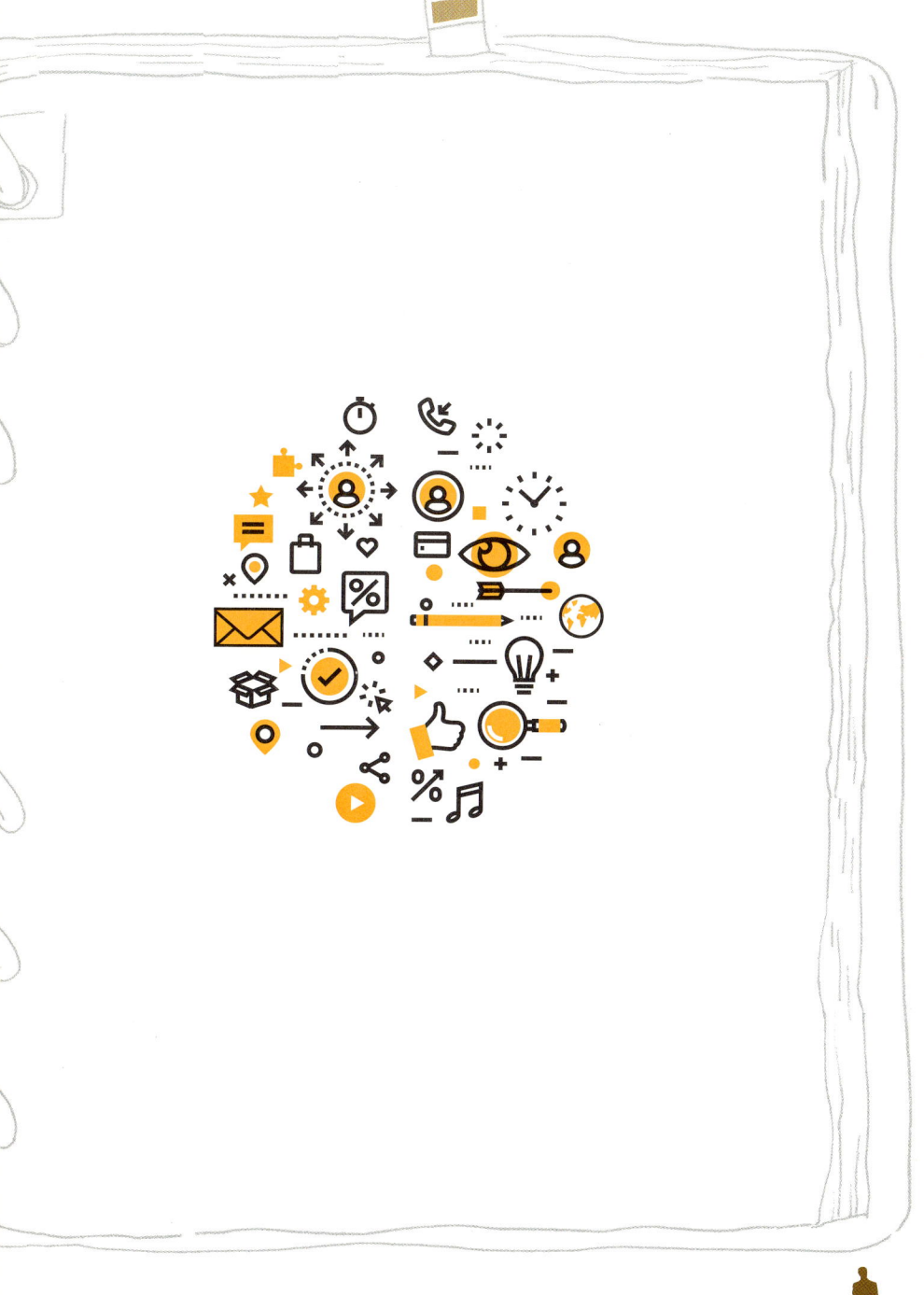

CHAPTER 15 ● 글로벌 협상에 대비하라___ **265**

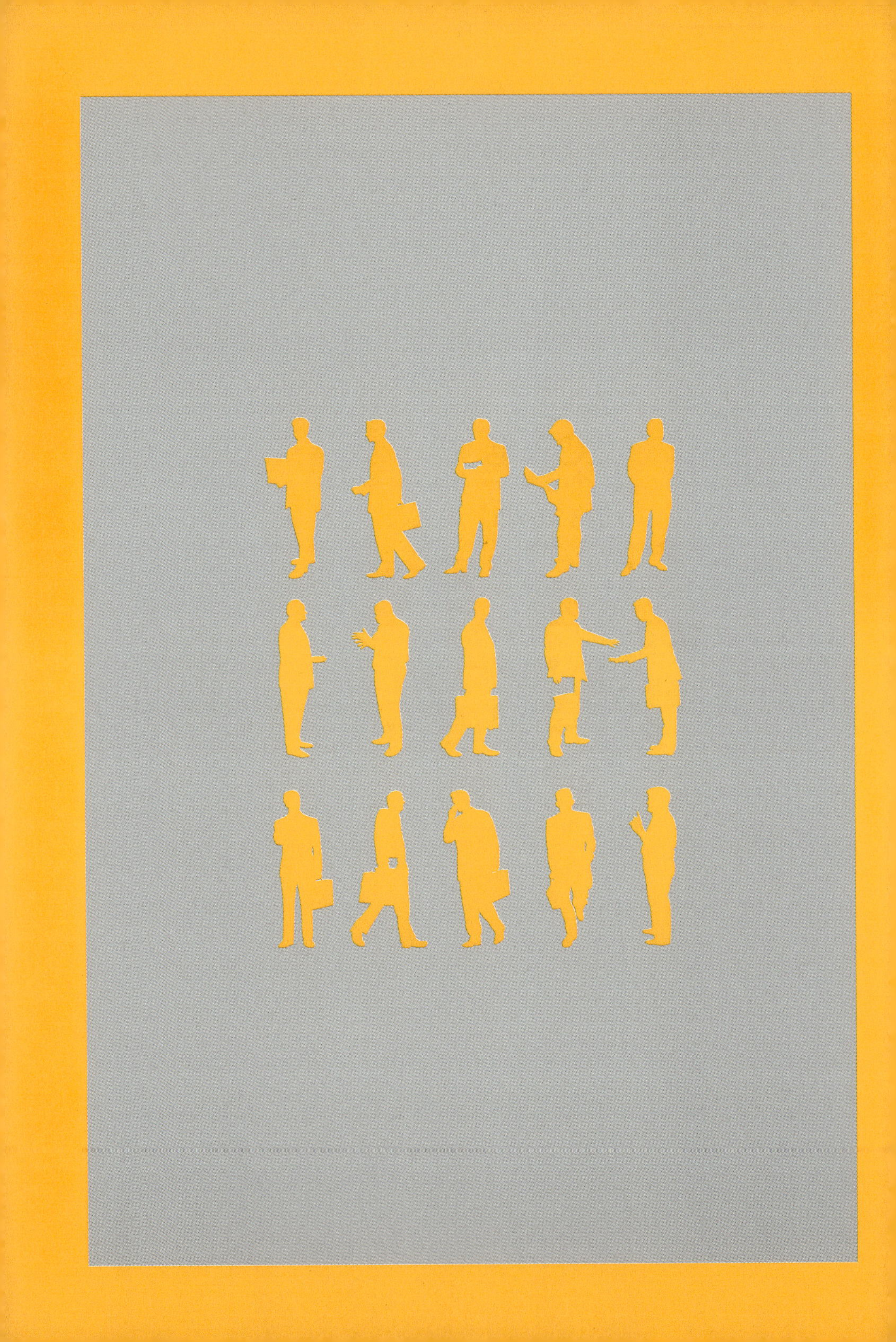

CHAPTER • 16

전략적 협상의 4단계 프레임
쟁점이 많고 까다로운 협상에 임할 경우

CASE

A: 연봉협상이 한창이다. 전년도 실적이 좋아 당신은 은근히 어깨에 힘이 들어간다. '몇 퍼센트 인상을 요구할까? 최소한 10%는 올려 받아야겠지.' 그런데 협상 테이블에 앉자마자 상사가 의외의 질문을 한다.
"전년도 실적은 다른 부서의 지원과 시황이 좋아 이룬 부분이 크다고 보네. 영업에 팀워크를 강화하는 것이 회사의 핵심 전략인데, 자네는 팀워크를 위해 어떤 일들을 해왔고 앞으로는 어떤 일을 할 계획인가?"
당황한 당신은 횡설수설하며 연봉 인상을 위해 안간힘을 쓰지만, 이미 상사의 눈에는 실망한 기색이 역력하다.

B: 최근 거래처의 가격 인하 압력이 거세다. 애초엔 5%만 인하해주고 버틸 예정이었다. 그런데 갑자기 거래처 담당자가 A/S 기간 연장과 10% 가격 인하를 요구하며 완강한 자세를 보인다. 당신은 예상치 못한 상대방의 제안에 아무런 대응도 못하고 맥없이 다음을 기약하고 돌아선다. 그런데 문 밖을 나서니 경쟁사 직원이 서류 가방을 들고 대기하고 있다.

앞에서 본 두 사례에서 협상 실패의 원인이 무엇이라고 보는가? 협상을 '프로세스'로서 준비하지 못했기 때문이다. 상대의 말과 행동에 적절히 대응하고, 책략과 대응 책략을 주고받고, 협상자의 인간적 스타일을 분석하는 등 세부적 부분을 잘 수행하는 것만이 유능한 협상이 아니다.

오늘날의 세일즈는 더 이상 개인의 판매 행위나 기술이 아니라 과학적 프로세스다. 협상 역시, 역동적 관계가 개입된 일련의 프로세스다. 세일즈가 고객의 니즈를 이해하고, 공급자의 역량과 연결해 해결책을 제시하는 과정인 것처럼, 협상도 프로세스란 관점에서 준비하고 접근해야 하는 것이다.

협상은 기획이고 프로세스다

협상 프로세스를 기획하지 않고 무작정 협상에 들어가면 어떤 일이 일어날까?

첫째, 협상의 기준점이 막연해진다. 무엇을 제안할지, 어디까지 양보할지, 어떤 반대급부를 요구할지에 대한 치밀한 분석과 준비가 필요하다. 이를 위해서는 쌍방의 이해관계 분석, 선호도 분석, 합의가능영역에 대한 점검을 통해 제안과 양보의 계획을 세워야 한다.

둘째, 협상 상황에 따른 구체적 방안 미비로 협상을 망칠 수 있다. 협상을 단순한 흥정이나 거래로 생각했다가 예상치 않은 제안이나 요구, 숨어 있던 이해관계의 표출, 상대방의 새로운 논리를 만나면 그 협상은 수렁에 빠지는 것이다. 또한 상대의 완강한 지연 전술 등에 대한 대응 방법이 미리 준비되지 않는다면 고전을 면치 못하게 된다.

따라서 효율적인 협상은 체계적인 프로세스란 관점에서 준비되고 실행되어야 한다. 그래야 체계적이고 치밀한 준비와 협상 지원이 가능하고, 협상 성패에 대한 원인 분석, 각 과정의 오류나 개선 포인트 파악으로 개인과 조직의 협상력을 키울 수 있다.

다시 강조하지만 협상의 성패를 결정하는 것은 수사학적인 웅변술이나 교활한 책략과 같은 전술적 요소가 아니다. 체계적이고 치밀한 사전 계획에 달려 있다. 그런 면에서 전략적 협상의 4단계 프레임은 성공적 협상을 이끌어내는 원동력이다.

협상의 역학

협상의 역학적 관계는 두 가지 원리로 정리될 수 있다. 첫째, 이익과 손실의 관점에서 각자 가진 대안(바트나)보다 나아야 합의가 이루어진다. 협상 참여자 모두 자신의 대안(바트나)을 기준으로 제안을 판단하기 때문이다.

둘째, 합의에 포함된 요구 사항들의 우선순위 교환은 가치를 창조한다. 각자의 상황에 따라 협상에서 원하는 내용들이 다르고, 중요도나 우선순위가 다르다. 서로의 입장에서 자신에게 중요한 것은 얻고, 덜 중요한 것은 양보함으로써 윈-윈 합의가 가능하다.

이러한 맥락에서 협상의 역학을 도표로 정리해보자.

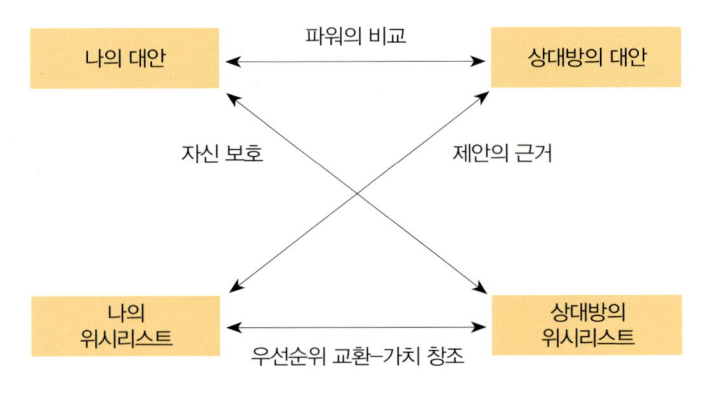

쌍방의 대안, 즉 바트나를 비교해보면 누구의 협상 파워가 센지 명확하게 보인다. 합의에 실패할 경우, 누가 더 손해를 보는가를 중점적으로 보면 된다. 당신의 바트나는 그 기준 아래로는 합의하지 않을 기준점이 되어 당신을 보호한다. 또한 상대는 자신의 바트나 이상이 되어야 합의해줄 것이므로 당신의 제안을 판단할 기준이 된다. 또한 쌍방이 원하는 요구사항 리스트를 비교해 보면 항목의 중요도와 우선순위가 다르다. 교환을 통해 새로운 가치를 만들고, 상호 만족하는 윈-윈 협상을 이끌 수 있다.

참고로 당신의 바트나를 찾아 강화하고, 상대방의 바트나를 찾아 약화시키려면 이 책의 3장과 4장을 참조하라. 요구사항 리스트를 만드는 방법은 1장에 소개된 이해관계를 참조하면 된다. 2장의 체인 코즈Chain Cause 기법을 활용해 상대의 요구에 숨겨진 이해관계까지 파악한다면 협상력을 대폭 키울 수 있다.

전략적 협상의 4단계 프레임

- 1단계 : 합의에 이르지 못할 경우의 '바트나' 파악
- 2단계 : 이해관계에 근거한 '위시리스트(요구사항 목록)' 준비
- 3단계 : 최초 제안 및 양보에 대한 계획
- 4단계 : 교환 및 합의

이 프레임은 국가 간의 FTA 협상에서부터 기업 간의 M&A, 거래선과의 전략적 제휴, 구매 협상, 고객과의 협상, 부서 간의 협상, 글로벌 협상, 일상생활에서의 협상에 이르기까지 모든 협상에 적용 가능하다. 협상의 기본인 제안 내용과 합의 기준에 대해 명쾌하게 알려주기 때문이다.

이 프레임의 장점은 단순하여 활용이 쉽다는 것이다. 바트나, 요구사항, 제안과 양보, 교환의 4가지 원칙만 기억하면 되기 때문이다. 한 시간 내에 끝내야 하는 단기 협상 준비에서부터 장기간의 협상 기획까지 두루 적용할 수 있고, 사용할수록 숙련되어 내용의 정확도나 깊이가 향상된다. 머릿속에 이 프레임을 갖고 있는 사람과 그렇지 않은 사람의 협상 결과는 하늘과 땅 차이다. 이제 구체적으로 각 단계의 내용에 대해 살펴보자.

1단계 : 쌍방의 대안 평가

합의가 안 될 경우에 쌍방은 어떤 대안을 가지고 있는가? 각자가 취할 대안을 분석해 무엇이 이익이고 무엇이 손실인지 분석한다. 또한 유형과 무형, 장기적 단기적 요소들을 모두 검토한다. 1단계를 통해 협상의 기준점이 생기고, 누구에게 파워가 있는지 알게 된다.
(3장과 4장 바트나 참조)

2단계 : 쟁점 규정과 위시리스트 작성

브레인스토밍을 통해 합의서에 포함되기 원하는 조건이나 항목들의 리스트를 작성한다. 자신의 입장뿐만 아니라 상대방의 입장에서도 작성해야 한다. 다음으로 각 항목의 중요도를 표시하는데, 이는 교환을 위한 사전 준비 작업이다.
(1장 이해관계, 2장 체인 코즈Chain Cause 기법 참조)

3단계 : 최초 제안 및 양보 계획

자신의 대안보다 낫고, 상대방의 대안보다도 나은 위시리스트를 만들어야 한다. 최초의 제안은 거기에 근거해 설계되어야 한다. 더불어 양보할 순서와 정도도 계획한다.
(7장 양보의 법칙 참조)

4단계 : 교환 및 합의

실질적인 교환과 합의로 새로운 가치를 만드는 단계이다. 최초 제안을 기준으로 쌍방의 위시리스트 중 우선순위 항목들을 교환함으로써 윈-윈 협상에 이른다.
(1장 이해관계 해결과 8장 마무리 법칙 참조)

다음의 사례를 통해 각 단계가 어떻게 진행되는지 구체적으로 살펴보자.

창원에 위치한 한 공구회사는 전자동 용접기계와 소프트웨어를 대당 5천만 원에 판매하고 있다. 그런데 갑자기 주요 거래선인 건설회사로부터 가격을 조정하자는 연락이 왔다. 내일 당장 서울 본사로 가서 협상을 해야 한다. 상황을 파악해 보니, 최근 경쟁사가 품질은 대등하면서 가격은 5% 낮은 신제품을 내놓고 공격적인 마케팅을 하고 있다.

공구회사는 딜레마에 빠졌다. 가격을 경쟁사에 맞추자니 회사의 원가 부담이 크고, 가격을 고집하자니 합의가 거의 불가능한 상황으로 판단된다. 이 거래선을 잃는다면 매출에도 타격을 받겠지만, 시장에서의 회사 이미지 실추가 더 걱정이다. 반면에 업계 최고의 거래선을 확보한 경쟁사는 날개를 다는 셈이다. 이 사태를 어떻게 풀어 나가야 할까?

언뜻 암담한 상황인 것 같지만 이 세상에 못 풀 문제는 없다. 이제까지 배웠던 협상의 공식과 4단계 프레임을 이용하자. 협상의 주요 쟁점이 되는 가격의 비중을 줄이는 대신, 뭔가 주고받을 다른 것을 찾는 것이 돌파구다. 자, 이제 협상 준비를 시작해보자.

1. 1단계 쌍방의 대안과 평가

협상이 결렬될 경우에 취할 수 있는 대안들 중 최선의 대안을 찾고, 그것을 현실화시킨 것을 바트나로 삼아야 한다. 상대도 마찬가지다. 바트나는 협상에서 누구에게 파워가 있는지 알려주고 합의가 가능한 영역을 보여준다. 바트나는 협상의 기준점이면서, 협상을 포기해야 할 한계선이기도 하다. 협상을 할 때는 항상 상대방의 바트나보다 나은 조건을 제시해야 한다.

1단계를 정교하게 평가하기 위해서는 당신과 상대방에게 동일하게 다음의 3가지 질문을 해야 한다.

❶ 합의가 안 되었을 경우의 대안들은 무엇인가?
   그중 어떤 것이 가장 개연성이 높은 바트나인가?
❷ 바트나에 영향을 미치는 요소들은 무엇인가?
❸ 그러한 요소들이 수치로 환산될 수 있는가?
   손실인가, 이익인가? 단기적인가, 장기적인가?

첫째, 합의가 안 되면 서로에게 어떤 결과가 일어나고 어떤 대안이 있는지 살펴봐야 한다. 판매자의 경우 대안은 기존 구매선의 매출을 늘리는 것, 대체 구매선을 찾는 것, 실적 미달성을 감수하는 것 등이 될 것이다. 구매자의 대안은 다른 거래처에서 구매하는 것, 직접 생산하는 것, 해당 물품의 거래 자체를 포기하는 것 등이다.

이런 대안들 중에 현실 가능한 최선의 대안, 즉 바트나를 찾아보자.

판매자의 바트나가 대체 구매선을 찾는 것이라면, 기존 구매선과 대체 구매선의 예상되는 거래 조건을 비교 분석하면 된다. 구매자의 바트나가 직접 생산이라면, 기존 거래처와 거래했을 경우와 직접 생산했을 경우를 비교하면 된다.

둘째, 합의가 안 될 경우에 바트나에 영향을 미칠 수 있는 주변 요소들을 점검해야 한다. 이 작업을 할 때는 나와 상대의 입장 모두에서 살펴봐야 한다. 내가 판매자일 경우를 예로 들어보겠다.

나(판매자)에게 영향을 미치는 요소
- 이 거래처의 매출은 자사 전체 매출의 얼마를 차지하는가?
- 이와 연결되어 발생할 다른 매출 손실은 없는가?

- 나의 회사 내 위상은 어떤 손실을 입을 수 있나?
- 나의 인사고과나 상여금에 어떤 영향을 미치는가?
- 다른 거래처를 새로 유치하는 데 따른 어려움은 어느 정도인가?
- 다른 사내 부서에 미칠 수 있는 영향은 무엇인가?
- 이 거래처를 잃을 때 오히려 이익이 되는 점은 무엇인가?

상대방(구매자)에게 영향을 미치는 요소

- 상대가 우리의 대안으로 생각하는 회사 제품의 가격과 품질은 어떤가?
- 대안 회사의 제품 개발력, 물품 인도 기일은 어떤가?
- 대안 회사의 고객 서비스는 어떤가?
- 상대가 대안 회사와 계약할 때 어떤 비용이 초래되는가?
- 대안 회사로 공급선이 변경되었을 때, 상대 회사 내 여러 부서들의 의견과 손익은 어떠한가?
- 상대 회사 입장에서 우리 회사 제품과 대안 회사 제품의 장단점은 무엇인가?

셋째, 바트나에 영향을 주는 요소들이 긍정적인지 부정적인지, 숫자로 환산할 수 있는지 없는지, 장기적 효과인지 단기적 효과인지 파악해야 한다. 숫자로 환산할 수 있는 요소에는 매출,

비용, 생산성, 시간 등이 있다.

반면 숫자로 환산되지 않는 요소에는 회사의 이미지, 고객의 만족, 리스크 관리, 제품 사용 용이성, 고객 만족 등이 있다. 이러한 평가가 어떻게 이루어지는지 도표로 정리해보자.

■ 나(판매자)의 바트나에 영향을 미치는 요소 평가

고려 항목	유형무형/손실이익
해당 거래선의 예상 연 매출 3천만 원 손실	유형의 손실
승진에 약간의 악영향, 성과급 3백만 원 감소	유형의 손실
신제품 판매에 기울여야 할 노력이 대체 거래선 개발에 투입	무형의 손실
주 거래선이 경쟁사로 가면 업계에서 이미지 실추	무형의 손실
해당 거래선의 판매 단가가 낮아 신규 매출 시 3% 이익 증가	유형의 이익
해당 거래선의 관리가 까다로워 업계 평균 2배의 노력과 비용 필요	무형의 이익

■ 상대방(구매자)의 바트나에 영향을 미치는 요소 평가

고려 항목	유형무형/손실이익
장기적인 유지비 증액	유형의 손실
직원 교육 필요	무형의 손실
생산라인 조정으로 일시적 생산물량 감소	유형의 손실
새로운 거래처 제품 가격이 5% 저렴, 단기적 이익 달성	유형의 이익
새로운 거래처의 주 고객으로 우대 받음	무형의 이익

자신의 회사 입장에서는 어떤 손익이 생기는지 판단하기가

쉽지만, 고객사의 입장을 파악하기는 상대적으로 어렵다. 이를 보다 정확하게 알기 위해서는 협상 전 예비 미팅이나 전화를 통해, 혹은 협상을 진행하면서 던질 수 있는 질문들을 준비하는 것이 좋다.

이때 질문은 노골적이어서 안 된다. 최대한 완곡하게, 이른바 외교적 표현이어야 한다. 당신의 비밀스러운 정보나 이익을 슬쩍 흘림으로써 상대방과 신뢰를 쌓는 것도 좋다. 질문을 예로 들어보겠다.

- 새로운 용접기계로 교체 설치하려면 시간이 얼마나 소요될까요?
- 시험 테스트와 기술자 교육이 필요할 텐데, 어느 정도 생산에 차질이 생길까요?
- (경쟁사 대비 장점에서) 당사 제품과 서비스에 어떤 것이 더 필요한가요?
- (경쟁사의 장점에서) △△ 부분의 장점은 얼마나 도움이 되고 중요한가요?
- (경쟁사의 단점에서) ○○ 부분이 없을 경우 얼마나 불편할까요?
- 회사 내 관련 부서들의 반응은 어떨까요?
- IT 프로그램과 물류 시스템에 어떤 변화나 비용이 필요할까요?
- 최종 소비자들은 어떤 차이점을 알 수 있을까요?

2. 2단계 쟁점의 규정과 쌍방의 위시리스트 작성

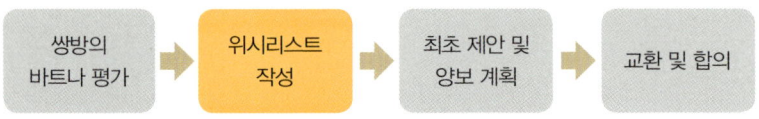

쌍방이 원하는 위시리스트 작성에서 중요한 것은 3가지로 요약된다.

첫째, 쟁점이 될 만한 요구사항의 리스트 작성이다.

최근까지도 가격 하나만을 협상의 목표라고 생각하는 사람들이 있다. 물론 가격도 중요하지만 수량, 물품 인도, 포장, 결제조건, 유지보수, 계약기간, 공동투자, 리스크 공유, 법적 조항, 공동 마케팅, 인적 교류 등등 협의해야 할 항목은 너무나 많다. 리스트가 길고 풍성할수록, 서로의 양보와 교환을 통해 협상이 성공에 이를 가능성이 높아진다.

둘째, 상대의 요구사항 근저에 있는 욕구를 파악하는 것이다.

"왜?"라는 질문은 당신과 상대의 핵심 가치나 잠재적 욕구를 표면에 드러나게 함으로써 창의적 해결안을 찾는 데 도움을 준다.

셋째, 각 쟁점에 대한 쌍방의 선호와 우선순위를 체크하는 것이다. 여기에는 시간을 많이 투자할수록 좋다. 당신에겐 중요한데 상대에게 중요치 않으면 양보를 받을 수 있고, 그 반대일 경우엔 양보를 할 수 있으므로 합의에 한 걸음 다가가는 중요한 작업이다.

여기까지 끝났으면 이제 협상 테이블에 올릴 위시리스트를 작성해보자.

쌍방의 입장에서 무엇이 중요하고 무엇이 덜 중요한지 판단하여 선호도를 교환하면 공동의 이익을 도모할 수 있다. 더 좋은 것을 가지기 위해 덜 좋은 것을 양보하는 것이 협상의 기본이기 때문이다.

위시리스트가 없으면 일부 조항에서 합의가 이루어지지 않을 때, 제3의 창의적 대안을 만들 수 없고 예상치 못한 제안이나 요구에 당황할 수 있다. 또한 더 큰 공동 이익을 창출할 기회도 놓치게 된다.

위시리스트 작성 시 유의점은 4가지로 요약된다.

첫째, 회사 내 이해당사자들의 입장을 반영해야 한다. 협상 담당자가 구매부서라면 생산부서, 재무부서, 마케팅부서, A/S부서, 법무팀 등과 사전협의를 통해 다양한 협상 아이템을 개발하는 것이 좋다. 이 과정을 잘 활용하면 회사의 양보전략 수립에도 도움을 받을 수 있고, 합의에 이르렀을 때 관련 부서의 업무 협

조를 받기도 쉽다.

둘째, 상대에게 쟁점을 양보하면서 얻을 수 있는 제3의 이익이 무엇인지 살펴본다. 예를 들어 가격이 쟁점이라면, 가격을 인하해주면서 얻을 수 있는 반대급부에 대해 준비한다. 즉 구매수량 증가, 계약기간 연장, 결제기간 단축, A/S 의무 완화, 신제품 추가 구매, 다른 지역에 구매 주선, 공동 기술개발, 고객 데이터베이스 공유, 공동 해외진출 등 회사의 상황에 따라 다양하게 준비할 수 있다. 앞서도 말했지만 리스트가 길수록 교환할 것이 많아진다. 협상이 타결되고, 새로운 가치가 창출될 확률 역시 높아지는 것이다.

셋째, 위시리스트의 항목이 구성되었으면 가장 중요한 것부터 가장 사소한 것까지 우선순위를 매긴다. 단순한 순위로는 나타나지 않는 중요도의 차이를 파악하기 위해 가중치를 주는 것도 좋다. 각 아이템에 백분율을 이용한 가중치를 배분하면 중요도의 차이가 더욱 확실해진다. 이는 협상에서 어떤 것을 더 챙겨야 하고, 어떤 것을 가장 먼저 양보할 수 있는지를 한눈에 보여준다.

넷째, 합의가 가능한 범위를 작성해야 한다. 상대방에게 양보받는 항목에 대한 판단 기준이 필요하기 때문이다. 예를 들어 물품인도 기간에 있어 우리 회사의 합의가능범위가 30~45일이라고 해보자. 이 말의 의미는 30일에서 45일 구간 안에서는 회사의 입장에서 동일한 이득이라는 것이다. 이 범위 안에서 양보를 조금 더 해줌으로써 합의에 이르는 지렛대로 사용할 수 있다.

위시리스트를 작성할 때는 다음의 순서대로 질문을 던지고 해답을 적어 나가면 된다.

❶ 최종 타결안에 포함되어야 할 아이템들은 무엇인가?
❷ 아이템들의 중요도 순위는 어떠한가?
❸ 각 아이템들의 가중치는 어떻게 줄 것인가?
❹ 각 아이템들의 합의가능범위는 어떻게 되는가?
❺ 추가로 제안할 수 있는 아이템에는 무엇이 있는가?

각 아이템과 관련된 유의사항, 꼭 필요한 의무사항, 협상 가능한 사항, 추가정보 필요성, 난이도 등도 자유롭게 메모하면 된다. 예를 들어 당신이 판매자라면 앞의 다섯 가지 질문에 근거해 다음과 같은 위시리스트를 만들 수 있다.

■ **나(판매자)의 위시리스트**

순위	항목	중요도	범위	관련 부서	기타
1	계약기간	35%	3~1년	관리부	6개월 이상 의무
2	가격	25%	5천~4천 700만 원	기획부	현재 5천만 원에 판매 중
3	수량	20%	30~20개	생산부	5개 이상이 최소 한계
4	결제기일	10%	30~45일	자금부	10일 당길 때 가격 0.2% 인하 가능
5	서비스	5%	A/S 인력 1~3명	연구소	상주 배치
6	물품 인도 기한	5%	30~20일	생산부	주문 생산 시스템

추가제안할 수 있는 항목
A/S 부품 가격 조정, 다른 신제품 구매, 다른 부서나 지역에 구매 주선, 신제품 공동개발, 신제품 테스트 지원, 원자재 공동구매, 고객 DB 제공

당신의 위시리스트가 완성되었다면 동일한 방법으로 상대의 위시리스트를 만들어보자. 이 과정을 통해 당신은 가격 이외에 어떤 항목을 교환할 수 있는지 알게 된다. 협상에서는 상대방의 관점에서 상대방의 이익을 설명하는 것이 매우 중요하다.

상대방의 위시리스트를 작성하게 되면, 가격만 생각했던 협상 상대에게 여러 가지 교환을 고려하게 하는 교육의 효과도 있다. 상대방의 우선순위를 정확하게 판단할 수만 있다면 당신에게 중요한 것은 얻고, 상대가 필요로 하는 것은 양보해줄 수 있다.

그렇지만 위시리스트가 쉽사리 채워지는 것은 아니다. 실효성 있는 리스트 작성을 위해서는 정보 수집이 선행되어야 한다. 업계를 잘 아는 지인이나 과거에 상대와 협상한 경험이 있는 동

료, 상대와 거래하고 있는 타 업종 관계자 등을 만나 정보를 얻거나 인터넷 검색이나 뉴스, 회사의 공시정보를 통해 간접적으로 정보를 수집하면 된다.

아이템, 우선순위, 가중치, 협상가능범위 등을 가능한 만큼 채운 후에 나머지는 빈 칸으로 남겨놓고, 추가 조사나 예비 미팅을 통해 채워 나가면 된다. 물론 협상 중에도 상대의 의중을 파악해 채워 넣을 수 있다. 앞의 1단계에서 상대방의 바트나를 알아내기 위해 직접 질문하는 방법에 대해서 이야기했다. 지금 단계에서도 완곡하고 세분화된 질문, 자신의 비밀스러운 정보나 이익을 흘리는 전술이 효과적이다. 사전 미팅이나 전화 접촉을 통해 할 수 있는 질문을 예로 들어보겠다.

- 이번 회의는 A에 대해 협의하는 것으로 알고 있습니다. 맞지요?
- 그런데 A와 함께 B도 상의할 수 있을까요?
  (최초 아이템 확인 및 상대의 위시리스트 아이템 탐색)
- 저희와 협상할 다른 아이템들은 무엇이 있나요?
  (추가 가능한 아이템 확인)
- 혹시 그 아이템들 중에서 무엇이 가장 중요한지, 순위를 매길 수 있나요?
- 이번 회의에서 가장 중요한 건 A라고 생각하시죠?

- 중요도로 본다면 A가 B보다 몇 배쯤 더 중요한가요?
- 업계에서는 C를 중요하게 생각하던데, 귀사는 어떤가요?
- 저희가 이번에 새롭게 개선한 부분이 있는데 어떻게 생각하시나요?

■ **상대방(구매자)의 위시리스트**

순위	항목	중요도	범위	기타
1	가격	40%	4천 5백만~4천 8백만 원	업계 평균 가격은 4천 8백만 원 수준
2	물품 인도 기한	25%	10~20일	기타 조건 대비 인도 기한이 중요
3	결제기일	15%	60~40일	결제기일은 길수록 좋고 가격과 연동 가능
4	계약기간	10%	1년 이내	가격 변동 폭이 커서 1년 이상은 곤란
5	수량	5%	10~15개	가격에 따라 추가 구매 가능
6	서비스	5%	A/S 인력 1명 이상	상주 배치

자, 이제 판매자와 구매자의 위시리스트가 완성되었다. 교환을 목표로 제안을 할 수 있는 모든 준비가 끝난 것이다. "당신에게 중요하고 상대에게 덜 중요한 것은 양보 받고, 당신에게 덜 중요하고 상대에게 중요한 것은 양보하라."는 격언을 상기하면서, 쌍방의 중요도 차이를 점검해보자.

당신에게 가격은 2순위에 중요도는 25%인데, 상대는 1순위에 중요도가 40%다. 당신에게는 계약기간이 1순위에 중요도가

35%인 반면, 상대는 4순위에 중요도가 10%에 불과하다. 그렇다면 계약기간을 늘리는 대신 가격을 낮춰주는 제안이 효과적일 수 있다.

물론 협상 내용을 이렇게 정교하게 분석하고 정리하는 것이 쉬운 일은 아니다. 오랜 파트너십을 유지해온 거래처라면 자세히 작성하고, 신규 거래선이나 파악이 어려운 경우라면 가능한 만큼만 작성해서 활용하면 된다. 어쨌든 어느 정도라도 이런 준비를 한 경우와 하지 않은 경우는 협상력에서 큰 차이가 난다는 사실은 명심하자.

3. 3단계 최초 제안과 양보 계획

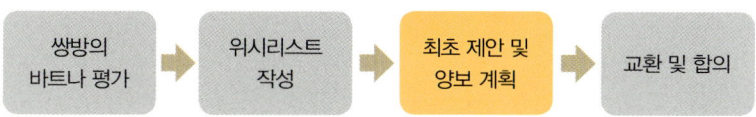

이제 상대에게 제안을 할 차례다. 여기에는 2가지의 협상 원리가 작용한다.

첫째, 내가 제안하는 것은 상대의 바트나보다 나아야 한다.

그렇지 않으면 상대가 제안에 합의할 이유가 없다. 한편 당신의 바트나는 상대의 제안을 판단할 기준점이자 최저 합의선이 된다. 만약 상대가 자신의 바트나를 충분히 검토하지 않았거나, 실제보다 나은 것으로 잘못 진단한 경우라면 과도한 조건을 요구할 수도 있다. 이때는 상대의 기분이 상하지 않도록 배려하는 자세가 필요하다.

둘째, 합의에 포함되기 원하는 위시리스트의 우선순위 교환은 가치를 창조한다.

쌍방의 리스트를 비교하면, 각자의 상황에 따라 아이템의 우선순위와 중요도가 다르므로 교환을 통해 윈-윈할 수 있는 여지가 생기는 것이다.

상대방에게 제시할 제안을 개발하는 데는 창의성을 발휘해야 한다. 창의적 제안을 만들기 위한 방법을 3가지 소개하겠다.

첫째, 쌍방의 위시리스트를 근거로 다양한 해결 방법을 찾거나 상대의 숨은 이해관계를 파악하는 것이 필요하다.

- 상대방이 왜 NO라고 할까?
- 상대방을 설득하는 가장 낮은 비용의 대안은 무엇인가?
- 상대방의 의사결정권자는 누구인가?
- 상대방의 이해관계가 나의 목표 달성에 어떤 도움을 주는가?

이러한 내용들을 파악해 창의적 제안을 하면, '파이를 누가 더 차지할 것인가'로 다툴 필요가 없다. 파이 자체를 키울 수 있기 때문이다. 제안을 할 때는 상대방의 무형적, 심리적 가치도 배려해야 한다는 것을 잊지 말자.

둘째, 객관적 데이터는 강력한 힘을 가지므로, 가능한 많이 수집하도록 노력한다. 객관적 근거 자료가 있는 제안은 협상 테이블에서 상대를 설득할 수 있는 가장 강력한 수단이다. 다양한 선례와 정보를 활용해 자신의 제안이 우수하고 공평하며 합리적이라는 것을 상대에게 확신시켜야 한다.

최종 제안은 3가지 정도의 복수안을 제시하는 것이 효과적이다.

사람들은 일반적으로 선택하기를 좋아하는데, 이는 상대에게 배려하고 있다는 신호를 보내는 효과도 있다. 여기서 중요한 것은 각각의 제안이 자신에게는 동등한 가치를 가져야 한다는 것이다. 즉 자신에게는 전체적으로 같은 가치를 제공하면서, 상대에게는 다른 가치를 선택할 수 있는 권한을 주는 제안 패키지라 할 수 있다.

각 제안은 상대의 바트나와 위시리스트를 고려해 만들어야 하고, 상대의 바트나보다 나아야 하며, 가능한 교환 가능성을 많이 포함시키는 것이 좋다.

■ 제안 패키지

항목	제안 A	제안 B	제안 C
독점계약 기간	1년	3년	2년
가격	5천만 원	4천 8백만 원	4천 9백만 원
수량	10개	30개	20개
A/S 인력	3인 배치	1인 배치	2인 배치
물품 인도 기한	10일	30일	20일
결제기일	45일 외상거래	30일 외상거래	38일 외상거래

 복수의 제안을 할 때는 상대방이 중요하게 여기는 항목을 중심으로 대비시키는 것이 설득하기 좋다. 상대방이 가격을 중시한다면 가장 저렴한 가격으로 구성된 대안, 가장 비싼 가격으로 구성된 대안, 그리고 중간 가격으로 구성된 대안을 순서대로 설명하는 것이 효과적이다.

 셋째, 첫 제안에 상대가 오케이 할 리가 없고 당연히 양보를 요구할 테니 양보의 계획이 필요하다. 자신의 제안에 우선순위를 정하고, 각 안에 대해 어떻게 양보할 것인지 미리 계획하는 것이다. 앞에서 배운 양보의 법칙을 참조해, 항목별로 양보할 수 있는 범위와 최저 한계를 정하는 작업이다. 또한 각각의 양보에 따라 상대에게 얻어낼 수 있는 반대급부와 새로운 추가요청 항목을 준비해 최선의 교환이 되도록 한다.

이것을 효과적으로 정리할 수 있는 양식은 다음과 같다.

■ 양보 계획 양식

협상 아이템	고객 우선 순위	당사 우선 순위	첫 제안 (앵커링, 혹은 카운터 앵커링)	목표 (양보의 법칙 활용)	최저 합의선 (바트나)	양보 시 주고받을 것 (창의적 대안)
						줄 수 있는 것
						받을 것
덤 요구 항목						

4. 4단계 교환과 합의

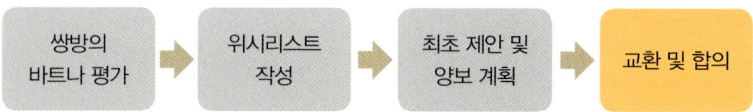

첫 제안을 기준으로 양보와 교환을 해나가며 합의에 도달해야 한다. 서로의 우선순위 아이템들을 교환하고, 양보와 반대급부를 추가하고, 서로의 조건들을 재조정하며 파이를 키우는 과정이라 할 수 있다.

예를 들어보자. 상대는 "가장 좋은 조건의 내용들을 가장 싼 가격에 제공하라."고 요구할 것이다. 물론 당신이 당장 합의할 것이라고 기대하면서 하는 얘기는 아니다. 이런 경우 당신은 'NO'라고 할 수도 있지만, 좀 더 외교적인 방법도 있다.

"원하시는 낮은 가격의 패키지도 가능합니다. 하지만 귀사의 조건에 맞추려면 약간의 오퍼 조정이 필요합니다."라고 답하면서 제안의 일부를 변경하는 것이다.

이런 방식으로 각 아이템마다 쌍방의 중요도와 우선순위를 확인하면서 양보와 반대급부를 조정하면 된다. 반대급부는 상대에겐 덜 중요하고, 나에겐 중요한 것을 얻는 것임을 잊지 말라. 또한 협상을 진행하면서 항상 협상가능범위에 유의해야 한다.

앞 사례의 경우, 최종 합의는 제안 B에 몇 가지 조건을 변형시킨 것이 될 확률이 높다.

■ **최종합의 예상 조건**

항목	합의점
독점계약 기간	3년
가격	4천 8백만 원
수량	20개
A/S	전문인력 2인 배치
물품인도 기한	20일
결제기일	40일 외상거래
추가 항목	• A/S 부품 가격 3% 인하, 즉시 인도(delivery) 체제 구축 • 새로운 제품을 다른 부서에 소개 • 상호 기술자 파견으로 원자재 공동구매 • 신제품 테스트 협조

위의 협상 결과를 손익 관점에서 분석해보자.

판매자는 자신에게 가장 중요했던 계약기간을 얻었고, 구매자는 중요도 1순위였던 가격을 얻었다. 기타 수량과 A/S 등 항목은 상호 조정되었다. 또한 위시리스트에 있던 추가 가능 항목들을 반대급부로 얻게 되었다.

협상에 왕도는 없다. 하지만 협상을 항상 당신에게 유리하도록 만들 수는 있다. 전략적 협상의 4단계 프레임은 치밀한 준비를 통해 협상 과정을 적극적으로 주도하며 합의를 도출하도록 해주는 핵심 전략이다.

1. 협상의 성패를 결정하는 것은 수사학적인 웅변술이나 교활한 책략 등의 전술이 아니다. 협상의 성패는 체계적이고 치밀한 사전 계획에 달려 있다. 전략적 협상의 4단계 프레임은 협상의 준비부터 합의 도출까지, 성공적 협상을 이끄는 원동력이다.

2. 전략적 협상을 위한 4단계 프레임 중 1단계는 쌍방의 대안, 즉 바트나와 평가를 준비하는 것이다.
   합의가 안 될 경우에 쌍방은 어떤 대안을 가지고 있는가? 각자가 취할 대안을 분석해 그 요소가 이익인지 손실인지, 유형적 요소인지 무형적 요소인지, 단기적 요소인지 장기적 요소인지를 모두 검토한다. 대안의 분석을 통해 협상의 기준점이 파악되고, 누구에게 파워가 있는지 알게 된다.

3. 4단계 프레임 중 2단계는 쟁점의 규정과 위시리스트 작성이다. 최종합의에 포함되기 원하는 조건이나 항목들을 브레인스토밍하며 위시리스트를 작성한다. 당신의 입장뿐만 아니라 상대의 입장에서도 작성한다. 또한 각 항목의 중요도를 표시하여 서로에게 중요한 것을 교환할 준비를 한다.

4 4단계 프레임 중 3단계는 최초 제안과 양보 계획을 수립하는 것이다.

교환을 통해 어떻게 새로운 가치를 만들 것인지를 생각한다. 쌍방의 바트나보다 나은 위시리스트를 바탕으로 최초의 제안을 만든다. 동시에 어떻게 양보해 나갈지도 계획한다.

5 4단계 프레임 중 마지막 4단계는 교환과 합의다.

최초 제안을 기준으로 쌍방의 위시리스트에서 각자의 우선순위 항목들을 교환함으로써, 새로운 가치를 창조하고 윈-윈 협상을 이끌어낸다.

I×B×C

부록

협상 준비에 필요한 양식

다음의 여러 양식과 샘플을 참조해 실전에 필요한 자료를 준비해보자.

1 이해관계 찾기

● **상대방의 요구사항**
  • 소속구단 주전선수의 연봉 200% 인상 요구.
  • 주전선수의 연봉 인상은 다른 선수에게 영향을 끼칠 수 있기에 구단의 예산과 운영에 문제가 될 수 있음.

● **추정 이해관계**(현재의 요구와 관련 이해관계)
  • 연봉 인상.
  • 장기적 수입 안정.
  • 우승 보너스, 출전 기회 증가.
  • 은퇴 후 코치 연수와 채용.
  • 광고 출연.
  • 선수로서 존중 받음.
  • 팬클럽회원 증가.
  • 연고지 생활.
  • 자유로운 생활.

● **검증해야 할 질문**
  • 연봉 인상이 필요한 이유는 무엇인가?
  • 다른 수입원에 대한 어떤 것을 고려했는가?
  • 선수 생활에서 무엇이 중요하다고 생각하는가?
  • 중요도의 우선순위는 무엇인가?
  • 선수생활을 하면서 현재 불편한 부분은 무엇인가?
  • 장래에 무엇을 하고 싶은가?
  • △△는 얼마나 중요하게 생각하는가?

이해관계 찾기

- **상대방의 요구사항**
    1.
    2.
    3.
    4.
    5.
    6.

- **추정 이해관계**(현재의 요구와 관련 이해관계)
    1.
    2.
    3.
    4.
    5.
    6.

- **검증해야 할 질문**
    1.
    2.
    3.
    4.
    5.
    6.

2 이해관계표

■ **농구선수**

이해관계	각자의 우선순위	이슈에 대한 선수와 구단의 갈등
연봉 인상	상	많음
선수의 장기적 수입 안정	상	보통
팀의 우승, 우승 보너스	중	없음
동료 선수의 우수한 실력	중	없음
출전 기회 증가	중	보통
은퇴 후 코치 연수와 채용	하	보통
광고 출연 기회	하	없음
주요 선수로서 존중 받음	중	없음
농구팬 증가, 충성도, 연습시설 편의성 보강	중	없음
연고지 생활 선호	하	없음
개인생활 보장	하	보통

■ **구단**

이해관계	각자의 우선순위	협상의 상호 갈등 정도
우승	상	없음
경기 입장 수입 증가	상	없음
구단 예산 내 운영	상	많음
우수선수 영입	중	보통
구단 가치 증대	중	없음
구단의 팬 확보	중	없음
선수 부상 줄이기	중	없음
연봉의 나쁜 선례 유의	상	많음
구단의 사기 증대	상	보통
스폰서 유치 광고	중	없음
선수 간 불화 없음	하	보통 개인생활
물의 없음	하	보통

■ **기타 이해관계자(에이전트)**

이해관계	각자의 우선순위	이슈에 대한 선수와 구단의 갈등
커미션 증대	상	많음
관리 선수 증가	상	없음
에이전트로서의 명성	중	없음
팀과의 좋은 관계	하	보통

이해관계표

- **나**

이해관계	각자의 우선순위	협상의 상호 갈등 정도

- **상대방**

이해관계	각자의 우선순위	협상의 상호 갈등 정도

- **기타 이해관계자**

이해당사자	각자의 우선순위	협상의 상호 갈등 정도

3 바트나 작성 및 평가

- **이슈**
  - 출근을 위해 새 차를 구매하려고 한다. 합의가 안 될 경우에 어떻게 할까.

- **나의 대안 브레인스토밍**
  - 중고차 구입.
  - 리스.
  - 카풀.
  - 자전거 출퇴근.
  - 회사 근처로 이사.

- **최상의 바트나는?**
  - 중고차 구입.

- **바트나의 장단점**(이익, 손실, 유형, 무형, 장기, 단기)
  - 초기 구입자금이 덜 든다. / (유형의 이익)
  - 새 차보다는 수리비가 많이 든다. / (유형의 손실)
  - 새 차가 폼 난다. / (무형의 이익)
  - 중간에 고장날까봐 불안하다. / (무형의 손실)
  - 꼭 원하는 스타일이 없을 수 있다. / (무형의 손실)

바트나 작성 및 평가

- **이슈**

- **나의 대안 브레인스토밍**

- **최상의 바트나는?**

- **바트나의 장단점** (이익, 손실, 유형, 무형, 장기, 단기)

4 협상의 첫 제안 및 양보 실습

1. 협상 이슈(갈등 상황)
- 미생전자와 브라질 S컴퓨터회사 광저장장치 가격협상
- 개당 25달러 vs. 개당 20달러 가격 차이

2. 첫 제안 및 양보 계획
- 첫 제안 : 25달러
- 1회 양보 : 23달러
- 2회 양보(목표) : 22.9달러

3. 파이 키우기(같이 협상 가능한 아이템)
- 후보1 : 인근 파라과이 공동진출
- 후보2 : 노트북 제조기술 지원

*Tips : 쌍방의 위시리스트가 길수록 합의의 가능성이 높아진다.

4. (양보해주며 대신) 얻을 수 있는 것
- 현지 마케팅 비용 증대 및 광고 확대
- 독점기간 연장
- 물류창고 공동 사용 허가
- 관련 소모품 추가 공급권 확보

5. (양보하지 않으며 대신) 줄 수 있는 것
- A/S 기간 연장
- 소량 주문, 퀵 딜리버리 허용
- 내년 신제품 남미지역 최우선 공급
- IT 재고관리 시스템 무상지원
- A/S 기술자 한국연수 지원

협상의 첫 제안 및 양보 실습

1. 협상 이슈(갈등 상황)

2. 첫 제안 및 양보 계획
  - 첫 제안
  - 1회 양보
  - 2회 양보(목표)

*Tips : 첫 제안-앵커링 및 ZOPA 활용.
        양보의 법칙-양보의 폭을 줄여나가라. 대가를 요구하라. 덤으로 끝내라.

3. 파이 키우기(같이 협상 가능한 아이템)
  - 후보1
  - 후보2

*Tips : 쌍방의 위시리스트가 길수록 합의의 가능성이 높아진다.

4. (양보해주며 대신) 얻을 수 있는 것

5. (양보하지 않으며 대신) 줄 수 있는 것

*Tips : 우리만의 자원을 활용하라. 비용이 적게 들면서 상대에게 큰 가치를 주는 것은 무엇인가?
        상대의 요구와 욕구에 주목하라.

5 전략적 협상 4단계 기획서

■ **협상의 개요**

협상 안건 :   주요 건설회사와 전자동 용접기계 거래 조건 협상.
협상이 필요한 이유 :   경쟁사의 가격 공세로 가격 등 조건 재협상 요구를 해옴.
협상 당사자 :   영업사원 본인.
협상팀 :   영업팀장.
협상 기간, 마감 시한 :   연말까지 협상완료 필요
협상 장소 :   서울 거래선 본사
상대 협상자 :   구매담당자.
협상팀 :   구매팀장.
사내 이해 당사자 :   재경부, 생산부서, A/S팀, 기획
주변 이해 당사자(노조, 지역사회, 정부기관 등) :   당사 납품업체, 운송업체, 연구개발 거래선.
필요한 내부 협상, 시점 :   첫 협상 예정일 이내 협상 제안 내용의 관련 부서와 예비 협의 필요
협상 선례 :   대전의 건설회사 재협상 사례, 현재 이 거래선은 처음으로 재협상.
협상 관련 정보 소스 :   거래선 내의 생산작업팀장, 관련 자재 납품업자.
협상에 도움을 줄 수 있는 사람 :   이전 영업담당자, 거래선 근무경험자, 거래선 노조, 용접연구소 연구원, 대학교수.

전략적 협상 4단계 기획서

■ 협상의 개요

협상 안건 :
협상이 필요한 이유 :
협상 당사자 :
협상팀 :
협상 기간, 마감 시한 :
협상 장소 :
상대 협상자 :
협상팀 :
사내 이해 당사자 :
주변 이해 당사자(노조, 지역사회, 정부기관 등) :
필요한 내부 협상, 시점 :
협상 선례 :
협상 관련 정보 소스 :
협상에 도움을 줄 수 있는 사람 :

■ 쌍방의 대안과 평가

A. 합의에 이르지 못할 경우(자사, 판매자의 입장에서)

1 바트나	다른 거래선 개발 후 매출을 올린다. 그러나 당장은 매출 기회를 잃는다.	
2 유형의 손실	이 거래선이 차지하는 연 3천만 원 매출 손실.	
	회사 매출 이익 600만 원 손실.	
	나의 승진에 영향, 성과급이 300만 원 줄어든다.	
3 무형의 손실	신제품 판매 노력이 대체 거래선 개발에 투입되어 손실.	
	주요 거래선이 경쟁사로 가면 업계에 나쁜 이미지를 준다.	
4 유형의 이익	시장가격은 현 판매가보다 3% 높아 새로운 거래선에 판매시 이익 증가.	
	생산 부담 해소로 다른 거래선에 제품 인도 기일이 단축됨.	
5 무형의 이익	그 회사가 까다로워 2개 거래선만큼의 시간과 노력을 투자했음.	
	새로운 거래선을 탐색하고 미팅할 시간과 전술개발 기회.	
6 수집 필요한 정보	새로운 거래선 개발시 예상 거래조건 점검.	
	기존 재고와 생산 스케줄의 조정 가능성.	
	관련 부서에 미치는 제반 영향.	

B. 합의에 이르지 못할 경우(상대방, 구매자의 입장에서)

1 바트나	가장 강력한 경쟁자의 오퍼를 수락함.
2 유형의 손실	조사해보니 장기적인 유지비가 더 필요함.
	생산부서에서 새로운 공정개발로 일시적 생산량 손실.
3 무형의 손실	종업원의 재훈련이 필요함. 귀찮음.
	생산부서의 반대 예상으로 회사 팀워크 저해.
	거래선 등록, 새로운 운송체제 변경에 노력 필요.
	최종 제품의 내구성에 대한 불안감.
4 유형의 이익	경쟁사의 가격이 5% 쌈. 단기적으로 이익이 됨.
	주문 후 물품 인도 기일이 10일 단축됨.
5 무형의 이익	경쟁사의 주요 고객으로 대우받을 것.
	새로운 거래선의 다른 서비스 요구 가능.
6 수집 필요한 정보	경쟁사가 가격이 싼 이유와 품질에 대한 영향.
	경쟁사가 제공하지 못하는 당사의 강점에 대한 재점검.
	경쟁사가 제공하는 여러 특성의 거래선에 대한 실질적 효과.

■ 쌍방의 대안과 평가

A. 합의에 이르지 못할 경우(자사, 판매자의 입장에서)

1 바트나	
2 유형의 손실	
3 무형의 손실	
4 유형의 이익	
5 무형의 이익	
6 수집 필요한 정보	

B. 합의에 이르지 못할 경우(상대방, 구매자의 입장에서)

1 바트나	
2 유형의 손실	
3 무형의 손실	
4 유형의 이익	
5 무형의 이익	
6 수집 필요한 정보	

■ **쌍방의 위시리스트 작성**

자사의 위시리스트(판매자의 위시리스트)

순위	항목	비중	범위	관련 부서	기타
1	계약 기간	35%	3년~1년	관리부	6개월 이상 의무
2	가격	25%	5천만~4천700만 원	기획부	현재 5천만 원에 판매 중
3	수량	20%	30~20개	생산부	5개 이상이 최소 한계
4	결제 조건	10%	30~45일	자금부	10일에 가격 0.2% 인하 가능
5	서비스	5%	직원 1~3명	연구소	상주 배치
6	물품인도기한	5%	30~20일	생산부	주문자 생산

※ 교환시 추가 제안 가능한 항목: A/S 부품 가격 조정, 다른 신제품의 구매, 다른 부서나 지역에 구매주선, 공동 신제품개발, 신제품 테스트 협조, 원자재 공동구매, 고객 데이터베이스 제공 등

상대방의 위시리스트(구매자의 위시리스트)

순위	항목	비중	범위	기타
1	가격	40	4천500만~4천800만 원	경쟁사 가격은 4천800만 원수준
2	물품 인도 기한	25	10~20일	생산량 증가 대비 인도기한이 중요
3	결제 조건	15	60~40일	결제기간은 길수록 좋고 가격과 연동
4	계약 기간	10	1년 이상	1년 이상은 곤란, 시장가격 급변
5	수량	5	10~15개	가격에 따라 추가 구매가능
6	서비스	5	직원 1인 이상	상주 배치

■ 쌍방의 위시리스트 작성

자사의 위시리스트(판매자의 위시리스트)

순위	항목	비중	범위	관련 부서	기타

상대방의 위시리스트(구매자의 위시리스트)

순위	항목	비중	범위	기타

■ **추정 내용의 검증 계획**

필요한 정보	정보 소스 (사람 자료)	질문 리스트	기타
상대방 바트나 관련	경쟁사, 구매선, 관련 협상 및 거래 경험자 협상 과정에서	• 새로운 용접기계나 프로그램으로 바꾸려면 설치하는 데 시간이 어느 정도 걸리나요? • 시험 테스트와 기술자 교육을 해야 하는데 생산에 차질은 어느 정도 발생할까요? • (경쟁사와 비교한 장점에서) △△부품이나 서비스의 가격에 어떤 게 더 필요한가요? • (경쟁사의 장점 부분에서) ○○부분의 장점은 얼마나 도움이 되고 중요한가요? • (경쟁사의 단점 부분에서) □□부분이 없을 경우 얼마나 불편할까요? • 회사 내 관련 부서들의 반응은 어떨까요? • IT 프로그램과 물류 시스템에 어떤 변화나 비용이 필요할까요? • 경영진이 요즘 강조하는 전략적 제휴선 방침은 어떤가요? • 최종 소비자들은 어떤 차이점을 알 수 있을까요?	
상대방 위시 리스트 관련	구매선의 생산 파트, 관련 협상 및 거래 경험자 협상 과정에서	• 저희에게 요구할 다른 아이템들이 있나요?(추가 가능 아이템 확인) • 고객에게 중요한 것에 대해 최선을 다하고자 합니다. 이 중 중요한 것부터 비교적 덜 중요한 것까지 순위를 매겨볼 수 있을까요? • 어느 것이 가장 이번 회의에서 중요한가요? ◇◇은 어떤가요? • 중요도의 비중으로 보면 ◇◇이 ○○보다 두 배쯤 더 중요한가요? • 업계에서는 이런 경향이 있어 △△이 중시되고 있는데 귀사는 어떠한가요? • 저희가 새롭게 내구성을 개선했는데 귀사에 얼마나 도움이 될 수 있을까요?	

■ 추정 내용의 검증 계획

필요한 정보	정보 소스 (사람 자료)	질문 리스트	기타
상대방 바트나 관련			
상대방 위시 리스트 관련			

■ 제안구성(쌍방의 바트나와 위시리스트 우선순위 교환에 근거하여)

항목	제안 1	제안 2	제안 3
독점계약 기간	1년	3년	2년
가격	5천만 원	4천800만 원	4천900만 원
수량	10개	30개	20개
서비스	3인 배치	1인 배치	2인 배치
물품 인도 기한	10일 내 인도	30일	20일
결제 조건	45일 외상 거래	30일 외상 거래	38일 외상 거래

■ 상대방의 요구에 대한 양보전략(첫 제안에서의 양보전략)

협상항목	고객의 우선순위	당사 우선 순위	첫 제안	목표치	최저치	주장의 근거 및 양보 시 요구할 반대급부
가격	1	2	5천만 원	4천900만 원	4천800만 원	기존 거래가격, 양보 시 기간 연장
인도 기일	2	6	30일	20일	10일	인도 기일 양보시 A/S 부품가격 조정
결제 기간	3	4	30일	40일	45일	가격, 다른 생산부서 소개와 연결시킴
계약 기간	4	1	3년	2년	1년	가격할인을 근거로 기간 연장 필요
수량	5	3	30개	20개	10개	계약기간 3년이면 20개 가능
서비스	6	5	1인 배치	2인 배치	3인 배치	품질 고려 2인이 적당. 1인에서 양보하며 원자재 공동구매 유도
기타 협의 가능 항목	A/S 부품가격 조정, 다른 신제품의 구매, 다른 부서나 지역에 구매 주선, 공동 신제품개발, 신제품 테스트 협조, 원자재 공동구매, 고객 데이터베이스 제공 등					

■ 제안구성(쌍방의 바트나와 위시리스트 우선순위 교환에 근거하여)

항목	제안 1	제안 2	제안 3

■ 상대방의 요구에 대한 양보전략(첫 제안에서의 양보전략)

협상항목	고객의 우선순위	당사 우선 순위	첫 제안	목표치	최저치	주장의 근거 및 양보 시 요구할 반대급부

| 인용 및 참고문헌 |

01 *Negotiations*, Harvard Business Essentials Series, Harvard Business Press 2003
(《협상테이블의 핵심전략》, 현대경제연구원 역, 청림출판)
하버드 비즈니스 시리즈 가운데 한 권으로 협상의 준비와 다양한 전술, 협상의 오류 등에 대해 개념적 도구를 바탕으로, 실제 사례들이 생생하게 서술되어 있다. 특히 협상의 기본적인 유형, 바트나, 협상가능영역, 창의적 거래 등에 대한 설명이 자세하게 나와 있다. 또한 협상의 준비 단계를 통해 이론적 연구의 활용을 보여주고 프레이밍, 감정 등 심리적인 전술과 오류를 비롯하여 실제 협상에 활용할 수 있도록 다양한 양식을 제공하고 있다.

02 *Strategic Negotiation*, Brian J. Dietmeyer with Rob Kaplan, Dearbon 2004
이 책은 미국의 협상 컨설팅 및 교육기관인 'Think! Inc'의 Brian J. Dietmeyer와 그의 동료들이 하버드 맥스 베이저만 교수의 연구를 바탕으로 협상의 실용적인 프레임을 제시한 책이다.
실제 사례를 바탕으로 협상의 청사진을 만들고, 가정을 확인하며, 가치를 창조하고 가치를 나누는 4단계의 협상 단계를 설득력 있게 제시하고 있다.

03 *Essentials of Negotiation*, Roy L Lewicki; Bruce Barry & David M Saunsers 4th edition McGraw Hill Education 2007
(《협상의 즐거움》, 김성형 편역, 스마트비즈니스)

이 책은 대학원에서 많이 쓰이는 협상 과목의 대표적인 교재다. 너무 전문적이지도 않고, 커뮤니케이션에 초점을 두고 협상을 이해할 수 있는 가벼운 읽을거리가 아닌, 실무적인 면과 이론적 깊이를 두루 갖춘 책이다. 갈등을 관리하는 방법과 다양한 협상 상황 이해하기, 전략 세우기와 협상의 틀 짜는 법, 투쟁적 협상과 호혜적 협상의 실행, 인식의 오류, 효율적인 커뮤니케이션, 까다로운 협상 다루기 등을 자세하게 다루고 있다.

04 《글로벌 협상전략》, 안세영, 박영사 2006(개정 3판)

협상학회 부회장, 서강대 국제대학원 원장인 저자는 MBA 최고경영자 과정 등에서 협상과 글로벌 협상전략을 강의하며 통상산업부, 청와대 통상무역 비서관실 등에 근무한 풍부한 경험을 바탕으로 대학생뿐만 아니라 일반 직장인도 쉽게 이해하도록 실제 글로벌 협상 사례를 중심으로 정리해놓았다. 본서에서 인용한 다자 대통령 후보의 선거 포스터 협상, 청계천 협상 등을 비롯하여, GM-대우자동차 협상, LG-IBM 합작투자 협상, HP-Compaq M&A 협상, 한미 자동차 협상, 한중 마늘 협상, 한국·칠레 FTA 협상 등 주요한 사례가 관련 협상이론과 함께 소개되어 있다.

05 *Negotiating Nationally*, Max. H. Bazerman & Margaret A. Neale, Free Press 1992 (《협상의 정석》, 이현우 역, 원앤원북스)

미국 하버드 경영대학원의 맥스 베이저만 교수와 마가렛 교수가 공동 집필한 이 책은 특히 프레이밍을 비롯한 협상의 편견과 심리에 대해 다양한 실험 결과가 실린 흥미로운 책이다.

편견에서 벗어나기 위한 협상 마인드 일곱 가지를 비롯하여, 협상실전 전략 여덟 가지 등을 제시하며 저자들은 학문적 경험에만 의존한 것이 아니라 경영 현장의 실무협상들을 지켜보며 수행한 연구를 바탕으로 협상에 효과적인 도구가 될 수 있도록 했다.

또한 바트나와 이해관계의 분석, 합의가능영역 평가, 교환 및 편견 수정을 거쳐 최선의 합의에 도달하는 방법을 보여주고 있다.

06 *Bargaining for Advantage*, G. Richard Shell, Penguin Books 2006
(《협상의 전략》, 박현준 역, 김영사)

미국 최고의 MBA과정 가운데 하나인 와튼스쿨의 경영자 협상 프로그램 디렉터로 있는 저자는 협상의 여섯 가지 핵심 지식을 생동감 넘치는 명료한 표현으로 보여주고 있다. '자신의 협상 스타일을 파악하라, 권위 있는 기준과 규범을 준비하라, 상대방과 좋은 관계를 형성하고 숨은 관심사를 파악하라' 등의 실용적이고 필수적인 협상 지식을 다양한 사례를 통해 소개하여 우리가 어려워했던 내용을 쉽게 익힐 수 있는 책이다. 또한 협상 전략의 준비와 협상 과정에서의 정보 교환 전략과 최초 제안 양보 전략을 소개하고 있어 협상에 관한 방대하며 실용적인 저서라 할 수 있다.

07 *Secrets of Power Negotiating for Sales People*, Roger Dawson, Career Press 1991
(《협상의 비법》, 이덕열 역, 시아출판사)

저자는 기업의 경영 성과는 비즈니스맨들의 실제 협상 테이블에서 결정된다고 강조하는 미국과 캐나다 호주에서 18년 동안 협상 전문 강사로 활동하면서 국제강연자협회에서 선정한 세계 최고의 프로페셔널 28인에 선정되었다. 영업사원의 입장에서 초반 전략, 중반 전략, 마무리 전략 등을 단계적으로 자세히 여러 가지 협상에서 쓸 수 있는 전략을 사례와 함께 흥미롭게 보여주고 있다. 특히 등거리 전략, 당근과 채찍 전략, 잠식 전략, 상급자 핑계 대기 등 본서에도 인용된 전략은 실제 협상에 임하는 사람들에게 당장이라도 활용할 수 있는 무기다.

08 *Negotiate to win: The 21 rules for Successful Negotiating*, James C. Thomas, Harper Collins Publishers 2005
(《협상의 기술》, 이현우 역, 세종서적)
미국 대통령의 협상 코치로서 <포춘>지 선정 최고의 협상 전문가로 인정받은 저자는 스물한 가지의 협상규칙을 통해 어떻게 협상하는가를 다루고 있다. 특히 "협상의 키워드는 양보다"를 통해 윈-윈 협상의 필요성을 역설하며, 양보의 법칙을 상세히 잘 설명하고 있다. 또한 '덤으로 끝내라, 교환을 목적으로 한 창조적인 양보' 등의 핵심 법칙을 설명하고 이들을 적극적으로 활용하고 실행하는 다양한 협상 규칙들을 통해 프로 협상의 노하우를 전수하고 있다.

---

09 *Getting to Yes*, Roger Fisher & William Ury, Penguin Books, 1991
(《Yes를 이끌어내는 협상법》, 박영환 역, 장락)
하버드 법대 교수인 로저 피셔와 윌리엄 우리가 하버드대 협상 프로젝트 팀의 연구 결과를 책으로 펴냈다. 서로에게 이익을 주는 성공적인 협상 테크닉을 제시하기 위하여 이 책에서는 '입장이 아닌 이해관계에 초점을 맞춰라, 상호이익이 되는 옵션을 개발하라, 객관적인 기준의 사용을 주장하라' 등을 소개하고 바트나 개념을 최초로 도입하여 협상의 최저선과 대안을 체계적으로 세우는 방법을 서술하고 있다.

---

10 *The Mind and Heart of the Negotiation*, Leigh Thompson, Prentice Hall 1998
(《지성과 감성의 협상 기술》, 김성환 외 역, 한울아카데미)
켈로그 경영대학원의 석좌교수로 협상 전략 과정을 운영하기도 하는 저자는 협상에 대한 과학적인 접근으로 경제적 측면과 심리적 측면 모두에서 협상에 큰 도움을 주고자 이 책을 썼다.

협상의 본질로서 '파이 나누기의 배분적 협상'과 '파이 늘리기의 통합적 협상'을 설명하고, 전문적인 협상 기술로는 협상 스타일의 분석과 신뢰 구축, 바트나, 창의성과 문제해결에 대해 사례와 함께 소개하고 있다.

11 *The Negotiation Fieldbook; Simple strategies to help you negotiate everything*, Grande Lum, McGraw Hill 2005

협상 컨설턴트인 저자는 협상의 이해관계, 바트나 등의 개념을 실용적으로 생활에서 잘 활용하며 4D 프로세스로 실습을 할 수 있게 도와주는 책을 내놓았다. 간단한 이론 소개와 함께 일상적인 사례를 단계별 다양한 각종 양식으로 풀어나가게 한 이 책은 협상의 대결 국면을 협조 국면으로, 불가능한 협상을 상호 만족한 결과를 얻어낼 수 있도록 하는 과정을 잘 보여주고 있다. 《Getting to Yes》의 저자이기도 한 로저 피셔가 추천하였다.

12 *3D Negotiation: Powerful Tools to Change the Game in Your Most Important Deals*, David Lax and James K Sibenius, Harvard Business Review Press 2006

(《당신은 협상을 아는가 3D Negotiation》, 선대인 외 역, 웅진지식하우스) 하버드에서 출간한 이 책은 협상을 입체적으로 접근하며 새로운 협상판을 짤 수 있도록 3D Negotiation을 제안하고 있다. 협상판의 설계, 협상안 디자인, 그리고 협상장 전술을 자세히 설명하며 기존 협상 이론을 재구성한다. 그리하여 협상이 불리할 경우 누구를 끌어들여 누구와 먼저 협상을 하고 어떤 숨어 있는 이익을 파악하며 협상의 어려움을 헤쳐 나갈지를 협상 원리와 다양한 사례를 통해 제시한다.